KB206591

갑각류 크리스천
화이트

딱딱한 형식의 껍질 속에
불안한 속살을 감춘

옥성호 지음

갑각류
크리스천

화이트편

글의온도

프롤로그

오징어게임 첫 회에는 사채업자에게 잡힌 이정재가 곤욕을 치르는 장면이 나온다. 그런데 이정재의 멱살을 쥔 사채업자 입에서 이런 말이 나온다고 가정해보자.

"많이 힘들지? 하지만 내 마음은 너와 같이 있어. 너를 무척 사랑해. 그래서 네가 도망 다닐 때 나도 아주 힘들어. 이런 내 진심이 네게 위로가 되었으면 좋겠다."

정말로 사채업자가 이정재를 사랑한다면, 도망 다니는 그를 볼 때마다 괴로운 게 진심이라면, 빚을 탕감하면 된다. 사채업자는 얼마든지 이정재를 그런 고통에서 구할 힘이 있다. 입에 발린 말이 아니라, 행동으로 은혜를 베풀 수 있다. 그런데 마구 두들겨 패고 빚을 독촉하면서 동시에 사랑한다고? 이런 사채업자가 이해되는가? 코로나로 온 세계가 고통 속에서 허덕인 지 어느새 삼 년째에 접어들고 있다. 이 와중에 코로나를 통해서 하나님이 은혜를 베푼다는, 신앙 좋은 사람들을 종종 만난다. 코로나 속에 숨은 하나님의 뜻을 찾아야 한다고도 한다. 당연히 이런 질문이 떠오른다.

"왜 하나님은 팬데믹을 허락한 거지? 아니, 그보다 왜 코로나를 하루빨리 사라지게 하지 않는 거지?"

《놀라운 하나님의 은혜》를 비롯해 여러 권의 기독교 베스트셀러를 쓴 필립 얀시도 그런 사람 중 하나이다. 미국에서 한창 코로나 감염이 확산되던 2020년 4월, 그는 한 기독교인 유튜버와 인터뷰를 했다. 코로나와 관련해서 하나님의 뜻을 어떻게 봐야 하느냐는 유튜버의 질문에 그는 이렇게 대답했다.

"중요한 건 왜 이런 일이 생겼는가가 아닙니다. 하나님은 '왜'라는 질문에 관심이 없으시거든요. 욥이 그토록 애타게 왜냐고 물었어도, 하나님은 전혀 대답하지 않았습니다.[1] 중요한 건, 우리가 어떻게 반응하는가, 그겁니다. 내 경우를 예로 들자면, 십년 전에 큰 교통사고로 목이 부러졌는데…"[2]

이게 어떻게 가능할까? 특히 코로나로 직격탄을 맞은 곳이 교회이고, 한때 코로나 확산의 주범이라는 오명까지 쓴 상황에서, 하나님에 대해서 어떻게 질문을 던지지 않을 수 있을까? 하나님을 '궁극의 원인'이라고 정의한다면, 그리고 사람을 하나님의 형상을 닮은 존재라고 정의한다면, 우리의 특권이자 의무는 '왜'라는 질문을 던지는 것이다. '왜'라는 질문 속에는 변화를 향한 갈망이 담겨있다. 반면에, '어떻게'라는 질문의 목적은 잘해야 현상유지다. 코로나는 생각하는 사람을 더 생각하게 하고, 생각이 없던 사람도 생각하게 만든다. 팬데믹 상황에서조차 하나님에 대해 진지한 질문을 던지지 않는(못하는) 기독교인이 있다고는 생각하지 않는다. 이 책에서 만나는 다양한 질문은 분명히 그 모

---

1. 아주 어이없는 대답이다. 욥기를 처음부터 끝까지 자세히 풀어놓은, 《너무도 가벼운 고통》(글의 온도, 2021)을 꼭 읽기 바란다. 야훼는 대답을 안 한 게 아니라, 못한 거다. 욥의 고통이 왜 일어났는데? 야훼가 사탄과 벌인 내기 때문이다. 아니, 얀시의 눈에는 이런 기초적인 사실이 보이지 않는 걸까? 욥기를 가지고 책까지 쓴 사람이?
2. https://www.youtube.com/watch?v=NPvI-z3RLrk

든 이들에게 의미 있는 출발점 내지 긴 여정 중에 만나는 정류장이 될 것이다.

갑각류 크리스천이라는 개념에 맞춰서 볼 때, 코로나가 초래할 결과는 다음 두 가지이다. '형식'이라는 갑각을 철갑으로 만들어 더 두껍게 두르거나, 아니면 부서진 갑각 사이로 속살이 드러나거나. 코로나는 한 마디로 기독교인의 갑각을 부순다. 지금까지 적당히 덮고 있던 갑각만으로는 신앙을 유지하는 게 쉽지 않을 테니까. 이 책의 목적은 연약한 속살을 근육으로 바꾸는 것이다.

마지막으로 한마디 덧붙이자면, 애초에 '갑각류 크리스천, 화이트'로 쓴 원고가 있었다. 그러나 이런저런 사정으로 그 글은 《진리해부》(테리토스, 2017)'라는 제목으로 출간되었다. 따라서 애초에 계획대로 진리해부가 '갑각류 크리스천, 화이트'로 나왔더라면, 여기 실린 글은, '갑각류 크리스천, 블루'로 출간되었을 것이다. 이 책을 손에 쥔 독자에게 《진리해부》의 일독도 권하는 이유이다.

차례

1장

갈망과 존재

쉬운 문제를 놓고도 고민에 고민을 거듭하는 게 철학이라면, 결코 답이 나올 수 없는 문제까지도 아주 쉽게 정답을 제시하는 게 기독교라는 말이 있다. 그럼 여기에 이의를 제기하는 사람에게는 "기독교인에게 과연 어려운 질문이란 게 있을까?"라는 의문을 한번 던져 봄 직하다. 세상만사를 단순하기 이를 데 없이 정리하는, 교리dogma라는 볼록렌즈가 초래하는 착시만 겪지 않는다면, 아무리 신실한 기독교인이라 해도 의문이 없을 리 없다는 게 내 생각인데, 그럼 또 이런 질문은 어떨까?

"죄를 지은 아담은 신화인데, 죄를 사하는 예수는 꼭 역사여야 한다는 게 말이 되나요? 신화 속 인물이 지은 죄 때문에 왜, 모든 인류가 죽어야 하고, 굳이 하나님이 인간의 몸을 입고 세상에 와서 죽기까지 해야 하나요?"

고대에 쓰인 성경을 21세기에 맞게 마구 왜곡하고는 마치 남이 모르는 깊은 경지에라도 도달한 양 착각하는, 소위 말하는 진보 기독교인을 제외한 보통 기독교인에게 사실 이 질문은 별 의미가 없다. 애초에 아담이 신화라는 전제 자체가 틀렸으니까.

"무슨 소리예요? 아담이 신화라니?"

성경을 하나님의 말씀으로 믿는 기독교인에게 창세기는 신화가 아닌 역사다. 그럼 이 질문은 어떨까?

"왜 동성애자는 예수님을 믿고도 그 동성애가 치료(?)가 안 되나요? 영혼이 거듭나서 새사람이 되어도 동성애는 바뀔 수 없는 건가 보죠? 그게 무슨 새사람이에요? 아니, 복음의 능력이 그것밖에 안 되나요?"

나는 여태 이런 의문을 가진 기독교인을 만난 적이 없다. 당연히 모범답안이 있는데, 그러니까 별 고민거리가 안 된다는 말이다. 대부분 이런 식이다.

"진짜로 구원받은 게 아니니까 그렇지요. 아직 주님을 제대로, 인격적으로 만나지 못해서 그런 거예요."[3]

다시 말하지만, 동성애가 죄인가 아닌가를 가지고 다투는 기독교인은 수없이 봤어도, 여태 복음의 능력이라는 문제를 가지고 고민하는 기독교인은 만난 적이 없다.[4] 자, 이렇게 그 어떤 의

---

3. 만약에 이렇게 대답하는 기독교인이 다니는 교회의 목사가 성추행으로 유죄를 받으면 어떻게 될까? 우리 목사님은 예수님을 인격적으로 만나지 못해서 그런 거라고, 그러니까 진짜로 구원받지도 못했는데 목사를 했다고 인정할까? 그럴 가능성이 매우 낮다. 왜? 내가 관련되었기 때문이다. 목사의 문제가 목사의 문제로 끝나지 않는 건, 목사를 가짜라고 부정하는 순간, 지난 시간 그 성추행범 목사에게 받은 은혜(?)까지 부정해야 하기 때문이다. 예수를 인격적으로 만난다는 것, 뒤에서 좀 더 자세히 다루도록 하자.

4. 필립 얀시는 베스트셀러 《놀라운 하나님의 은혜》(IVP, 1999)에서 동성애를 특히 죄악시하는 우익 기독교 세력의 핵심부에서 일하던 독실한 기독교인이자 동성애자인 친구 멜에 관해서 썼다. 결혼해서 자녀들도 낳았지만, 도무지 해결되지 않는 동성애가 주는 죄책감에 자살 시도까지 했던 멜이 내린 결론은 이것이었다. "죄책감에도 불구하고 멜은 결국 자기가 택할 길이, 미치느냐, 제정신으로 사느냐 둘 중 하나라는 결론에 이르렀다. 동성애 욕구를 억압하려 애쓰며 이성과 결혼하거나 게이 독신자로 살면 결국 미칠 수밖에 없다는 것이 그의 생각이었다(당시 그는 매회 100불씩 내고 주 5회 정신과 의사를 만나고 있었다). 그는 온전하게 살려면 동성애자라는 정체를 수긍하고 게이 파트너를 찾아야 한다고 결론지었다."(193) 멜에 관한 긴 이야기를 마치면서 얀시는 동성애와 관련해서 이렇게 결론을 맺는다. "창녀, 호색꾼, 귀신들린 여자, 로마 병사, 사마리아인 문둥병자, 남편을 여럿 갈아치운 또 다른 사마리아인, 예수님이 이런 '죄인의 친구'로 명성을 날리셨다니 정말 놀라운 일이다."(206) 그러니까 얀시가 하고 싶은 말은 확실하다. 죄인의 친구라는 예수님이 왜 동성애자를 친구로 삼지 않겠는가라는 것이다. 다른 모든 죄인처럼 동성애자도 기꺼이 사랑하고 받아들일 것이라는 게 얀시의 결론이다. 그러나 얀시는 번지수를 잘못 잡아도 한참 잘못

문도 없을 거 같은 기독교인이지만, 다음 질문은 좀 다르다. 적지 않은 기독교인을 힘들게 한다.

"부모님이 지옥에 있는데도, 당신만 천국에 가면 그게 천국일 수 있나요?"

자식을 가진 그리스도인의 경우 부모를 '자식'으로 바꾸면 상황은 좀 더 심각해진다.

"아들(딸)이 안 믿고 죽었지요? 그럼 아들은 지금 지옥에 있는데, 당신한테 천국이 천국일 수 있나요? 아니, 지금 이 순간에도 아들은 지옥에서 고통받고 있는데, 편안하게 교회에 앉아서 기도가 나오나요?"

잡았다. 무엇보다 예수가 동성애자와 친구로 지냈다는 말은 없다. 각종 죄인을 열거하면서 왜 동성애자만 뺐을까? 자명한 거 아닌가? 그리고 신약성경은 동성애를 분명하게 죄라고 규정하고 있다. 은혜에 관해서 긴 책을 쓴 필립 얀시, 그는 정작 하나님의 은혜가 왜 동성애자는 변화시키지 못하는지, 진짜 중요한 질문에 대한 답은 내놓지 못한다. 아니, 그런 의문조차 제기하지 않는다. 화려하고 유려하기 이를 데 없고, 중간중간 재치가 넘치는 그의 글이 공허한 이유이다. 얀시의 말대로 하나님의 은혜가 진짜로 놀라우려면, 그 은혜가 약속하는 변화가 일어나야 한다. 성경은 분명하게 약속한다. 은혜는, 복음은 새사람을 만든다고. 그러나 동성애자 하나만 놓고 봐도 이런 약속은 공수표에 불과하다.

5. '천국'이라는 주제로 나는 이미 《갑각류 크리스천 레드편》(테리토스, 2013)에서 한 꼭지를 썼다.

자식이 군대만 가도 밤잠을 못 자는 게 부모인데, 오래전 베트남전에 자식을 보낸 부모 마음은 과연 어땠을까? 그런데 지옥, 지옥에 갔다고? 고통이 영원히 계속되는 지옥에서 지금 자식이 몸부림치고 있는데, 구원받은 나는 이 땅에서도 또 앞으로 천국에서도 마냥 행복하다고? 아니, 지금 밥이 입에 들어가고, 기도와 찬양이 나온다고? 나는 그 어떤 기독교인으로부터도 이 질문에 대한 납득할 만한 대답을 들은 적이 없다.[6] 내가 들은 대답은 대부분 이런 수준이다.

"하나님이 나쁜 기억은 싹 다 없애주실 건네요, 뭐."
"그럼, 일종의 치매 상태가 댁한테는 천국이란 거네요."[7]

　신약성경에 따르면, 천국에선 이 땅의 기억이 100% 온전하게

6.　믿지 않는 자는 지옥에 가는 대신 아예 사라진다는, 존 스토트를 비롯한 소위 말하는 양심적 복음주의자가 주장하는 '영원소멸설'은 더 황당하다. 그러니까 안 믿고 죽은 사람의 영혼은 아예 사라진다는 건데, 아니, 지옥에 있어도 살아있는 게 낫지 않을까? 물론, 소멸시킨 영혼도 하나님이 다시 살릴 수 있으니까 별문제 없어… 이렇게 생각하면 별 고민거리도 안 된다. 하기야, '전지전능한 하나님'이라는 개념이 파고드는 순간, 고민이라는 단어는 사치가 된다.
7.　본문에서도 언급했지만, 부모 또는 자식이 믿지 않은 상태로 먼저 죽은 경우, 그래서 지금 이 시간 고통받고 있는 건 어떻게 해결해야 할까? 설사 천국에서야 치매로 있더라도 지금은 내가 치매도 아니고, 다 알고 있는데 말이다.

보존된다. 그러다 보니, 결국 대부분 신자가 도달하는 종착역은 바로 이 지점이다.

"피조물에 불과한 인간이 하나님의 뜻을 어떻게 다 알겠습니까? 그냥 선하신 하나님을 믿을 뿐입니다."

대단한 신앙 같지만, 무지를 회피와 믿음으로 포장하는 변명이다. 그래도 "참, 답답하네요. 천국은 죽어서 가는, 그런 곳이 아닙니다."라며, '하나님 나라'가 어쩌고저쩌고 뜬구름 잡는 소리를 떠드는 진보 기독교인보다는 훨씬 정직하다. 그런데 진짜 이상한 건 따로 있다. 믿지 않는 부모나 자식을 가진 기독교인에게 이건 정말 심각한 문제인데도, 주변을 돌아보면 별로 그런 거 같지 않기 때문이다. 믿지 않는 자식을 가진 몇몇 기독교인과 이 문제를 놓고 몇 번 대화를 나눈 적이 있는데, 솔직히 내 눈에 그들은 별로 고민하지 않는 것처럼 보였다.

"기도하고 있습니다. 하나님이 때가 되면 부르실 테니까요."

보통 이 수준이다. 아니, 이게 어떻게 가능할까? 암 진단을 받은 자식을 놓고 이렇게 태연하게 대답하는 부모가 있을까? 애가 감기만 걸려도 호들갑을 떨면서, 정작 지옥에 갈지 모르는 상황 앞에서는 태연한 기독교인들, 내가 생각하기에 거기에는 두 가지 이유가 있다.

첫 번째가 다른 사람은 다 지옥에 가도 내 직계 가족만은 꼭 천국에 갈 거라고 '가정'한다. 기독교식으로 하면 믿음이 충만하기 때문이다. 오랜 시간 노예상으로 살다 회심하고 나중에 '어메이징 그레이스'의 가사까지 쓴 존 뉴턴은 그런 기독교인의 마음을 다음 예화에서 아주 적절하게 표현했다. 물론 그의 의도는 구원받은 감격을 표현하려는 것이지, 기독교인의 맹인모상(盲人摸象)을 비판하려는 건 아니다.

"내가 천국에 가면 놀랄 세 가지 이유가 있어요.
첫 번째는 당연히 만날 거라 생각한 사람이 없어서,
두 번째는 절대 만날 리 없다고 생각한 사람이 있어서,
세 번째는 나 같은 죄인이 천국에 있어서."

여기서 단어 하나만 바꾸면 된다.

"내가 천국에 가면 놀랄 세 가지 이유가 있어요.

첫 번째는 당연히 만날 거라 생각한 김 장로님 가족이 없어서,

두 번째는 절대 만날 리 없다고 생각한 박 집사 가족이 있어서,

세 번째는 우리 가족 모두가 한 명도 빠짐없이 다 천국에 있어서."

그러나 세상이란 게 항상 그렇게 믿음대로만 돌아가진 않는
다. 전혀 생각지도 못하는 비극이 언제, 어떻게 덮칠지 알 수 없
다. 오늘 아침 멀쩡하게 집을 나선 믿지 않는 자식이 저녁에 무
사히 돌아올 것이라고 어떻게 장담할 수 있단 말인가? 왜 황당한
비극은 항상 남에게만 생긴다고 생각할까? 자, 그럼 믿지 않는
자식이 죽었다고 한번 가정해보자. 어떻게 할까? 자살로 생을 마
친 연예인 장례식에서 쉽게 듣는 설교 속에 그 힌트가 있다.

"하나님께서는 이 형제(자매)의 마음을 다 알고 계셨습니다.
얼마나 힘들고 외로웠을지, 사람은 몰라도 하나님은 알고 계셨
습니다. 그렇기에 지금 이 형제는 세상 고통을 다 뒤로 하고 예
수님의 품 안에서 안식하고 있습니다. '많이 힘들었지? 어서 오
너라… 내 아들아…' 우리 하나님, 이렇게 맞아주셨다고 저는 확
신합니다. 여러분이 보기에는 이 형제가 하나님을 멀리한 것 같
지만, 그건 모르시는 말씀입니다. 어쩌면 나 같은 목사보다 더
하나님을 깊이 체험하고 하나님과 더 긴밀한 교제를 했을지도

모릅니다. 우리, 교만하지 맙시다. 우리의 중심을 보시는 하나님 앞에서 겸손합시다. 영적인 눈으로 볼 때, 예수님의 보혈의 은혜를 그 누구보다 깊이 누린 사람이 바로 이 형제입니다. 입으로는 고백하지 않았지만, 영으로 그리스도를 주님이라 고백했다고 저는 확신합니다."

뭐, 조금 과장되긴 하지만, 따지고 보면 장례식에서 듣는 설교가 다 여기서 오십보백보이다. 어차피 천국이란 게 다 살아있는 사람 맘 편하게 해주려고 생긴 건데, 아무리 믿지 않은 상태에서 숙었더라도 사실은 믿고 있었다고, 말을 안 해서 그렇지 믿음을 갖고 있었다고 생각하면 되는 거다. 그래서 망자의 상태와 관계없이 무조건 믿고 천국 갔다고, 지금 주님의 품 안에서 안식하고 있다고 설교하는 목사를 나는 거짓말쟁이라고 생각하지 않는다. 아니, 오히려 유족에게 가장 필요한 위로를 하는 훌륭한 목사라고 생각한다.[8] 반면에 이런 목사는 어떨까?

---

8. 한 십 년 전, 평소 친하게 지내던 모 목사 부인이 십 년 넘게 기르던 개를 안락사시키고 힘든 시간을 보내고 있었다. 몇 번이나 전화해서 죽은 개 이야기를 했는데, "개는 천국에 안 가는데, 나 천국 가서도 우리 뽀삐(가명) 못 만날텐데…" 하면서 너무 힘들어했다. 나는 도저히 안 되겠다 싶어서, 평소 내 아버지를 가

"오, 주님, 결국 이 형제가 안 믿다가 지옥에 가고 말았습니다. 지금 지옥에서 얼마나 후회하고 있을까요? 후회만 할까요? 지금 이 순간에도 너무 뜨겁고 고통스러워서 죽고 싶을 겁니다. 그런데 지옥에서는 죽을 수도 없습니다. 이 땅에서는 자살했지만, 지옥에서는 자살도 못합니다. 이게 얼마나 끔찍한 일입니까? 우리가 이 형제의 영원한 비극으로부터 그럼 뭘 배워야 할까요? 자, 세 가지로 정리해 보겠습니다…"

이렇게 설교하는 목사가 있다면, 안 믿으면 지옥 간다는 기독교 교리에 비춰서 망자가 지옥에 갔다고 바르게 설교했기에, 하나님의 말씀을 제대로 선포한 선지자라고 부를 수 있을까? 아니, 그냥 미친놈이다. 그러니까, 중요한 건 바로 이 점이다. 기독교 신앙이라는 거, 교리라는 거, 그중에서도 천국과 지옥을 '내일도 태양은 떠오른다.'처럼, 정말 100% 믿는 경우 정상적인 삶

장 존경하는 것을 알고 있었기에, 이야기 하나를 만들었다. "사모님, 어제 꿈을 꿨는데 아버지가 나왔어요." "목사님이? 좋았겠다. 나도 우리 목사님 너무 보고 싶은데… 내 꿈에는 안 나오시네." "근데 사모님, 아버지가 뽀삐를 데리고 산책하시더라고요." 깜짝 놀란 그 부인의 숨결이 수화기 너머로까지 들려왔다. "정말로? 옥 목사님이 우리 뽀삐를?" "네, 그렇더라고요." "그럼 우리 뽀삐가 지금 천국에?" "성경이 천국에 관해서 모든 걸 다 이야기하는 건 아니잖아요? 천국에도 당연히 개랑 고양이도 있지 않을까요?" 부인의 목소리가 기쁨으로 떨렸다. "그럴까? 그럼 우리 뽀삐 다시 만나겠네… 우리 옥 목사님도 같이…" 그날 이후 그 부인은 개와 관련한 고통에서 벗어났다. 내가 한 게 과연 거짓말일까?

자체가 불가능하다는 것이다.

여기서 한번 태양이 떠오르는 것보다 더 확실하게 천국과 지옥을 믿고 사는 기독교인 부모가 있다고 가정해보자. 그런 부모의 자식이 아직 믿지 않는다면, 안 믿는 정도가 아니라 아예 기독교에 적대적이라면, 그 부모가 잠이나 잘 수 있을까? 자식이 비행기라도 탄다면, 친구들과 먼 여행이라도 간다면, 초조해서 어떻게 견딜까? 아니, 그냥 집 앞에 나갔다가 교통사고라도 당하지 않을까, 24시간 내내 노심초사해서 살 수나 있을까?

"기도하고 있습니다. 하나님이 때가 되면 부르실 테니까요." 이런 속편한 소리가 나온다고?[9] 한 치 앞을 모르는 게 인생이고, 종착역이 지옥인데? 따라서 믿지 않는 자식을 두고서도 정상적인 생활이 가능하다는 건, 천국과 지옥, 특히 지옥의 경우, 믿는다고 말은 하지만 사실은 '전혀' 믿지 않기 때문이다. 입으로만 또는 머리로만 믿기 때문에 오늘도 별문제 없이 밥도 먹고 또 교회에 가서 예배도 드리는 것이다. 고생만 하다 죽은 내 부모가, 또는 자식이 지금 지옥에 있는데도 별 갈등 없이 살 수 있는 것이다.

---

9. 뭐, 그렇다고 딴이 무슨 뾰족한 방법이 있는 것도 아니다. 목을 비튼다고 없던 믿음이 생기는 것도 아니니까 말이다.

글을 쓰다 보니 두 번째 이유를 먼저 말해버리고 말았다. 그러니까 믿지 않는 가족을 두고도 별문제 없이 정상적인 생활이 가능한 두 번째 이유는, 마음에 위안을 주는 천국은 믿을지언정, 불편하게 만드는 지옥은 믿지 않기 때문이다. 선택적 믿음이라 비난받는다 해도, 그것만은 도무지 믿을 수 없기 때문이다. 하지만 이건 기독교인에게 정말로 큰 문제가 되어야 한다. 내세에 관한 대부분 내용은 복음서, 특히 예수의 말에 등장하는데, 예수는 천국보다 지옥에 관해서 훨씬 더 많이 이야기했다. 그런데 천국은 믿으면서 지옥은 믿지 않는다고? 예수가 들으면 섭섭하겠지만, 그게 엄연한 현실 기독교인의 모습이다. 허나 엄밀하게 따지자면, 천국을 믿는 기독교인도 정작 하루빨리 천국에 가고 싶어 하지는 않는다. 하루라도 이 세상에서 더 살고 싶지, 그러니까 천국을 갈망하는 기독교인은 사실 거의 없다.

지금부터 '갈망'이라는 단어와 관련해서 천국, 나아가서 신의 존재까지 살펴보자. 짧지 않은 세월 동안 술을 즐기던 내가 술을 끊자마자 수면 아래 숨어있던 빙산의 거대한 실체가 올라왔다. 내 존재 전체를 덮친 그 빙산의 실체는 바로 갈망이었다. 내 속에서 시도 때도 없이 부글부글 끓어오르는, 술을 향한 갈망 말이다. 이 글을 쓰는 지금, 단주한 지 9개월에 들어섰는데, 나는 여전히 하루하루 술을 향한 갈망과 싸우고 있다. 눈을 뜨고 잠자리에 들 때까지 그 거대한 갈망 덩어리를 끌어안고 씨름하고 있다. 게다가 이 갈망 덩어리가 쉽사리 떨어져 나가지 않을 것도 나는 안다. 믿는 게 아니라 그냥 안다. 왜 이십 년 넘게 단주를 한 사람이 여전히 한 잔 술 앞에서 벌벌 떠는지, 왜 무덤에 들어가서야 완성되는 게 단주라는 농담 아닌 농담이 있는지, 알코올 중독에 빠져보지 않은 사람은 결코 이해할 수 없는 그 이유를 몸으로 체험하고 있다. 그렇게 갈망과 싸우는 중에 갑자기 이런 생각이 들었다.

"잠깐, 왜 내 속에 하나님을 향한 갈망은 찾으려야 찾을 수가 없는 거지?"

지금이야 그렇다고 치더라도, 오래전 《부족한 기독교》까지 쓰면서 신앙에 매진하던 시절을 떠올려 보았다.

"매일 한 시간 넘게 기도하고 성경만 읽던 그때는, 그럼 그때는 하나님을 향한 갈망이 있었던가?"

뭔가가 있기는 분명히 있었다. 지금 느끼는 갈망 비슷하게 나를 괴롭히던 뭔가가 분명히 있었다. 하지만 나는 "내가 정말로 하나님을 사랑하는가?"라는 질문에 정직하게 "그렇다"라고 대답할 수 없었다. 교회에서 노래 한 시간 정도 부르고 정신이 가물가물해지면야, 얼마든지 진심으로(?) "그렇습니다, 주님, 내가 주님을 사랑하는지 주님이 아십니다!"라고 누구처럼 외치겠지만, 맨정신에서 도무지 그게 되지 않았다. 사랑의 정의야 사람마다 다르니까 내가 너무 높은 기준을 둬서 그런 건지도 모른다. 어쨌든 나는 내가 하나님을 정말로 뜨겁게 사랑하지 않는다는 사실 때문에 심한 죄책감을 느꼈고, "안 되면 되게 하라"는 군인 정신에 입각해 내 정신을 개조하기로 결심했다. 2천 년대 초 미국에서 나는 하루도 빼지 않고 달리기를 했다. 집 앞에 나있는 일직선 도로를 왕복 달리기하며 매번 유턴할 때마다 나는 하늘을 향해 외쳤다.

"하나님, 당신을 사랑합니다. 정말로 사랑합니다."

그러다 보면 어떤 때에는 가슴이 정말 뜨거워지는 것 같기도 했다. 하지만 내가 바라는 수준의 정신 개조는 일어나지 않았다. 지금 생각하면 너무나 당연하다. 아니, 있지도 않은 존재를 어떻게 사랑하겠는가? 하지만 당시에 차마 이런 생각은 상상도 할 수 없었던 나는 하나님을 향한 갈망 때문이 아니라, 하나님을 갈망해야 한다는 당위성 때문에 괴로워서 몸부림쳤다. 왜 내 속에는 예수님을 만난 사마리아 여인과 같은 기쁨이 없는지, 왜 나는 바울처럼 세상 모든 것을 다 배설물로 여기지 못하는지… 내 부족함 때문에 몸부림쳤고, 결국 달리기 정신 개조로도 해결하지 못한 그 갈등을 나는 이렇게 정리했다.

"내가 아직 하나님을 몰라서 그래, 내가 예수님을 몰라서 그래, 잘 몰라서 내 속에 하나님만으로 만족하지 않고 자꾸 세상 것이 보이는 거야. 하나님을 더 알고, 예수님의 은혜에 더 깊이 잠겨야 해."

그리고 그때부터 더 미친 듯이 성경과 신앙 서적을 읽고 기도했다. 다시 말하지만, 나는 하나님을 갈망하려고 발버둥 쳤다. 갈망한 게 아니라, 갈망하려고 몸부림쳤다. 지금 알코올을 향한 갈망과는 본질적으로 다른 몸부림이었다. 자, 이것을 천국과 연결해보자. 기독교인 중에 정말로 천국을 갈망하는 사람이 있을까? 제대를 갈망하는 말년 병장 마음의 십분의 일이라도 되는 사람이 있을까?

"에이, 군대하고는 다르지요. 군인이야 사회생활을 경험했으니까, 아니까 갈망하는 거고, 아직 우리 중에서 천국에 간 사람은 없잖아요? 그러니까 좀 다르지요."

맞는 말이다. 그러니까 천국은 가 본 적이 없으니까 갈망할수 없다는 거다. 그러나 천국은 단지 장소가 아니다. 기독교에서 천국이 천국인 가장 큰 이유는 바로 그곳에, '주님이, 예수님이 계시기 때문이다.' 모든 기독교인이 이점에는 동의할 것이다. 더불어 구원받은 기독교인을 표현하는 기독교의 전매특허 같은 문장이 하나 있다.

"네, 전 그렇게 예수님을 인격적으로 만났습니다."

주님을 인격적으로 만나서 구원받았고, 그래서 주님을 사랑하게 되었다는 고백이다. 그럼, 천국을 갈망해야 하는 게 정상 아닐까? 인격적으로 만난 주님을 정말 사랑한다면, 그 사랑하는 이가 있는 천국을 미친 듯 그리워해야 하지 않나? 천국이라는 장소엔 간 적 없다고 해도, 예수를 정말로 만났고 사랑한다면, 천국은 갈망의 대상이 되어야 한다. 물론 천국을 정말로 갈망하는 기독교인도 적지 않다. 당장 내 부모님만 해도 그렇다.

이미 돌아가신 아버지는 말할 것도 없고, 어머니가 얼마나 천국을 사모하는지는 곁에서 항상 지켜보는 내가 너무 잘 안다. 그냥 입에 발린 소리로 '천국 가고 싶다'라고 하는 게 아니라는 것도 말이다. 내 어머니의 경우, 천국은 사랑하는 아버지를 다시 만나는 곳이다. 그래서 천국은 어머니에게 갈망의 대상이다. 내가 아는 한, 정말로 천국을 갈망하는 기독교인에게 그 진짜 이유는 헤어진 가족을 다시 만날 거라는 믿음 때문이다. 물론 예수와 함께…

1994년 11월 8일, 스콧 윌리스 목사와 그의 아내 자넷이 그들의 아이들 9명 중에 6명을 데리고 밀워키 부근의 94번 고속도로로 여행하는 중, 앞에 가던 트럭에서 금속조각 하나가 떨어졌다. 스코트는 달리 피할 방도가 없이 그 금속조각 위를 지나갈 수밖에 없었다. 그 결과 차 뒤에 달린 가스탱크가 폭발하여 아이들 가운데 5명이 화염 속에서 즉사하고, 막내아들 벤자민은 두어 시간 후에 죽었다. 스콧과 자넷은 화상을 입었으나 차 밖으로 나올 수 있었다. 그곳에 서서 아이들이 불 속에 죽는 것을 바라보면서 스콧이 자넷에게 말했다.

"이것은 우리가 각오한 순간이에요."

이 부부가 슬픔을 극복한 이야기는 미국과 세계 전역에 전해졌다. 이 비극의 깊은 슬픔을 지나는 동안 그리스도가 그들과 동행하셨다.

"매일 아침 깨어날 때마다 우리는 이날도 하루 더 하나님의 신실하심을 입증할 날이라고 말합니다. 매일 저녁 우리는 이제 우리 아이들을 볼 날이 하루 더 가까워졌다고 말합니다."[10]

윌리스 목사 부부가 천국을 사모하는 이유가 예수 때문이 아니라 아이들을 보고 싶어서라고, 그 부부를 욕할 사람은 아무도 없다. 그게 사람이니까. 아무리 예수를 인격적으로 만나 구원받고, 매일 매일 아침마다 예수와 동행한다고 고백하는 사람도 정작 천국에서 만나고 싶은 사람은 예수가 아닌, 다른 사람일 가능성이 크다. 다시 말하지만, 예수는 덤이다.

사람은 죽으면 끝이다. 행여 천국이 없다고 해도 별문제 될 거 없다. 의식은 사라지고 남는 게 없는데, 섭섭할 것도, 화날 것도 없다. 태어나기 전 상태 때문에 고민하는 사람은 없다. 죽고

---

10. 어윈 루처, 《당신이 죽은 1분 후》, 장미숙 옮김, (디모데, 1998), p.149-150

나서도 다를 거 하나 없다. 마찬가지로 내가 사랑하는 사람이 지옥에 있을까 봐 괴로워할 이유도 없다. 죽으면 그냥 거기서 끝날 뿐이다. 그럼 도대체 무엇이 있고 무엇이 없는 걸까? 갈망은 존재 여부를 가르는 시금석이다. 인간이 아무리 '연기'의 달인이라고 해도, 없는 것은 갈망하지 못한다. 그러나 천국도 실재가 될 수 있다. 환각 중에 천국을 체험했거나, 어릴 때부터 도무지 손을 쓰지 못할 정도로 세뇌되었거나, 현실이 너무 힘들어 스스로 내세에 대한 환상을 마냥 키운 경우라면, 천국도 얼마든지 갈망의 대상, 실재가 될 수 있다. 그러나 대부분 사람에게 천국은 결코 갈망의 대상이 될 수 없다. 아무리 하나님을 갈망하려고 발버둥 쳐도 안 되는 것처럼, 천국을 향한 갈망도 애를 쓴다고 되는 게 아니다. 《내가 본 천국》 같은 천국에 관한 신앙 서적을 아무리 읽어도, 무슨 천국 세미나에 참석한다고 해도, 없는 것을 갈망할 수는 없다. 없기 때문이다. 인간은 그런 존재이다. 존재하는 것은 애를 쓰지 않아도 갈망한다. 그러나 없는 것은 아무리 발버둥 쳐도 갈망할 수 없다.

오래전 대학생 때 참석한 수련회에서 자주 부른, 국악 풍 찬양이 있다.

예수님이 좋은 걸 어떡합니까
예수님이 좋은 걸 어떡합니까
세상에 어떤 것도 비길 수 없네
예수님이 좋은 걸 어떡합니까

당시 이 노래를 부를 때마다 힘들었던 기억이 생생한데, 주변 사람들 보는 눈도 있고, 그러다 보니 부를 때마다 예수가 좋아서 죽겠다는 표정으로 노래를 불렀지만, 마음은 정말로 죽을 맛이었다. 주변에서 정말로 예수가 좋아서 미치겠는지 아예 일어나서 덩실덩실 춤까지 추면서 부르는 사람들을 볼 때면 그 답답함은 더 커졌다. 존재하지 않는 것을 사랑하지 못하는 게 당연한데도, 도리어 그 사실 때문에 죄책감을 느껴야만 했으니까.

신이 존재할까? 굳이 밖에서 그 이유를 찾으려 애쓸 필요 없다. 답은 이미 당신 안에 있다. 당신 속에 신을 향한 갈망이 있다면, 당신에게 신은 살아있는 존재다. 신의 실존을 위해 다른 누구의 증거와 변증에 연연할 필요가 없다. 누구에게나 신의 존재 여부는 갈망으로 증명된다.

2장

___

기독교와 새진리회

1. 아주 오래전 경상남도 진영에서 살 때, 내가 다니던 교회의 담임목사는, 십 년 전에 쓴 책, 《진영》(국제제자훈련원, 2011)에 나오는 '아멘 할아버지', 아버지의 외삼촌이었다. 그 시절 소박한 시골 교회답게 할아버지의 교회도 일요일 주일학교와 어른 예배를 같은 장소에서 했다. 어른 예배 직전에 하는 주일학교 예배의 마지막 순서는 축도였는데, 매주 같은 시간 본당에 들어선 할아버지는 검은 표지의 성경책을 손에 들고는 장의자 사이를 근엄하게 또 천천히 걸어서 강대상으로 향하곤 했다. 그럴 때면, 할아버지의 친척이라는 게 너무 자랑스러운 내 어깨엔 잔뜩 힘이 들어갔었다.

어느 일요일, 축도하려는 할아버지가 미처 팔을 들기도 전, 그 교회의 몇 안 되는 장로 중 한 사람이자 주일학교 교사인 반 장로[11]가 갑자기 번쩍 손을 들었다. 처음 있는 일이라 모두가 반 장로를 주시했고, 할아버지도 '왜 그러지?'하는 표정으로 축도하려던 팔을 천천히 내리면서 반 장로를 보았다.

"목사님, 오늘 공과공부 시간에 한 학생이 물었는데요. 태어나자마자 죽은 애는 천국에 갑니까, 지옥에 갑니까? 저도 평소에 이게 참 궁금했었는데…"

반 장로의 질문을 듣고 나는 가슴이 철렁했다. 정말로 어려운 질문이었다.

'아, 할아버지가 모르면 어쩌지? 할아버지가 망신당하면 안 되는데…'

그러나 그건 어리석기 그지없는 착각이었다. 반 장로에게야 평생을 괴롭혔을 고민거리였을지 몰라도, 아멘 할아버지에게는 조금도 문제가 되지 않는, 말 그대로 어린아이의 질문에 불과했다. 지금으로부터 거의 오십 년 전 어느 일요일 아침, 그날 느낀

———

11. 확실하게 기억나지는 않지만, 반성은 장로였던 거 같다.

불안감과 더불어 그 불안을 시원하게 날려버린 할아버지의 명쾌한 답에서 느낀 자랑스러움을 나는 지금도 똑똑하게 기억한다. 출애굽기 20장을 인용하면서 할아버지가 대답했다.

"하나님이 믿는 자의 자손은 수천 대까지 축복한다고 했습니다. 따라서 부모가 믿으면 그 아이는 천국에 가고, 부모가 믿지 않으면 아이는 지옥에 갑니다."[12]

반 장로는 말할 것도 없고, 단순하기 이를 데 없는 시골 아이들까지도 단숨에 이해할 수 있는 명쾌한 논리였다. 순간 그 자리에 있던 모두가 고개를 끄덕였고, 축도를 마친 할아버지는 만족한 얼굴로 들어설 때와 마찬가지로 아주 천천히 걸어서 예배당을 나갔다.

지금 와서 보면, 할아버지의 이 대답에는 문제가 한두 가지가

---

12. 나를 미워하는 사람에게는, 그 죄값으로, 본인뿐만 아니라 삼사 대 자손에게까지 벌을 내린다. 그러나 나를 사랑하고 나의 계명을 지키는 사람에게는, 수천 대 자손에 이르기까지 한결같은 사랑을 베푼다.(출 20:5-6)
13. 모든 영혼은 나의 것이다. 아버지의 영혼이나 아들의 영혼이 똑같이 나의 것이니, 범죄하는 그 영혼이 죽을 것이다.(겔 18:4) 사람들이 더 이상 '아버지가 신포도를 먹었기 때문에, 자식들의 이가 시게 되었다'는 말을 하지 않을 것이다. 오직 각자가 자기의 죄악 때문에 죽을 것이다. 신포도를 먹는 그 사람의 이만 실 것이다.(렘 31:29-30)

아니다. 먼저 예레미야와 에스겔에 의하면, 성경은 연좌제를 허용하지 않는다.[13] 하지만 할아버지가 인용한 출애굽기에 따르면 연좌제는 확실히 있다. 따라서 이건 할아버지가 아닌, 갈팡질팡 도무지 중심을 잡지 못하는 야훼의 잘못이다.[14] 그런데 진짜 문제는 따로 있다. 할아버지의 대답이 '그나마' 상식에 가까운지는 몰라도 신약성경이 말하는 복음과는 완전히 동떨어진, 보기에 따라서 이단의 가르침이라고 해도 과언이 아니라는 점이다. 바울의 가르침은 명확하다.

> 사람은 마음으로 믿어서 의에 이르고, 입으로 고백해서 구원에
> 이르게 됩니다. 롬 10:10

그러니까 입으로 하는 고백은 고사하고, 마음으로 믿지도 않은 신생아가 어떻게 구원을 얻겠는가? 불쌍하기는 하지만, 성경에 따르면 지옥행이 분명하다.[15]

---

14. 인신 공양을 비롯한 야훼의 무원칙은 히브리 성경(구약) 곳곳에 차고 넘친다.
15. 사무엘하 12장 속 신생아 자식을 잃은 다윗의 반응을 보고 신생아가 천국에 간다는 식으로 변명하는 기독교인이 있다. 할 말이 많지만 신약과 히브리 성경(구약)은 전혀 다르다. 좀 더 자세한 내용은《신의 변명》(파람북, 2018)을 참조하라.

"뭐라고요? 신생아가 지옥행이라고요? 그게 말이 됩니까?"

얼마든지 이런 생각이 들 수 있다. 그럼 상식에 조금 더 부합하는 것 같은 할아버지의 대답이 맞으면 어떻게 될까? 상황이 그나마 좀 나아질까? 전혀 그렇지 않다. '지옥'이 존재하는 한 별반 달라지는 건 없다. 이런 경우를 생각해보자. 아주 믿음 좋은 부모 밑에서 태어났지만, 자라면서 머리가 커지더니 결국에는 신앙을 버리는 케이스 말이다. 소위 말하는 탈회심deconversion의 경우인데, 요즘 들어 이런 사람이 점점 늘어나는 추세이다. 그럼 결과는? 신약성경이 맞다면, 신앙 좋은 부모의 복이 자식에게 이어질 리 없으니, 탈회심한 친구는 당연히 지옥행, 영원한 지옥의 고통이다. 결국 이런 결론에 도달하게 된다.

"이 세상에서 가장 팔자 좋은 행운아는 누구일까요?"
"믿는 가정에서 태어나서 바로 죽은 아이입니다!"

부모와 고작해야 몇십 년 세상에서 함께 살다가 천국과 지옥으로 갈리는 것보다, 빨리 죽기는 했지만 믿음 좋은 부모와 천국에서 '영원히' 함께 사는 게 훨씬 더 행복하지 않을까? 물론 180도 반대인, 최악의 경우도 있다. 아예 믿지 않는 부모 밑에서 태어나자마자 죽는 경우, 그러니까 믿고 안 믿고의 선택지도 한번 받아보지 못하고 바로 지옥에 가는 케이스다. 그런데 그 죽은 아이의 부모가 나중에 믿고 천국에 간다면? 자녀는 지옥에서 고통받고 있는데, 정작 자기네는 천국에서 행복하다고? 이거야말로 엎친 데 덮친 격이다. 자, 이런 황당한 시나리오는 그만 생각하고 진짜 중요한 질문을 던지자.

"왜 애초에 이런 말도 안 되는 상황을 고민해야 하는 걸까?"

그건 기독교의 원죄 교리 때문이다. 원죄, 인류의 시조인 아담 부부가 지은 죄가 모든 인류를 태어나는 순간부터 죄인으로 만든다는 교리이다. 이 세상 그 어떤 연좌제도 원죄 교리 앞에서는 명함을 내밀 수 없다. 아니, 명함 근처에 손가락도 갈 수 없다. 이 원죄가 가진 문제는 실로 한두 가지가 아니다. 정말로 이 원죄를 믿는다면, 자식을 낳으면 안 된다.

100% 유전되는 장애를 가진 부부를 생각해보자. 그들이 자식을 낳을까? 장애아가 나올 것을 뻔히 알면서도 낳을까? 낳지 않을 가능성이 아주 크다. 그러나 안 믿고 죽어서 지옥에서 영원히 고통받는 원죄에 비교할 때, 이 세상에서만 지속되는 장애는 새 발의 피에 불과하다. 물론 내가 낳은 자식은 다 믿고 천국 갈

거라는, 무지막지한 내로남불 믿음이 원죄 교리에 대한 믿음보다 더 강할 수도 있다. 아무리 그래도, 부모라면 자식이 안 믿을지도 모를 0.1%의 가능성, 그 결과 영원한 지옥의 고통을 받을지도 모르는 그 끔찍한 가능성까지도 고려해야 한다.

"이봐요, 자식은 부모의 기도대로 됩니다. 0.1%의 가능성? 그런 거 없습니다. 하나님이 책임지시니까요. 그리고, 나는 유전되는 장애인이라도 애를 낳을 겁니다. 왜인지 알아요? 그 아이 예수 믿어서 천국에 가면 영원히 새 몸으로 행복할 텐데, 그 기회를 뺏는다고요?"

기회? 아무도 뺏지 않았다. 태어나지 않아 있었던 적도 없는, 무슨 기회를 뺏는다는 걸까?

"여보세요, 그리고 당신 지금 애를 낳으라 마라 떠드는데, 생명은 하나님이 주시는 겁니다."

이건 하나만 알고 둘은 모르는 말이다. 피임만 제대로 하면, 그 생명, 하나님이 아무리 주려고 해도 안 생긴다. 지금 내 말이 과격하다고 생각하는 사람은 왜 이런 과격한 주장이 가능한지,

거기에 주의를 돌려야 한다. 그만큼 원죄 이론은 과격하다는 말이 착하게 느껴질 정도로 황당무계하기 때문이다.

그런데 원죄가 다가 아니다. 원죄와 쌍벽을 이루는 속죄도 있다. 원죄를 해결하는 유일한 방법, 예수의 십자가 속죄이다. 그런데 이 속죄가 참 해괴하다. 죄는 사람이 지었는데 해결은 신이 한단다.[16] 그게 다가 아니다. 원죄와 달리 이 속죄에는 조건이 따라붙는다. 속죄받으려면 속죄에 관한 십자가 등등의 기독교 교리를 '믿어야' 한다. 이게 참 이상한 게, 원죄는 믿음 여부와 관계없이 모든 인간을 죄인으로 만드는데, 속죄는 오로지 믿는 사람만 의인으로 만든다.

아멘 할아버지의 대답, "하나님이 믿는 자의 자손은 수천 대까지 축복한다고 했습니다. 부모가 믿으면 그 아이는 천국에 가고, 부모가 믿지 않으면 아이는 지옥에 갑니다."가 신약성경의

---

16. 앞의 각주 2에서 살펴본 히브리 성경의 연좌제 금지를 여기에 적용할 수 있다. 그러니까 내 죄를 다른 누군가가 대신 책임지는 것은 히브리 성경과 전혀 맞지 않는다. 모든 영혼은 나의 것이다. 아버지의 영혼이나 아들의 영혼이 똑같이 나의 것이니, 범죄하는 그 영혼이 죽을 것이다.(겔 18:4) 사람들이 더 이상 '아버지가 신포도를 먹었기 때문에, 자식들의 이가 시게 되었다'는 말을 하지 않을 것이다. 오직 각자가 자기의 죄악 때문에 죽을 것이다. 신포도를 먹는 그 사람의 이만 실 것이다.(렘 31:29-30)

가르침이 될 수 없는 이유이다. 하기야, 컴퓨터 바이러스를 보면 일면 이해가 가는 측면도 있다. 바이러스는 놔둬도 알아서 퍼지지만, 바이러스 백신은 프로그램을 깔고 설치하라는 번잡한 절차를 거쳐야 한다. 바이러스는 수많은 변종을 알아서 만들어내지만, 백신은 따라가기에도 급급하다. 그래서 이 세상에 바이러스보다 강한 백신은 없고, 사실상 이 둘의 싸움에서 갑은 언제나 바이러스이다. 그러니까 원죄가 속죄보다 훨씬 세다는 건가? 아담 부부를 유혹했던 사탄의 힘이 신의 아들이 흘린 피보다 훨씬 더 강하다는 거?

 기독교는 예수의 십자가라는 주춧돌 위에 세워진 종교다. 그리고 예수의 십자가는 아담의 원죄라는 주춧돌 위에 세워졌다. 그렇기에 원죄가 무너지면, 아담이 무너지고, 기독교는 존립 이유 자체가 사라진다. 바로 여기에 문제가 있다. 이 원죄라는 게 도무지 인간의 이성으로 받아들일 수가 없다는 것이다. 아무리 믿음이 좋아도 원죄를 실재로 받아들이는 사람은 없다. 유전되는 장애만큼도 원죄를 심각하게 받아들이지 않는다. 왜? 원죄라는 게 그 정도로 인간의 이성 및 상식과는 배치되니까. 누구나 진심은 '말'이 아니라 '행동'으로 드러난다. 입으로는 천국을 사모한다면서 하루라도 더 살겠다고 신유 집회를 따라다니는 사

람의 진심은 무엇일까? 말이 아니라 행동이다. 원죄도 마찬가지
다. 진짜로 원죄를 받아들인다면 아이를 낳지 않을 것이다.

신생아 지옥행[17]은 도무지 공정과 공평이라는 인간의 상식으
로는 받아들일 수가 없다. 그런데 문제는 세상에 이런 일이 비일
비재하다는 것이다. 인간이라면 누구나 상식을 갖고 있다. 상식
이냐 아니냐를 가르는 중요한 잣대 중 하나가 '공정, 공평, 정의'
에 대한 판단이다. 원죄와 속죄는 상식은 말할 것도 없고, 이성
에도 부합하지 않는다. 결국 적지 않은 자칭 '기독교인'이 '해석'
이라는 명분으로 자신만의 원죄와 속죄를, 나아가서 천국과 지
옥 이론을 만든다. 아무리 성경과 동떨어졌다고 해도 최대한 이
성에 부합하도록 하려니 어쩔 수가 없는 것이다. 그러나 그 결과
는 언제나 신앙과 현실의 괴리이다. 그 예를 하나만 들어보자.

> 예수께서 대답하셨다. "일곱 번만이 아니라, 일흔 번을 일곱 번
> 이라도 (용서)하여야 한다." 마 18:22

---

17. 《내가 본 천국》(한실미디어, 1997)을 쓴 필시 콜레 같은 근본주의 기독교인에게
    도 지옥 가는 신생아는 어려운 문제였던 거 같다. 그는 책에서 천국에 태어나자
    마자 죽은 신생아 키우는 곳이 따로 있다고 주장했다.

유명한 예수의 용서 명령이다. 이게 과연 가능할까? 가능하다. 예수의 말대로 일만 달란트(3조 원) 탕감받은 게 사실이라면, 그런 사람에게 친구가 빌린 백 데나리온(5만 원)을 탕감하는 건 그리 어렵지 않을 테니까. 문제는 하나님의 용서가, 그러니까 예수의 속죄가 인간에게 과연 3조 원 탕감에 해당하냐는 것이다. 속죄가 진짜 3조 원에 상당하는 가치를 가지려면 원죄가 주는 고통이 그만큼 커야 한다. 원죄로 인해 구원과 속죄를 향한 갈망이 그만큼 간절해야 가능한 이야기이다.

그렇다면 우리는 매일매일 주변에서, 특히 교회 안에서 용서를 목격하면서 살 것이다. 그러나 현실은 선혀 그렇지 않다. 자기 과시에 필요한 장식품으로 치장하고 자랑하려는 경우를 빼고, 용서는 특히 교회에서 만나기 힘든 희귀상품rare commodity이다. 기독교인 사이의 싸움이 얼마나 잔혹하고 무서운지, 하루가 멀다 하고 갈라지는 교회와 남발하는 교인 간의 소송을 보면 잘 알 수 있다. 왜 그럴까? 그건 예수가 준 속죄의 은혜가 솔직히 가슴에 다가오지 않기 때문이다. 당연하다. 원죄가 말이 안 되는데, 속죄가 말이 될 리 없으니까. 아담의 죄가 나를 괴롭히지 않

---

18. 근원에 불과하다고? 원죄 때문에 신생아는 지옥에 가는데? 지옥행이라는 결과는 신생아나 히틀러나 똑같은데?

는데, 예수의 속죄가 나를 감동시키는 게 전혀 이치에 맞지 않으니까.

원죄는 인간을 본질적으로 죄인으로 만드는 근원에 불과하고, 인간에게 실질적인 고통을 주는 건 살면서 짓는 죄라고 주장할 수도 있다.[18] 그러니까 원죄 때문에 예수를 갈망하는 게 아니라, 살면서 짓는 죄 때문에 속죄를 갈망한다는 논리이다. 그러나 이건 핑계 내지 변명에 불과하다. 하얀 피부를 만들어준다는 로션을 아무리 발라도 별반 달라지는 게 없어 절망 속에서 사는 흑인이 있다고 가정해보자. 이 친구의 절망이 별 효능 없는 로션 때문일까? 인간의 원죄는 까만 피부로 태어난 흑인의 운명과는 비교도 안 되게 절망적이어야 한다. 그러나 그렇게 느끼면서 사는 사람은 거의 없다. 왜? 말이 안 되니까.

어느 정도 나이를 먹은 사람이라면 하나 확실하게 아는 게 있다. 이 세상에는 정말로 나쁜 놈들이 많다는 것. 그리고 반대로 정말 착한 사람들도 적지 않다는 사실이다. 더불어서, 저렇게까지 잘 되면 안 되는데 하는 나쁜 놈이 끝없이 잘 되고, 반대로 법 없이도 살 것 같은 좋은 사람이 도무지 끝이 보이지 않는 비참함을 벗어나지 못하는 경우도 많다. 악인은 장수하고 의인은 단명하는 경우가 널리고 널렸다. 한 마디로 세상은 공정하지 않다. 세상은 말 그대로 무작위로 돌아간다. 모든 건 확률 싸움이다. 이런 세상을 더 불공평하게 만드는 것, 바로 원죄와 속죄이다.

2. 연상호 감독의 넷플릭스 드라마 〈지옥〉을 해석하는 방법이야 여러 가지가 있겠지만, 내가 보는 이 드라마는 '원죄'와 '속죄'가 주는 부조리함을 향해 던지는 귀싸대기이다. 특히 '원죄'를 향해서 그렇다.[19] 다시 말하지만, 상식을 가진 사람에게 원죄 교리는 말이 안 된다. 그건 기독교인이라도 다르지 않을 것이다. 단지 그들은 이성의 소리를 누르거나 무시할 뿐이다. 그런데 어떻게 그런 무시 내지 거부가 가능할까?

"지옥을 본 적이 없기 때문이다."

평생 남들 도우면서 살았던 어머니가 '단지' 예수를 믿지 않았다는 사실 때문에 지금 지옥에서 고통받는 것을 정말로 내가 눈으로 '본다면', 반면에 평생을 개차반으로 살다가 임종 직전에 예수를 믿은 옆집 김 씨가 천국에서 예수의 손을 잡고 웃고 떠드

─────

19. 시즌 2가 '속죄'의 부조리함을 좀 더 파주기를 기대한다.

는 것을 내가 눈으로 '본다면', 과연 몇 명이나 기독교인으로 남을 수 있을까?[20] 원죄와 속죄를 믿는 기독교인이 별문제 없이 살수 있는 것은, 내세가 눈에 보이지 않기 때문이다. 그런데 어느 순간 내세를 손으로 만지고 피부로 느낄 수 있게 된다면, 모든게 달라질 것이다. 바로 이 지점이 〈지옥〉이 파고든 부분이다. 지옥의 실재를 눈으로 보여준 것이다.

"진짜 지옥이 있다고, 네가 진짜 지옥에 간다고… 네 엄마가, 네 자식이 진짜 지옥에 간다고…"

지옥행 '고지'를 받은 사람에게 나타나는 초자연적인 존재는 '지옥의 실재'를 의미한다. 그리고 그 실재는 소름 끼칠 정도로 가혹하다. 지옥 사자가 시연하는 죽음의 의식은 잔인하기 이를 데 없는데, 그 고통의 하이라이트는 사형 제도 중에서도 가장 끔찍하다는 화형이다. 자연스럽게 지옥에서 활활 타는 '지옥불'을 떠올리게 만든다. 지옥 시연은 보는 사람 누구나가 다 생생하게 지옥을 느끼도록 한다. 그리고 믿음으로만 받아들이던 지옥이 실재가 되는 순간, 인간에게는 근본적인 변화가 일어난다. 그

---

20. 오히려 입으로는 더 열심히 구원교리를 설파하는 신자로 남을 가능성도 크다.

누구도 억울한 지옥행을 받아들일 수 없게 되는 것이다. 지옥이 '실재'가 되는 순간, '공정'이 인간의 마음을 지배하게 되는 것이다. 그 결과, '원죄'는 더 이상 존재할 수 없다. 지옥이 눈에 보이지 않을 때에는 그나마 교리로도 존재할 수 있었지만, 지옥이 실재가 되고 공정이 인간의 마음을 지배하게 되면서, 원죄는 교리로서도 종말을 맞게 된다.[21] 바로 그 점을 파고들어 세를 키운 신흥 종교가 '새진리회'이다. 그들의 교리는 명확하고, 주장하는 명분도 확실하다.

"천사로부터 지옥 고지를 받는 놈은 다 그만한 죄를 지어서 그렇다. 그러니까 착하게 살자고. 우리 모두 힘을 합쳐 좋은 세상을 만들자고."

이 얼마나 명확한가? 누가 여기에 토를 달까? 그러니까 그들이 믿는 신은 '원죄'를 기반으로 하는 불공정한 기독교의 하나님

———

21. 드라마가 구체적으로 묘사하지는 않지만, 새진리회의 등장과 함께 원죄를 주장하는 개신교는 거의 사라졌다고 봐도 무방하다. 그리고 세상을 바꾼 결정적인 시연 대상인 박정자는 독실한 기독교인이다. 자식들이 비행기에 무사히 탔다는 소식을 들은 그녀의 입에서 가장 먼저 나온 건 감사기도이다. "아버지, 감사합니다."

과는 정반대인, 성명불상의 '공정한 신'이다. 이름은 없지만, 확실하게 나쁜 짓을 저질러서 남에게 손해를 끼친 인간들만 지옥으로 보내는, 상식에 부합하는, 나름 말이 되는 신이다. 기독교의 주춧돌이 원죄와 속죄라면, 새진리회의 주춧돌은 '공정'이다. 따라서 그들이 숭상하는 신에게 있어서 가장 말이 안 되는 일이 있다면, 불공정한 지옥행이다. 그리고 그런 불공정을 가장 극명하게 드러내는 사례는 다름 아니라 '지옥행'을 선고받는 신생아이다. 물론, 이 드라마가 그리는 세상이라고 왜 신생아 사망이 없겠는가? 하루에도 수도 없이 많은 신생아가 이런저런 이유로 죽을 것이다. 그러나 그런 죽음은 별문제가 되지 않는다. 신의 공정성에도 위협이 되지 않는다. 얼마든지 '천국'에 갔다고 가정하면 되니까. 지옥이 오로지 죄인의 종착역이라면, 언제 죽는가는 그렇게까지 공정에 문제를 일으키는 건 아니니까. 이렇게 새진리회는 이 세상에 공정한 신이 존재한다는 믿음을 심으면서 비약적인 성장을 맞는다. 그런데, 지옥행을 선고받는 신생아가 생겼다. 이 청천벽력 같은 사실을 알게 된 새진리회의 의장 김정칠은 그 사실을 감춰야 한다며 격렬하게 반응한다.

"그걸(신생아 지옥행) 사람들이 알면 어떻게 될 거 같아? 신이 하는 짓거리가 미친 놈 장난치듯이 원칙도 없이, 원칙 없는 세상이 어떻게 될 거 같아? 종말이라고!!"

    김정칠은 진즉부터 알고 있다. 이 세상에 원칙이라는 것이 없다는 것, 그러니까 그들이 주장하는 '공정한 신'이라는 것은 애초에 존재하지 않는다는 것을. 신이야 존재하는지 몰라도, 그 신이 공정과는 거리가 멀다는 것을, 공정과는 아무런 상관이 없다는 것을. 그래도 지금까지야 지옥행 고지를 받은 사람이 하나같이 엄청난 죄를 숨기고 있었다고 말하는 것으로 충분했다. 마치 말이 안 되는 사건을 만날 때마다 기독교가 읊조리는 모범답안처럼 말이다.

    "하나님에게 숨겨진 뜻이 있는 거야. 우리 인간이 어떻게 다 알아? 우리가 모든 걸 다 알면, 우리가 하나님인가?"

    그러나 새진리회에게 닥친 신생아의 지옥행 고지는 마치 기독교의 하나님이 신실한 기독교인에게 나타나 이렇게 외치는 것과 비슷하다.

    "뭐? 나의 숨겨진 뜻? 그런 거 없어. 넌 그냥 재수가 없는 거야."

    그런데 새진리회의 위기는 여기서 끝나지 않는다. 인터넷을 통해 신생아 지옥행 고지가 만천하에 공개된 것이다. 새진리회 의장단은 긴급회의를 여는데, 말 그대로 난장판이 된다.

김정칠: "(고지가 공개되었는데) 의장단, 이거 어떻게 생각해요?"

의장단 1: 글쎄, 뭐… 이제는 원죄론으로 가야 되지 않나? 그러니까 인간은 원래 태어날 때부터 죄를 가지고 태어나니까…

의장단 2: 안 돼요, 그건. 새진리회가 이렇게 단시간에 큰 영향을 끼칠 수 있었던 건, 우리가 이해할 수 있는 범위 내의 죄인들이 지옥에 간다는 논리였는데, 원죄론을 인정하는 순간, 개신교하고 뭐가 다르냐는 얘기가 나올게 뻔합니다. 순식간에 세력이 쪼그라들 거예요.

의장단 1: 아니, 그럼 무슨 대안이 있어요?

의장단 3: 아직은 시간이 좀 있으니까 저 영상 자체가 조작되었다고 주장하고 추이를 좀 지켜보는 게…

(영상 조작 제안에 의견이 갈리면서 난장 법석)

의장단 1: 에이, 원죄론이 안전빵이야…

의장단 3: 아니, 원죄가 뭔지나 알고들 떠들어요?

의장단 4: 아무 말이나 막 떠들지 말라고요.

의장단 3: 이봐, 난 사과즙도 안 먹는 여자야.[22]

이 드라마가 조금도 관심을 가지지 않는 영역이 있다. 비록 초자연적인 존재가 등장하지만, 신의 존재, 또는 초자연적인 현상에는 아무런 관심이 없다. 이 드라마의 관심은 단 하나, 인간이다. 원칙 없는 세상, 불공정한 세상에서 살아야 하는 인간이다. 이 드라마가 드러내는 진실은 단 하나, 이 세상은 무작위로 돌아간다는 사실이다. 그런 세상은 '모든 것이 합력하여 선을 이루는 세상'이라고 주장하는 기독교의 세계관과 가장 거리가 멀다. 전지전능하고 선한 하나님을 믿는 기독교인이라면, 도무지 받아들일 수 없는 세계관이다.[23] 누구에게나 하나님이 부여한 목적이 있다고 믿는 기독교인에게 '웃기고 있네'라고 외치

___

22. 원죄를 거부하기에 아담이 따먹은 사과가 싫어 사과즙도 안 마신다는 소리⋯ 완전히 빵 터지게 만드는 명대사.

23. 이런 유신론자의 심정은 욥에게서도 찾을 수 있다. "누가 봐도 여기서 욥이 '악인'으로 지칭한 대상은 하나님이다. 그럼 우리는 이제 궁극적인 의문을 만난다. 도대체 욥은 어떤 사람인가? 정직함을 넘어서 아예 하나님을 '악한 신'이라고 부르는 그의 정체는 무엇인가? 하나님을 악하다고 하면 마음이 편해지나? 차라리 그런 신은 없다고 생각하고 사는 게 더 좋은 거 아닌가? 유신론자 또는 무신론자라는 정체성도 결국은 조금이라도 맘을 더 편하게 해주는 결론을 지칭하는 호칭일 뿐이다. 신이 있다고 생각하는 게 맘이 편한 사람은 유신론자로 살고, 그게 아닌 사람은 무신론자로 살면 된다. 그런데 욥은 그런 면에서 이해하기 힘들다. 악한 신이 이 세상을 다스리고 있다고 생각하는 게 맘이 편한가? 히틀러가 영원무궁 다스리는 게 이 세상이라고 생각하면 속이 편한가? 차라리 그런 신은 없다고 결론내리는 게 낫지 않을까? 분명히 욥은 바로 이 지점에서 대다수 사람과 생각이 다르다. 신 또는 정해진 질서 내지 법칙이 존재하지 않는 뒤죽박죽된 세상과 악한 신이더라도 누군가 다스리는 세상, 그 둘 사이에서 욥에게는 후

는 이런 세계관은 사실 별로 승산이 없다. 허공의 메아리로 끝날 가능성이 크다. 김정칠 의장의 말대로, '신이 하는 짓거리가 미친 놈 장난치듯이 원칙이 없는 것'을 좋아할 사람은 거의 없을 테니까 말이다. 게다가 사람은 누구나 다 내 인생에는 목적이 있다고, 세상은 아름다운 원칙에 따라서 움직인다고 믿고 싶어 한다. 물론 거기에도 문제는 있다. 바로 '언제나' 눈에 보이는 현실 말이다.

하지만 '지옥'의 실재만 드러나지 않으면, 불편한 현실 정도는 얼마든지 '해석'으로 감추고 왜곡할 수 있다. 어차피 해석의 목적은 진실이 아니라 위로니까. 다 내 맘 편하자고 하는 거니까.[24] 바로 이런 이들에게 '지옥'은 비수를 날린다. 다시 말하지만, 신

자가 더 나은 것이다. 아니, 그에게는 애초에 선택할 수 있는 문제가 아니었다. 하나님이 존재한다는 '전제'에서 결코 벗어날 수 없었던 고대인 욥에게 아예 신이 존재하지 않는 세상(amoral)이라는 결론은 상상 밖의 영역이었을 테니까. 결국 스스로에게 거짓말을 하지 않고 욥이 다다른 잠정 결론은 지금 이 세상을 다스리는 건 악한 신(immoral)이라는 것이다." 옥성호, 《너무도 가벼운 고통》(글의 온도, 2021), p. 126

24-25. 미국의 목사인 제임스 돕슨은 '하나님이 말이 안 될 때《when god doesn't make sense》(Wheaton, Illinois: Tyndale House Publishers, Inc, 1993)'라는 책에서 말이 안 되는 일로 가득한 세상이야말로, 하나님이 진짜 신이라는 것을 드러내는 가장 큰 증거라고 주장했다. 적지 않은 기독교인의 생각이 사실상 돕슨과 별반 다르지 않다. 그래서 같은 말을 조금만 세련되게 하는 사람을 만나면 감탄한다. 무슨 대단한 진리를 발견하고 엄청난 경지에라도 도달한 심오한 선지자라도 되는 듯 바라본다.

의 존재 여부에 관심이 없고, 단지 실재reality를 외면하지 말자는 것이다. 현실을 속이면서 살지 말자는 것이다.[25] 보이지 않기에 가능했던 거짓말이 보이는 순간 사라진다는 것이다. 따라서 생각이 있는 기독교인이라면 이 드라마를 즐기기 전에 바짝 긴장해야 한다.

3. 〈지옥〉이 단지 비극이라고 불러도 과언이 아닌, 무작위한 세상의 묘사로만 끝나는 건 아니다. 무작위를 이기는 희망을 보여준다. 그리고 그 희망은 신 때문이 아니라 인간 때문이라는 것이다. 마지막 회에서 지옥행을 고지받은 신생아는 생명을 건진다. 무소불위의 힘을 가진 것처럼 보이는 지옥 사자도 그 아이를 데려가지 못한다. 아이를 살리기 위해 목숨을 바친 부모 때문이다. 무작위한 신의 의도(?)조차 좌초시킬 수 있는 게 인간이다. 원칙 없는 신의 변덕에 제동을 걸 수 있는 유일한 무기가 있다면, 인간의 사랑이다. 마지막 장면에서 살아남은 신생아를 안고 택시에 탄 민혜진 변호사에게 택시 운전사가 이렇게 말한다. 아마도 감독이 궁극적으로 하고 싶은 말일 것이다.

"저는 신이 어떤 놈인지도 잘 모르고, 관심도 없어요. 제가 확실히 아는 건 여기가 인간들의 세상이라는 것입니다. 인간들의 세상은 인간들이 알아서 해야죠."

〈지옥〉을 보면서 나는 욥을 떠올렸다. 얼마 전에 사실상 같은 주제를 다룬 책, 《너무도 가벼운 고통》(글의온도, 2021)을 썼기 때문에 더 그랬던 거 같다. 기독교가 가장 오해 내지 왜곡하는 인물이 욥이다. 욥은 신앙과 인내의 승리자가 아니라 원칙이라고는 도무지 없는 야훼와 생명을 걸고 싸운 용사이다. 전능한 포식자 야훼 앞에서 인간의 존엄을 포기하지 않았던 성경 속 유일한 인물이다. 그래서 나는 에필로그에 이렇게 썼다.

지금도 활시위에 고통이라는 화살을 걸고 팽팽하게 당기는 하나님이 어디를 겨누고 있는지는 알 길이 없다. 마구 날아오는 화살에 맞지 않는 건 순전히 행운이다. 게다가 고통을 이기지 못해 스스로 목숨을 끊는 피조물이 생겨도, 감당하지 못할 사람에게 엄한 고통을 주었다고 하나님을 기소하는 이는 없다. 하나님은 언제나 승리자다…
하나님은 바뀌지 않았지만, 인간에게는 바꿀 수 있는 게 하나 있다. '나 자신'이다. 그리고 기억하는 것이다. 어느 순간 욥이 되어버린 엘리바스가 바로 나라는 사실을 기억하는 것이다. 타인에게 닥친 고통을 미리 당겨서 내게 적용하는 것, 그럼으로써

우리는 불가능하다는 공감을 가능한 공감으로 만들어낼 수 있을지도 모른다.[26]

---

26. 옥성호, 《너무도 가벼운 고통》(글의 온도, 2021), p.354, 356

3장

아담, 호모 디비누스

2017년에 낸 《진리해부》(테리토스, 2017) 중 한 꼭지가 '아담과 천동설'이다. 그 꼭지 속 몇 문장을 인용하자면, 다음과 같다.[27]

1. 기독교 진리는 "아담 부부가 망쳐놓은 인류를 예수님이 바로 잡으셨다."라는 딱 한 문장으로 요약할 수 있다.

2. 집안 족보 맨 위에 '단군'을 적는 한국인은 없다. 왜? 단군이 신화 속 인물이기 때문이다. 그러나 아담은 그렇지 않다. 성경 속 족보에 당당하게 이름을 올려놓았다. 성경은 아담을 예수의 조상으로 분명히 기록하고 있다.

3. 아담을 신화로 보는 기독교인에게 이렇게 묻고 싶다. "예수가 당신에게 어떤 존재입니까? 아담이 신화 속 상징이면, 죄

---

27.   옥성호, 《진리해부》(테리토스, 2017) p.124-136

는 뭡니까? 애초에 아담이 지은 죄는 뭐지요? 아니, 애초에 상징적인 존재가 지은 죄 때문에 모든 인류가 다 지옥에 가나요? 그리고 그 문제를 해결하기 위해서 역사 속으로 예수가 와서 진짜로 죽어야 했나요?"

4. 아담이 무너지면 예수 그리스도는 없다. 아담이 무너지면 구원은 그냥 말장난에 불과하다. 아담이 무너지면 기독교가 함께 무너진다."

지금부터 쓰는 글은, 어떻게 보면 《진리해부》에 쓴 아담 이야기의 속편이다.

지금 미국 신학교에서는 전쟁이 벌어지고 있다. 대부분의 전선은 아주 은밀하게 땅속에서 형성되기 때문에 거의 겉으로 드러나지 않지만, 아주 가끔 그 폭발음이 땅 위에서 들리기도 한다. 지금으로부터 십 년 전인 2011년에 그런 일이 있었는데, 미국에서도 보수주의를 견지하는 것으로 유명한 미시간 그랜드래피즈에 있는 칼빈신학교 교수인 존 슈나이더가 NPR National Public Radio과 인터뷰하면서 했던 말이 촉발제가 되었다.

"진화는 자연 속에서, 또 인간의 도덕적 경험 속에서 분명하게 확인할 수 있습니다. 따라서 에덴동산과 같이 잃어버린 낙원, 그런 건 없습니다. 따라서 이제 기독교인이라면 인간의 시작에 대한 전통 가르침을 버리고 새로운 전통을 만들어야 한다는 과제를 안게 되었습니다."[28]

말 그대로 학교가 발칵 뒤집혔고, 슈나이더는 자의 반 타의 반 이십오 년간 일했던 학교에 사표를 냈다. 이때 학교는 슈나이더의 사표가 자의에 의한 것임을 강조하면서 다음과 같은 뻔한 입장문을 내놓았다.

"우리는 질문을 거부하지 않는다. 기도하는 마음으로 겸손하게 던지는 질문의 중요성을 잘 안다. 하지만 동시에 우리 학교는 기독교의 전통 신앙 신조를 근거로 세워졌다…"

슈나이더의 사직 소식이 언론을 타면서, 학교를 향한 비난이 적지 않았다. 한 유명 블로거는 '칼빈, 부끄러운 줄 알아라'라는 글에서 이렇게 썼다.

---

28. https://www.npr.org/2011/08/09/138957812/evangelicals-question-the-existence-of-adam-and-eve

"이놈의 신학교야! 현대 과학이 문자 그대로의 아담과 이브는 존재하지 않는다고 말하고 있잖아. 그런데도 기독교인이라면 선한 창조주, 죄 많은 인간, 예수가 십자가에 못 박혀 죽었다는 것을 믿어야 하는 거잖아? 신학교가 그럼 그 방법을 생각해야 하는 거 아니야? 그게 당신네들이 해야 할 일 아니야?"[29]

같은 칼빈신학교 교수 댄 할로우Dan Harlow는 이렇게 말했다.

"(아담의 역사성 문제는) 이제 피할 수 없는 일이다. 복음주의자라면 그것을 직시하거나 아니면 모래 속에 머리를 처박아야 한다. 그러나 진실을 외면하는 순간, 그들은 학자로서의 모든 권위와 존경을 잃을 것이다."[30]

그리고 그는 이어서 덧붙였다.

---

29. https://www.npr.org/2011/08/09/138957812/evangelicals-question-the-existence-of-adam-and-eve
30. https://www.npr.org/2011/08/09/138957812/evangelicals-question-the-existence-of-adam-and-eve 같은 잡지에 댄 할로우도 슈나이더와 마찬가지로 문제가 될 소지가 있는 글을 썼지만, 댄 할로우는 학교에서 조사만 받았을 뿐 아직까지 칼빈에서 가르치고 있다. 그리고 이 말이 반드시 슈나이더를 옹호하는 의미라고는 볼 수 없다. 슈나이더는 노터데임 대학 연구 교수를 거쳐서 지금은 미시간주 그랜드밸리 스테이트 대학에서 객원 교수로 철학을 가르치고 있다.

"에덴동산의 타락을 이해하는 방식은 재형성되어야 하며, 교회는 주저 없이 원죄 개념과 모든 인간은 단 한 쌍에서 시작했다는 개념을 분리해야 한다."[31]

자, 일반 기독교인이 잘 몰라서 그렇지, 아담을 둘러싼 논쟁은 미국 내 신학교 안에서 지금도 활발히 진행되고 있다.[32] 그럼 왜 이런 일이 벌어지는 걸까? 진화론 때문에? 아니, 진화론이 어디 하루 이틀 된 이야기인가? 여기에는 이유가 있다. 2003년 완성된 인간 게놈 지도가 아담을 둘러싼 각종 논쟁의 촉매제가 되었다. 그렇다고 신화론이 관세가 없다는 건 아니다. '종의 기원'이 발표된 이후 아담은 사방팔방에서 형체를 알아보기 힘들 정도로 두들겨 맞았지만, 그래도 그나마 아담이 쓰러지지 않고 버틴 것은 진화론이 가진 치명적인(?) 약점 때문이었다. 길 가는 기독교인 아무나 붙잡고 물어보자.

"진화론을 어떻게 설명하겠어요?"

---

31. https://m.blog.naver.com/PostView.naver?isHttpsRedirect=true&blogId=kjyoun24&logNo=60140675372
32. 미국 신학교와 달리, 한국 신학교는 무척 평화롭기만 하다. 왜 그럴까?

백이면 백 다, 황당하다는 표정으로 이렇게 대답할 것이다.

"원숭이가 사람이 되었다는 거잖아요?"

그러니까 기독교인 사이에서만은 진화론에 대한 잘못된 지
식이 어처구니없을 정도로 진실인 양 퍼져있는 게 현실이고, 그
러다 보니 아담에게도 어느 정도 비빌 언덕이 있었다는 것이다.
진화와 원숭이가 동의어처럼 취급될수록, 진화론 자체가 주는
부정적인 느낌은 증폭되기 마련이다. 기독교인이 아니라고 해도
'인간이 원숭이로부터 진화했다.'는 말에 흐뭇할 사람은 별로 없
다. 신을 믿든 아니든, 누구나 나라는 존재가 꽤나 대단하다고,
인생에는 대단한 의미가 있다고 믿으며 살고 싶어 한다. 그런 면
에서 진화론은 자기 고양 추구라는 인간의 본성에 정면으로 도
전하는 주장이다. 이것이 내가 말하는 진화론의 치명적 약점이
다. 오늘날에도 미국인 열 명 중 네 명이 여전히 창세기의 인간
창조를 글자 그대로 믿는 이유[33]이기도 하다.

그러나 게놈 지도가 완성되면서 상황이 달라졌다. 진화론과

---

33. npr.org/2011/08/09/138957812/evangelicals-question-the-existence-of-adam-
and-eve

는 다른 방향에서, 아담과 하와라는 단 두 명에 의해서 지금의 인류가 만들어졌다는 성경의 이야기가 과학적으로 결코 있을 수 없는 일임이 '증명'되었다. 인간 게놈 지도는 진화론과 같은 치명적 거부감을 주지 않으면서도 단숨에 아담의 역사성을 허물고 있는 것이다.

이런 상황에서 신학자라면 곤혹감을 느껴야 한다. 만약에 소뼈가 건강에 치명적이라는 과학적인 증거가 나온다면 누가 가장 곤혹스러울까? 설렁탕 또는 곰탕집 주인이다. 신학자야 어차피 과학적 증거보다는 신앙고백이 중요한 사람들이니 별문제가 되지 않는다고 생각하더라도, 언제까지나 명백한 과학의 증거를 마냥 무시하면서 살 수는 없을 테니까. 하지만 과학을 인정하는 순간, '신학'이, 더 정확히 말하면 '정통신학'이 무너질 수 있다. 다시 말해, 아담이 무너지면 기독교가 무너진다는 것이다. 물론 여기에 동의하지 않을 신학자도 적지 않다. 댄 할로우는 이렇게 말한다.

"바울과 누가는 아담을 실존 인물로 생각했을 수 있는데, 그 이유는 달리 생각할 근거가 없었기 때문이다. 그러나 우리는 아담을 문학적 인물로 해석할 근거가 많다."[34]

이 사람, 아담이 문학적 인물이 될 때 예수도 얼마든지 문학적 인물이 될 수 있다는 건 고려하지 않는 건지, 아니면 거기까지는 생각이 미치지 않는 건지, 모르겠다. 트리니티 웨스턴 신학교수, 데니스 베네마Dennis Venema도 아주 속 편한 소리를 한다.

"아담 가지고 고민하는 건, 성경을 문자 그대로 읽어서 그런거다. 우리는 두려울 것이 없다. 걱정할 것이 없다. 아담이 신화가 되는 건 실제로 세상을 점점 더 정확하게 이해하게 되는 기회를 준다. 기독교적 관점에서 아담 문제를 통해서 하나님이 어떻게 우리를 존재하게 했는지에 대한 점점 더 정확한 이해를 갖게될 것이다."[35]

무한 긍정의 힘으로 무장한 이런 신학자도 있지만, 대부분 이성을 가진 기독교 신학자와 목회자라면 아담이 무너지는 순간기독교가 무너진다는 사실을 너무 잘 알고 있다. 알버트 몰러Richard Albert Mohler Jr는 미국 신학교 중에서도 명문으로 꼽히는

---

34. https://m.blog.naver.com/PostView.naver?isHttpsRedirect=true&blogId=kjyoun2
4&logNo=60140675372
35. https://www.npr.org/2011/08/09/138957812/evangelicals-question-the-
existence-of-adam-and-eve

남침례신학교 9대 총장이며, 〈더 브리핑the briefing〉이라는 팟캐스트를 통해 미국에서 일어나는 각종 사건을 복음주의 시각에서 해석하는, 현재 미국에서 가장 영향력 있는 복음주의자 중 한 사람이다. 그는 이 부분을 정확하게 지적한다.

"아담이 죄를 지었을 때 우리가 그와 함께 죄를 지었다. 우리에게 구세주가 필요한 이유가 바로 우리가 아담과 같이 지은 죄 때문이다. 아담의 반항적인 선택은 인류 모두를 다 감염시켰다. 따라서 아담과 하와 이야기는 단지 낙원에서의 추락에 관한 것이 아니라 기독교의 핵심에 관한 것이다. 무엇보다 사도 바울이 로마서 5장과 고린도전서 15장에서 예수님의 십자가와 부활의 요점이 다름 아니라, 아담이 저지른 원죄를 없애는 것이라고 주장했다. 따라서 아담이 없으면 복음에 대한 바울의 설명은 아무 의미가 없다."[36]

오늘날 가장 큰 영향력을 가진 개신교 목사 중 한 사람, 팀 켈러의 생각도 다르지 않다.

---

36. https://www.npr.org/2011/08/09/138957812/evangelicals-question-the-existence-of-adam-and-eve

"바울은 명백히 우리에게 아담과 하와는 실존 인물이라고 가르치고자 했다. 성경의 저자가 원하는 방향이 분명한데, 그것을 문자 그대로 받아들이지 않는다면, 성경의 권위를 이해하는 전통적 방식에서 벗어난 것이다. 아담이 실존 인물이 아니라면, 죄와 은혜는 모두 언약대로 작용한다는 바울의 주장이 통째로 무너져버린다. 바울이 그 시대의 전형적인 사람이라고는 말할 순 없어도, 아담에 관한 그의 기본적 가르침은 받아들일 수 있다. 아담에 관한 바울의 믿음을 인정하지 못한다면, 그의 가르침의 핵심을 부정하는 꼴이다."[37]

생화학 박사인 푸잘레 라나Fuzale Rana도 이 사실을 잘 알고 있다.

"아담의 역사성을 부정하는 기독교인이 스스로를 갈릴레오라고 부르는 건 적절하지 않다. 아직 성경이 옳은지, 과학이 옳은지 결론이 나지 않았기 때문이다. 진화를 둘러싼 오늘날의 전투는 단지 과학과 종교의 싸움이 아니라 하나님과 사람의 본성, 죄

---

37. https://m.blog.naver.com/PostView.naver?isHttpsRedirect=true&blogId=kjyoun24&logNo=60140675372

와 구속의 본성에 관한 것이다. 달리 말해서, 지금 이 논쟁의 핵심은 기독교가 진리라고 주장하는 핵심 내용이 궁극적으로 사실인지 아닌지에 관한 것이다."[38]

라나는 정확하게 짚었다. 기독교의 중심은 예수이다. 따라서 아담 논쟁의 핵심은 기독교가 진리라고 주장하는 예수에 관한 내용이 역사적 사실인지 아닌지를 가르는 시금석이다. "아담이 역사 속 인물이 아니어도 아무 문제가 없다. 오히려 우리는 성경 속에서 더 큰 진리의 광맥을 캘 수 있다."는 식으로 말하는 신학자는 내게 관심의 대상이 아니다. 헛소리도 그런 헛소리가 없다는 게 내 생각이다. 차라리, 이완용이 김구와 안중근을 능가하는 진짜 애국자라고 주장하는 게 더 말이 된다. 한 걸음 더 나아가서, 아담은 신화라고 생각하면서 "예수님, 도와주세요!"하면서 예배하고 기도하는 사람들은 더 웃긴다. 아니, 아담이 신화인데 왜 구세주로서 예수는 역사적 인물이어야 할까? 아담이란 근거 없이, 어떻게 예수의 탄생과 죽음 그리고 부활이 역사적 필연성을 담보하는가 말이다. 나는 지금까지 아담의 역사성을 부정

---

38. https://www.npr.org/2011/08/09/138957812/evangelicals-question-the-existence-of-adam-and-eve

하는 기독교인 중에서, '그런 아담에 비추어 예수도 얼마든지 신화 속 인물일 수 있다'라고 정직하게 말하는 기독교인을 본 적이 없다. 왜 그럴까? 아담은 만만하지만 예수는 쉬운 상대가 아니기 때문이다. 오늘날 복음주의 세계에서는 아담을 부정하는 사람을 오히려 문자주의에서 탈피한 깨어있는 학자로 받아주는 경향이 있는 게 사실이지만, 딱 거기까지이다. 예수를 부정하는 순간, 그 누구를 막론하고 바로 이단 및 배교자가 된다.

신학교 교수만 가지고 살펴보자. 앞에서 살펴본 댄 할로우의 경우, 아담의 역사성은 부정하면서 여전히 칼빈이라는 보수 신학교에서 가르치고 있다. 왜? 절대로 예수는 부정하지 않으니까. 따라서 학교 입장에서 내보내고 싶어도, 그게 쉽지 않은 거다. 온 사회가 그 학교를 향해 비난을 쏟아낼 테니까, 아마 하나님이 천사를 내려보내 지키려고 해도 쉽지 않을 거다. 그러나 그가 만약에 이렇게 말한다면 어떨까?

"아담이 신화인데, 예수도 당연히 신화입니다. 신화가 지은 죄를 해결하려고 역사 속 인물이 진짜로 죽는 게 말이 됩니까? 따라서 복음서 예수의 모든 이야기는 문학으로 봐야 합니다."

이 사람이 교수 자리를 지킬 수 있을까? 불가능하다. 예수를 부정해서 쫓아냈다고 하면 사회도 언론도 얼마든지 수긍할 것이다. 한국어를 전혀 모르는 사람이 한국어를 가르치는 게 말이 안 되는 것처럼, 예수를 부정해서 신학교에서 내보냈다는데 누가 뭐라고 하겠는가? 그래서 할로우를 비롯해서 역사 속 아담을 부정하는 그 누구도 '감히' 예수 앞에서는 눈을 피하고 꼬리를 내린다. 이 경우, 내가 생각할 수 있는 건 다음 두 가지 뿐이다. 논리가 없거나 아니면 비겁해서.

알버트 몰러나 팀 켈러가 현재까지 밝혀진 과학의 증거에 비추어 아담의 역사성을 지지하는 게 힘들다는 걸 모를까? 슈나이더나 할로우 보다 머리가 나빠서 역사 속 아담을 지지할까? 아니다. 그럼 왜? 그렇게 하는 순간, 예수를 포기해야 하기 때문이다. 슈나이더나 할로우처럼 속 편하게 아담을 포기해도 예수는 포기하지 않을 수 있다는 식의 논리를 수긍할 수 없기 때문이다. 그래서 그들은 예수를 살리기 위해 이성과 상식을 포기했다. 양자택일을 한 것이다. 그렇기에 기독교가 아담을 붙잡고 있는 한 세상의 존경을 잃을 거라는 할로우의 말에 몰러는 이렇게 대답한다.

"그렇다면 그것은 우리가 치러야 할 대가일 뿐이다. 그러나 '세상의 존경을 받기 위해서는 지금 붙잡고 있는 신학을 버려야 한다'라고 말하는 순간, 성경적 정통성과 세상의 존경, 둘 다 잃게 될 것이다."

자, 과연 그럼 과학의 증거에 비춰서 아담의 역사성은 거부해도 아담 때문에 범죄에 빠진 세상을 구하러 온 예수의 역사성은 인정하는, 슈나이더나 할로우 같은 사람을 세상이 존경할까? 아담은 역사가 아니라고 하면서, 아담이 지은 죄는 신화라고 하면서, 여전히 예수의 구원을 이야기하고 또 예수를 믿고 기도하는 사람을 정말 세상이 존경할까?

지금까지의 상황으로만 볼 때 아담 문제는 양자택일이다. 이성이냐 신앙이냐, 또는 과학이냐 신앙이냐의 기로인 게 분명하다. 그러나 제3의 길을 모색하는 사람도 있다. 그 선두주자 중한 사람이 분자 생물학자이자 미국의 대표적인 복음주의 신앙인으로 유명한 데니스 알렉산더이다. 그는 2008년에 초판을 낸 《창조 또는 진화. 우리는 꼭 양자택일해야만 하나? *Creation or Evolution. Do we have to Choose?*》(Oxford, Monarch)에서 소위 말하는 제3의 길을 제시했다. 그러니까 역사 속 아담도 인정하면서 동시에 진화론과 게놈 지도까지도 다 받아들이는 길이다. 그는 다른 건 몰라도 아담이 사라지는 순간 예수가 사라진다는 것을 알고 있었다. 그렇기에 아예 아담을 안드로메다로 보내고도 여전히 예수를 믿는다는 '이상한' 기독교인과 달리 아담을 살릴 방안을 연구한 것이다.

그가 제시한 길이 무엇일까? 그는 소위 'retelling model'을 통해서, 해부학적으로 지금 우리와 연관되는 인간이 이 땅에 나타난 건 이십만 년 전이고, 그들 사이에 언어가 사용되기 시작한 것은 오만 년 전으로 본다. 그러니까 그는 100% 진화론을 지지한다. 그럼 도대체 아담이 들어설 자리가 어디라는 걸까? 그의 모델에 따르면, 육천 년에서 팔천 년 전쯤, 하나님이 신석기 시대 농부 두 명을 선택해서 그들에게 자신을 드러냈다는 것이다. 마치 야훼가 모세에게 처음으로 자신을 드러냈듯이. 그 두 사람이 바로 창세기가 말하는 아담과 하와인데, 그럼 왜 창세기는 그 이야기를 마치 인간이 처음 창조된 것처럼 했을까? 알렉산더의 설명은 간결하다.

"그건 그 두 사람이 인류 최초로 하나님을 인격적으로 만났기 때문입니다. 그래서 인간 중 최초로 영적인 생명까지 갖추게 된 것이지요. 따라서 성경은 그들을 최초의 인간이라고 불렀습니다. 그리고 그렇기에 그들이 지은 죄도 차원이 달라졌습니다. 하나님을 알게 되었기에, 죄를 지어도 알고 지은 것입니다. 완전히 차원이 달라진 것이지요. 죄가 죄인지 모르고 짓는 것과 하나님을 만나 악을 알고 죄를 짓는 건 완전히 다르지요. 그래서 바로 이 두 사람을 우리는 호모 디비누스Homo divinus, 영적 사람이라고 부릅니다. 아담과 하와는 영적 사람의 시조가 되었습니다."

호모 디비누스라는 개념은 굉장한 센세이션을 일으킨 거 같다. 천문학 교수 우종학은 "창조주 하나님이 인간을 선택하여 언약 관계를 맺고, 그렇게 하나님과의 관계가 시작되면서 인간은 참 인간이 되었다는, 즉 호모 사피엔스에서 호모 디비누스로의 변화는 참 의미심장하다."[39]라고 말한다.

호모 디비누스는 분명 진화론을 받아들이면서 동시에 역사적으로 존재한 아담을 필요로 하는 사람들의 가려움을 긁어준 개념이었던 거 같다. 하지만 이 개념은 논리적으로 너무도 많은 문제를 던진다. 아담의 역사성은 사실이 되는지 몰라도, 태평양 위에 홀로 떠 있는 섬처럼, 그런 아담으로 인해 주변에 떠 있다가 침몰하는 섬이 한두 개가 아니다.

---

39. 우종학,《과학시대의 도전과 기독교의 응답》(새물결플러스, 2017), p.344

호모 디비누스 개념과 창세기가 그리는 창조 내용이 모순되는 게 너무도 많기 때문이다. 그중에서 딱 하나만 들어보자. 인류가 아담부터 시작된 게 아니라, 아담은 이미 오래전에 시작한 인류 중에서 뽑힌 대표일 뿐이라면, 왜 아담의 죄 때문에 아담을 만난 적도 없는 다른 모든 호모 디비누스까지 다 죄인이 되어야 하는가? 도대체 어떤 근거로 아담의 죄가 그들에게 영향을 미치나?

만일 "아담"을 하나님께서 임의로 택하신 "호모 디비누스"로 본다면, 왜 그의 죄가 그 "호모 디비누스"와 동시대에 살았던 원인들이나 그들의 후손들에게까지 집단적으로 영향을 미치게 되었는지 알 수가 없게 된다. 만일 하나님께서 그런 식으로 한 사람의 원인과 "언약"을 맺으시고 그를 "호모 디비누스"로 삼으셨다면, 그리하여 그 호모 디비누스의 타락으로 그의 모든 동시대인과 그들의 자손들이 죄책과 오염을 지게 되었다면, 아담을 제외한 모든 사람은 너무나 억울할 것이기 때문이다.[40]

---

40. 우병훈, "개혁신학의 관점으로 평가한 진화 창조론 : 우종학, 《과학시대의 도전과 기독교의 응답》을 중심으로", (한국개혁신학회, 2018), p.73

이 문제 뿐만이 아니다. 하와는 더 큰 문제를 일으키지만, 생략하자. 거기에 시간을 쏟는 건 에너지 낭비일 뿐이다. 아무튼 중요한 건, 이 호모 디비누스라는 개념이 엄청난 반향을 일으켰다는 것이다. 정말 알렉산더라는 이 과학자, 보통 사람이 아닌 거 같다. 과학자가 호모 디비누스라는 멋진 말까지 만들어낸 것을 보니까 말이다. 그리고 적지 않은 신학자가 고민하던 문제를 단숨에 해결해주었으니 말이다. 그러나 호모 디비누스라는 이 신통방통한 말의 원작자는 따로 있다. 알렉산더는 과학자답게 다른 누군가가 이미 만들어놓은 제3의 길에 과학이라는 살을 좀 붙여 포장했을 뿐이다.[41] 그 다른 누군가는 바로 세계적인 복음주의자 존 스토트이다.[42] 존 스토트는 《성경 연구 입문》에서 이

---

41. 그렇다고 알렉산더의 업적이 줄어드는 건 아니다. 여전히 대단하다. 2019년 〈성경과 신학〉 92권에 실린 "유신진화론의 아담론 비판(데니스 알렉산더의 견해를 중심으로)"에서 우병훈 교수는 이렇게 썼다. "스토트의 아담론은 보다 최근에 데니스 알렉산더를 통해서 보다 정교하게 발전했다. 알렉산더의 아담론은 이후에 유신진화론자들의 아담론에 많은 영향을 끼쳤다. 그렇기에 그의 아담론을 연구하는 것은 유신진화론을 이해하고 평가하는 데 있어 매우 중요하다."

42. 더 엄밀히 말하면 '호모 디비누스'라는 용어는 존 스토트가 처음 만들었지만, 이론 자체는 그가 오리지널이 아니다. '아담은 하나님의 특별한 피조물이었다… 자연재해와 재난을 이기고 살아남았으며(많은 수는 아니지만), 다른 대륙들로 여기저기 분산되었고, 이제 아담의 동시대인이 된 아담 이전 원인들은 어떻게 되는가? 아담이 특별하게 창조되고 타락한 것은 그들과 어떻게 관련되는가? 데렉 키드너(Dereck Kidner)는 이렇게 주장한다…' (존 스토트, 《로마서강해》, 정옥배 옮김, (IVP, 2000), p.211) 그러니까 존 스토트가 '호모 디비누스'라는 개념을 생각한 건 영국의 구약학자였던 데렉 키드너 덕분이었다.

렇게 썼다.

이 문제(진화)를 논하는 일부 사람들이 '창조'와 '진화'라는 단어
가 상호 배타적이라는 가정에서 시작한다는 것은 아주 안타까
운 일이다. 그 결과 만물이 진화를 통해 존재하게 되었다면 성
경의 창조는 부정되어야 하고, 반대로 하나님이 만물을 창조하
셨다면 진화는 거짓임에 틀림없다고 말한다. 그러나 이런 주장
이야말로 어리석을 정도로 순진한 거짓 대안이다. 그런 주장은
창조와 진화라는 두 용어에 대한 너무도 좁은 정의를 전제하기
때문이다. 그러나 이 두 단어는 매우 광범위한 의미가 있으며,
오늘날 아주 새로운 각도에서 논의되고 있다.

아담과 이브를 역사적 인물로 내가 받아들이는 것과 아담 이전
에 이미 '인류hominid'가 여러 형태로 수천 년 전에 존재했을 수
있다는 나의 믿음은 얼마든지 양립할 수 있다. 이런 인류는 이
미 문화적으로 발전하고 있었다. 그들은 동굴에 그림을 그리고,
죽은 자를 묻었다. 하나님이 그들 중 하나로 아담을 창조하셨다
고, 얼마든지 생각할 수 있다. 어떤 학명을 따르느냐에 따라서,
당신은 그들을 호모 에렉투스라고 부를 수도 있고, 또 그들 중
일부를 호모 사피엔스라고 부를지도 모르겠다. 그러나 아담은

내가 처음으로 이름을 붙이자면, 첫 호모 디비누스, 즉 '하나님의 형상대로 지음 받았다'는 성서적 명칭이 부여될 수 있는 최초의 사람이었다. 우리는 아담이 받은 하나님의 형상이 무엇인지 정확히 모른다. 성경이 분명하게 말하지는 않는다. 다만 성경은 그것이 사람이 다른 피조물과는 다르고, 창조주 하나님과 같게 하는 이성적, 도덕적, 사회적이고 영적 기능들을 다 포괄하며, 그것 때문에 다른 피조물들을 다스릴 수 있게 하신 것이라고 말하는 듯하다.[43]

잠시 후에 살펴보겠지만, 존 스토트는 성경이 그리는 지옥을 거부한다. 그게 다가 아니다. 그는 창세기가 말하는 '있는 그대로의' 아담도 거부한다. 아니, 창세기 속 아담을 완전히 재해석한다. 창조과학회의 한 게시판에는 한 영국인이 오래전 존 스토트의 강의에 참석하고 올린 글을 번역한 내용이 있다.

존 스토트는 강의에서 크리스천들이 아담이라 불리는 역사적으로 실재하는 인물이 있었다는 사실을 믿는 것은 매우 중요하다고 언급하면서, 그렇지 않으면 로마서 5장이나 고린도전서 15

---

43. John Stott, 《Understanding the Bible》, (Zondervan Academic, 1999), p.54-56

장은 말이 되지 않는다고 했다. 그런데 나는 그가 쓴 많은 책을 즐겨 읽기는 했지만, 이 유명하신 스토트 박사에게 한 가지 염려가 있었다. 왜냐하면, 그가 진화론을 신봉한다고 들었기 때문이었다. 그가 강의를 마쳤을 때 나는 첫 번째 질문을 할 특권을 가졌다. 나는 어떻게 당신은 아담과 진화론을 믿을 수 있느냐고 물었다. 그는 아담은 틀림없이 진화된 첫 번째 유인원이었으며, 하나님께서 그에게 생기를 불어넣으셨고, 그리하여 그는 일종의 호모 디비누스가 되었다고 대답했다. 이것은 아마도 이 용어가 사용되었던 첫 번째 대화였을 것인데, 그때 이후로 많은 복음주의 설교자들이 이 용어를 사용하는 것을 들었다. 그 훌륭하신 선생에게 가장 높은 존경을 표한다 하더라도 첫 번째 진화된 유인원으로서 아담이라는 생각은 성립되지 않는다. 왜냐하면, 로마서 5장의 주요점은 아담 이전에는, 유인원의 죽음은 물론이고, 세상에 죽음이 전혀 없었다고 말하기 때문이다. 우리는 단지 아담을 믿는 것이 아니라 성경이 기술하는 그대로의 아담을 믿어야 한다.[44]

---

44. https://tjkacr.or.kr/74/?q=YToyOntzOjEyOiJrZXl3b3JkX3R5cGUiO3M6MzoiY WxsIjtzOjQ6InBhZ2UiO2k6MTj9&bmode=view&idx=1264689&t=board

자, 이 사람이 말하는 구절, 로마서 5장 12절을 보자.

한 사람(아담)으로 말미암아 죄가 세상에 들어왔고, 또 그 죄로 말미암아 죽음이 들어온 것과 같이, 모든 사람이 죄를 지었기 때문에 죽음이 모든 사람에게 이르게 되었습니다.

바울은 분명하게 이야기한다. 아담 전에는 죽음이 없었다고. 왜? 죄가 없었으니까. 그런데 호모 디비누스 개념에 따르면 아담 이전에도 숱한 죽음이 있었다. 수없이 많은 인간이 죽었다. 그럼 그런 죽음은 뭔가?

"그건 진짜 죽음이 아닙니다. 바울이 말하는 죽음은 영이 있는 존재의 죽음, 즉, 호모 디비누스의 죽음을 의미합니다."

이렇게 말할 수도 있다. 그냥 코에 걸면 코걸이, 귀에 걸면 귀걸이인 셈이다. 내가 존 스토트를 만난다면 이런 질문을 던지겠다.

"하나님은 뭐 하러 그냥 평화롭게 잘 사는 유인원 중에 아담을 정해서 호모 디비누스로 만들었을까요? 그래서 그 결과가 뭡니까? '진짜' 죽음이 들어왔고, 또 예수 안 믿는 호모 디비누스는 영원히 지옥에서 고통받는, 말 그대로 지옥 같은 세상이 되었잖아요? 그냥 유인원들끼리 평화롭게 살게 놔두지, 왜 그런 사단을 일으킵니까? 그게 사랑이고 은혜입니까?"

이처럼 아담은 뜨거운 감자이다. 나는 궁금하다. 존 스토트 같은 천재가 몰랐을까? 호모 디비누스라는 개념이 아담의 역사성을 부인하는 것보다, 훨씬 더 많은 문제를 야기한다는 것을 말이다. 아니, 그가 몰랐을 리가 없다. 그런데도 그는 왜 호모 디비누스라는 무리수를 둬야 했을까?

"예수를 살리기 위해서는 아담을 신화 속 인물로 남겨서는 안 되기 때문이다."

존 스토트는 자유주의자 데이비드 에드워즈에게 이렇게 말한다.

나는 아담과 이브의 이야기가 신화이며 그 이야기의 진리는 순전히 상징적인 것이지 역사적인 게 아니라는 당신의 견해에는 동의할 수 없습니다. 로마서 5장 후반부에 나오는 중요한 신학적 설명은, 첫째 아담과 둘째 아담 간의 비교를 통해서, 예수님의 순종의 행위가 역사적이었던 만큼이나 역사적인 아담의 불순종의 행위에 그 진실성을 의존하고 있습니다. 그러므로 타락의 역사성을 부정하는 사람은 누구든지 선한 창조와 악의 기원에 대해서 심각한 신학적 난관에 봉착하게 됩니다.[45]

호모 디비누스, 그 개념을 생각하기까지 존 스토트가 얼마나 괴로웠을지, 나는 짐작할 수 있다. 성경의 무오성과 과학을 조화시키기 위해서 어떤 발버둥을 쳤는지, 예수를 그리고 십자가를 살리기 위해서 아담을 살려야 한다는 사실에 그가 얼마나 기도하고 울부짖었을지, 능히 짐작할 수 있다. 그렇기에 나는 그를 진화론을 지지한 자유주의자로 매도하는 근본주의자나, 또는 여전히 아담을 버리지 못하는 답답한 기독교인으로 치부하는 소위 말하는 진보 기독교인이나, 그 두 부류 다 존 스토트의 발바닥에도 미치지 못 한다고 생각한다.

기독교의 알파와 오메가는 오로지 십자가 안에 있다고 믿었던 존 스토트, 그가 살린 것은 결과적으로 아담이 아니라 십자가이기도 하다.[46] 다시 말하지만, 존 스토트는 아담이 신화가 되는

---

45. 존 스토트와 D. 에드워즈, 《자유주의자와의 대화 1-복음의 능력과 성경의 권위》. 황영철 옮김, (여수룬, 1995), p.151-152

순간, 예수가 사라진다는 것을 잘 알고 있었다. 그는 최소한 아담을 신화 속으로 밀어 넣고도 맘 편하게 "예수님, 우리 예수님" 하는 기도가 가능한, 인지부조화 환자는 아니었다.

---

46. 《그리스도의 십자가》(IVP, 2007)라는 대작을 쓴 그는 '이 책만큼 제 마음과 정성을 쏟아부은 책도 없습니다'라고 말했다. 로저 스티어, 《존 스토트의 생애》, 이지혜 옮김, (IVP, 2010), p.341. 《나는 왜 그리스도인인가?》, 양혜원 옮김, (IVP, 2020)에서 존 스토트는 그리스도의 십자가를 설명하면서 첫 번째로 '우리 죄를 속하기 위해서 죽은' 사실을 강조한다. 십자가는 속죄를 의미한다. 따라서 속할 죄가 있으려면 지은 죄가 있어야 하고, 아담이 있어야 한다.

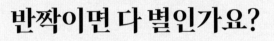

4장

반짝이면 다 별인가요?

성경 인물 중, 교회에서 가장 욕을 먹는 사람이 누굴까?

원죄의 시초인 아담? 아담을 꾄 하와? 아니다. 아담 부부는 그래도 명색이 인류의 조상이고 비록 원죄의 원인이긴 하지만 천국에 들어갔을 가능성이 꽤 크다. 그래서 그런지, 맘 놓고 그 부부를 욕하는 건 부담스럽다. 그럼 지옥행이 확실한 가룟 유다일까? 당연히 그래야 할 거 같은데, 꼭 그렇지도 않다. 왜 그럴까? 내가 생각하는 이유는 기독교인의 무의식에 숨어있는 일종의 부채감 때문이다.

'아니, 부채감이라니? 세상에 가룟 유다에게 빚을 진 사람도 있나?'

당연히 있다. 사실상 이 세상 모든 기독교인은 다 가룟 유다에게 고마워해야 한다. 예수가 십자가에서 죽어 기독교인을 구원할 수 있었던 것도 다 가룟 유다의 배신 때문이니까. 그런 면에서 예수를 살리려고 노력했던 본디오 빌라도는 말 그대로, 십자가의 원수이다. 그가 예수를 살리겠다고 나선 그날은 기독교역사에서 가장 큰 위기의 순간이었다. 그의 선의와 관계없이, 본디오 빌라도는 기독교가 아예 시작도 하기 전에 그 싹을 밟아버리려고 했던 거니까.

자, 한번 생각해보자. 그 나이브한 인간 하나 때문에 예수가 살았으면 어떻게 되었을까? 십자가를 지는 대신 천수를 누리다가 노환으로 죽었다면, 하나님의 구원 계획은 어떻게 되었겠냐는 것이다. 그런 면에서 지난 이천 년간 이 땅에서 살았던, 그리고 지금 숨을 쉬는 모든 기독교인은 다 가룟 유다에게 빚을 지고 있다. 그럼에도 나는 가룟 유다에게 감사를 표하는 기독교인을 만난 적이 없다. 부끄러운 일이라고 생각한다. 아니, 솔직히 더답답한 건, 그런 가룟 유다를 꾸짖은 예수이다. 아니, 가룟 유다의 배신이 겉으로 보이는 것과는 달리 하나님의 경륜의 완성임을 가장 잘 알고 있었을 예수가, 어떻게 가룟 유다에게 이런 말을 할 수 있었던 건지, 나는 도무지 이해할 수 없다.

그 사람(가룟 유다)는 차라리 태어나지 않았더라면, 자기에게 좋았을 것이다. 마 26:24

다른 사람은 몰라도 예수는 유다의 고뇌와 희생을 인정해야 하는 거 아닐까? 아무튼, 흔히들 성경 속 최악의 악인이라고들 하면서도 정작 가룟 유다의 배신을 주제로 설교하는 목사는 거의 없다. 그럼 애굽의 바로나 또는 헤롯왕은? 이 두 사람도 설교의 대상이 되는 경우가 극히 드물다. 그러니까 별 관심의 대상이 아니다. 그 외에도 아합왕을 비롯해 적지 않은 악인이 있지만, 대부분은 장기판 위의 졸에 불과하다. 그럼 도대체 누가 교회에서 가장 많은 욕을 먹을까?

수없이 많은 설교에서 '항상' 부정적인 의미로 거명되는 한 사람이 있다. 바로 예수의 제자 도마이다. 왜 그럴까? 도마가 지옥에 간 죄인도 아니고, 기독교 최고의 영예라는 순교까지 한 성자이다. 그럼에도 도마는 기독교 역사를 통틀어 가장 만만한 인물이었다. 그건 도마가 기독교 가치의 핵심인 '믿음'을 건드렸기 때문이다. 달리 말해, 기독교의 역린을 건드린 사람이 바로 도마이다. 기독교의 알파와 오메가는 믿음이다. 보이든 보이지 않든 믿는 것이 기독교의 절대 가치이다. 그런데 도마는 눈에 보이지 않는다고, 손으로 만질 수 없다는 이유로 못 믿겠다고, 공개적으로 선언한 사람이다.

> 도마는 그들에게 "나는 내 눈으로 그의 손에 있는 못자국을 보고, 내 손가락을 그 못자국에 넣어 보고, 또 내 손을 그의 옆구리에 넣어 보지 않고서는 믿지 못하겠소!" 하고 말하였다. 요 20:25

그러다 보니 이런 '믿음 없는' 도마를 주제로 한 설교는 차고 넘친다. 당장 영어에만 해도 의심이 많은 사람을 'doubting Thomas'라고 부를 정도이다. 교회나 가정에서 "도마 같은 인간이 되지 말란 말이야."라는 질책을 듣는 것은 별로 어렵지 않다. 조금만 믿음이 없어 보여도, 조금만 의구심을 표현해도 교회에서는 도마 취급을 받기 일쑤이다. 이건 당연하다. 예수가 도마의 태도를 심하게 질책했기 때문이다.

> 예수께서 도마에게 말씀하셨다. "너는 나를 보았기 때문에 믿느냐? 나를 보지 않고도 믿는 사람은 복이 있다." 요 20:29[47]

---

47. 교회에서 특히 인기가 높은 쌍둥이 구절이 히브리서에 있다. 믿음은 바라는 것들의 확신이요, 보이지 않는 것들의 증거입니다.(히 11:1)

기독교에서 의심은 코로나바이러스보다 더 끔찍한 것이다. 도마는 가장 전파력이 강하다는 변종 코로나바이러스에 걸린 환자와 하나 다를 바 없다. 그런데 한번 생각해보자. 죽었다는 사람이 다시 살아났다는데, 아무런 의심이 들지 않는 게 과연 정상일까? 도마의 경우, 흔히들 이렇게 생각한다.

"아니, 지금 무슨 소리를 하는 거야? 예수님이 삼 년간 반복해서 그렇게 가르쳤는데도, 왜 의심을 하냐고? 얼마나 마음이 완악하고 기본이 안 되었으면 그런 반복 가르침에도 믿음이 안 생기냐고? 그러니 욕을 먹는 게 당연하지."

그러나 삼 년이 되었든, 십 년이 되었든, 말이 안 되는 소리는 아무리 많이 들어도 의심하는 게 당연하다. 예수의 부활을 의심한 건 도마 뿐만이 아니다. 복음서가 서술한 정황을 보면 예수의 부활을 믿지 않은 건 다른 제자들도 다르지 않았다. 단, 그들은 도마와 달리 의심을 드러내서 표현하지 않았을 뿐이다. 당연하다. 베드로나 요한도 머리가 없는 사람이 아닌데, 어떻게 의심이 들지 않았겠는가? 결과적으로 다른 제자들은 도마가 총대를 메어주는 바람에 어부지리로 덕을 본 셈이다. 아무튼, 상황이 이렇다 보니 도마는 교회에서 욥의 아내와 더불어 가장 많은 비난을 받는다. 도마와 관련해서 긍정적인 내용의 설교는 눈을 씻고 찾아도 없다. 그래선지 한편으로 초대 교회 지도자는 이런 문제가 많은 도마였기에 좀 더 극적인 순교가 필요하다고 생각했던 거 같다. 그래서 그들은 도마에게 특히 멋진 순교 스토리를 만들어 주었다. 그 어떤 역사적 근거도 없지만, 도마는 가장 험난한 선교지, 인도까지 가서 순교한 사람으로 포장되었다.

자, 이제부터 '의심'이라는 주제를 가지고 이야기하자. 의심이 과연 나쁜 건가? 어제 처음 만난 사람이 간이라도 빼줄 것처럼 살갑게 다가올 때, 의심하지 않는 사람을 칭찬해야 할까? 낯선 사람에 대한 의심을 조금도 하지 않고 아무 차나 얻어 타는 아이의 운명이 어떻게 될지, 우리는 다 알고 있다. 의심은 사람의 생명을 살린다. 따라서 일상생활에서 의심은 안전을 위한 백신 주사와 다르지 않다. 의심하는 사람이 없는 세상, 상상만 해도 끔찍하다. 이 글을 쓰는 지금 대통령 선거가 한창이다. 후보들이 쏟아내는 각종 공약을 듣고 아무런 의심이 없이 기뻐하는 사람이 있다면, 그게 정상일까? 허경영 후보의 공약을 살펴보자.

18세부터 죽을 때까지 평생 150만 원 국민배당금 지급
출산 시 5천만 원 지급

결혼 시 1억, 주택자금 2억 원 무이자 지원

가족 장례금 1천만 원 지급

참전용사 일시금 5억 또는 월 3백만 원 지급

상속세와 지방세 폐지 등등

이런 공약에 들떠서 덩실덩실 춤을 추는 사람이 있다면, 그 사람이 제정신일까? 아니, 허경영이 대통령이 되면 청와대에 갑자기 돈이 주렁주렁 열리는 나무라도 생기는 걸까? 그런데 성경에는 허경영의 공약과는 비교도 안 되는 '황당무계한' 이야기로 가득하다. 그런데 의심하지 말라고? 그건 아예 논리적 사고의 시작을 포기하라는 것과 다르지 않다. 그런 의미에서 성경의 시작인 창세기의 첫 두 장만 살펴보자.

태초에 하나님이 천지를 창조하셨다. 창 1:1

유명한 성경의 첫 구절이다. 천지가 뭘까? 영어로는 heavens and earth, 그러니까 하늘과 땅이다. 하늘은 하늘인데, 깜깜한 하늘이다. 이어서 야훼는 그 하늘에 빛을 만들었다.

하나님이 이르시되 빛이 있으라 하시니 빛이 있었고. 창 1:3

빛이라는 말에 누가 봐도 야훼가 '태양'을 만들었다고 생각하는 게 자연스럽다. 그리고 아마도 태양과 더불어 하늘에 빛나는 모든 별을 이때 다 만들었다고 보는 게 당연하다. 왜냐하면 다음 구절이 이렇기 때문이다.

빛을 낮이라고 하시고, 어둠을 밤이라고 하셨다. 저녁이 되고 아침이 되니, 하루가 지났다. 창 1:5

낮과 밤이 나뉘었고, 하루가 구분되었으니까, 태양이 만들어진 건 분명하다. 그런데 저 하늘에 태양 하나만 덩그러니 있을 리 없으니까, 다른 별도 다 만들었다고 보는 게 타당하지 않은가? 그런데 그게 전혀 아니었다. 넷째 날, 도통 이해할 수 없는 구절이 나온다.

하나님이 말씀하시기를, "하늘 창공에 빛나는 것들이 생겨서, 낮과 밤을 가르고, 계절과 날과 해를 나타내는 표가 되어라." 창 1:14

"이게 무슨 소리야? '하늘 창공에 빛나는 것들'이라니? 그래서 낮과 밤을 가르라니? 첫째 날에 빛을 만들어서 이미 낮과 밤이 나누어졌잖아? 그래서 지금 나흘째가 된 거잖아?"

아마도 처음에 만들어진 빛이 태양도, 별도 아니었나 보다. 그럼 빛은 뭐지? 말 그대로 정체불명의 '빛'이다. 아무튼 하늘에 떠 있는 별은 넷째 날 만들어진 거 같다. '하늘 창공의 빛나는 것들'을 별이라고 볼 수밖에 없다. 그리고 아마도 별이 생기면서 첫째 날에 만들어진 그 정체불명의 '빛'은 사라지지 않았을까? 추측할 뿐이다. 그리고 그 '빛나는 것들'로 인해서 낮과 밤을 가르고 또 계절을 구분할 수 있다고 하는 것으로 보아, 그 빛나는 것 중에는 태양이 포함된 게 분명하다. 이어지는 야훼의 명령을 보면 확실하다.

또 하늘 창공에 있는 빛나는 것들은 땅을 환히 비추어라. 창 1:15

땅을 환히 비추는 게 태양 말고 다른 게 있을 리 없으니까. 자, 정리하자. 첫째 날 만든 정체불명의 빛이 일단 초반 며칠 동안 태양의 역할을 하면서 낮과 밤 그리고 24시간의 하루를 구분했다. 그리고 넷째 날이 되어서 마침내 우리가 지금 보는 하늘의 모든 별이 깡그리 만들어졌다. 당연히 태양도 그때 만들어졌다. 그런데 황당한 구절이 따라온다.

하나님이 두 큰 빛을 만드시고, 둘 가운데서 큰 빛으로는 낮을

다스리게 하시고, 작은 빛으로는 밤을 다스리게 하셨다. 창 1:16

"What??? 하늘 창공에 빛나는 것들… 이미 만들었잖아? 그런데 큰 두 빛은 뭐야?"

게다가 두 빛이 하는 역할이 각각 낮과 밤을 다스리는 것이란다. 그러니까 이 두 빛은 태양과 달을 말하는 게 분명하다. 자, 또다시 정리하자. 첫째 날 만든 빛은 정체불명이다. 넷째 날 하늘 창공에 빛나는 것들도 별이 분명한데, 이날 야훼는 일부러 태양과 달만 만들지 않았다. 그 깊은 뜻은 알 길이 없다. 그리고 일단 하늘 창공에 빛나는 것들 다 만들어놓고, 마지막으로 태양과 달을 특별히 따로 만들었다.

자, 그냥 그렇다고 치자. 그런데 이상한 게 하나 있다. 야훼는 큰 두 빛이라고 했는데, 달은 스스로 빛을 내지 않는다. 태양빛을 반사할 뿐이다. 그런데도 야훼는 태양계의 중심이자 항성인 태양과 행성인 지구 주위를 도는, 고작 위성에 불과한 달을 동급으로 취급한다. 이걸 어떻게 이해해야 할까? 그런데 문제가 여기서 끝나지 않는다.

또 별들도 만드셨다. 하나님이 빛나는 것들을 하늘 창공에 두시아, 눈물이 나올 것 같다.

"아니, 무슨 별을 또 만들어?"

다시 진짜로 다시 정리하자. 첫째 날 빛은 정체불명이다. 넷째 날 하늘 창공에 빛나는 것들은 별인 거 같은데, 아닌가 보다. 아무튼 이것도 '정체불명의 하늘 창공에 빛나는 것들'로 정리하자. 그리고 야훼는 태양과 달을 '다른 별을 만들기 전에' 미리 따로 만들었다. 그러고 나서 마침내 야훼는 나머지 별을 만들었다. 그 별은 빛나는 것들이 되어서 땅을 비추게 되었다. 이번에 나오는 '빛나는 것들'은 별이 분명하다. 그전에 만든 정체불명의 '하늘 창공에 빛나는 것들'과 이번에 만든 '빛나는 것들' 사이에 어떤 충돌이 있지나 않을지, 아니, 처음에 만든 그 정체불명의 '빛'이 무슨 문제를 일으키는 건 아닌지…

이렇게 '별' 하나만 가지고도 창세기의 천지창조는 합리적인 '의심'을 불러일으킨다. 여기서 한 걸음만 더 전진해보자. 야훼는 여섯째 날에 남자와 여자를 '동시에' 창조했다.

하나님이 그들을 남자와 여자로 창조하셨다. 창 1:27

그런데 사람을 창조한 이야기가 2장으로 가면 완전히 달라진다.[48]

주 하나님이 땅의 흙으로 사람을 지으시고, 그의 코에 생명의 기운을 불어넣으시니, 사람이 생명체가 되었다. 창 2:7

1장과 달리 여기서 야훼가 만든 건 남자뿐이다. 그리고 따라오는 구절이 가관이다.

주 하나님이 말씀하셨다. "남자가 혼자 있는 것이 좋지 않으니, 그를 돕는 사람, 곧 그에게 알맞은 짝을 만들어 주겠다." 창 2:18

"아니, 전지전능한 하나님이 남자 혼자 있는 게 안 좋다는 걸 몰랐어? 다른 동물은 다 암수로 만들었으면서 왜 사람만 달랑 남자 하나만 만들었던 거지? 그리고는 나중에 가서야 실수였다는 것을 알았다는 소리야?"

---

48. 사람 창조 외에도 적지 않은 1장과 2장 사이의 상호 모순은 생략한다.

천지창조를 지나서 에덴동산으로 들어가면, 선악과 원죄를 비롯해서 지금까지와는 비교도 할 수 없는 질문이 끝도 없이 쏟아진다. 에덴동산에서 그치지 않고 노아의 홍수에까지 의문을 뻗으면, 두 손 두 발 다 들고 싶을 지경에 이른다. 홍수로 인해 모든 인류가 다 죽었다. 남은 건 고작 여덟 명의 가족이다. 그러니까 인류는 노아 가족이 벌인 근친상간의 결과이다. 노아 가족, 정말 대단하다. 얼마나 열심히 노력했으면, 그들은 고작 몇천 년이 지난 지금 무려 70억에 가까운 후손의 조상이 되었다. 현재 인간은 알려진 종족ethnic 숫자만 해도 무려 오천이 넘는다. 그런데 고작 여덟 명의 근친상간으로 지금 이렇게 다양한 인종과 종족이 살게 되었다고?

앞에서 살펴보았듯이 군이 에덴동산과 노아의 홍수까지 가지 않더라도, 그러니까 고작 성경의 첫 두 장만 읽어도 의문이 들 수밖에 없는 내용이 한두 개가 아니다. 무함마드가 하늘을 날아다녔다는 이슬람교의 주장이 차라리 현실성이 높아 보일 정도이다. 하지만 기독교는 이 모든 것을 역사로 규정한다. 그리고 조금의 '의심' 내지 '의문'도 철저히 차단하려고 안간힘을 쓴다. 왜? 창세기가 역사가 되어야 예수가 역사가 되기 때문이다. 아담이 역사가 되려면 아무리 황당해도 노아의 홍수까지 역사가 되어야 한다. 결국 따지고 보면, 아담뿐 아니라 노아의 홍수 여부에도 예수의 역사성이 달려있다고 해도 과언이 아니다. 그런데 문제는, 이게 믿어지냐는 것이다. 이런 소리를 듣고 어떻게 의심이 생기지 않느냐는 것이다. 그런데 놀라운 건, 그게 얼마든지 가능하다는 사실이다. 하늘을 나는 무함마드보다 더 황당한 창세기 이야기에도 의심이 들지 않는 것이 가능하다. 거기에는 두 가지 이유가 있다.

첫 번째는 환경이 주는 제약 때문이다. 탄광의 갱도 안에서 태어나 평생 갱도 안에서만 산 사람에게 가장 자연스러운 건 갱도 속 탁한 공기이다. 그런 사람은 갱도 밖 맑은 공기를 아예 상상하지도 못한다. 태어나면서부터 빨간 렌즈의 안경을 낀 사람의 눈에 세상은 온통 붉기만 하다. 하늘은 푸르고 숲은 초록이라 아무리 말해도 이해하지 못한다. 교리에 함몰된 사람에게 이성적 또는 논리적 사고는 부자연스럽기만 하다.

미국의 조이스 마이어Joyce Meyer 목사는 청소년의 신앙을 보호하려면 무엇보다 아이들이 논리적으로 사고하지 않도록 가르쳐야 한다고 강조한다. 아무리 폐가 나빠져도 갱도 속 탁한 공기만 마시게 해야 한다는 것이다. 결코 붉은 렌즈의 안경을 벗는 일이 생기지 않도록 해야 한다는 것이다. 갱도 밖 맑은 공기로

숨을 쉬는 순간, 푸른 하늘과 초록의 숲을 보는 순간, 다시는 예전으로 돌아올 수 없음을 조이스 마이어는 그 누구보다 잘 알고 있다.

어린 시절부터 에덴동산과 노아의 홍수를 역사라고 배운 사람은 어른이 되어서도 이성적으로 판단하지 못한다. 역사로 둔갑한 신화가 하나도 이상하지 않다. 소를 숭배하는 힌두교도를 향해서는 미개하다고 손가락질하면서, 차마 그것과는 비교도 안 되는 황당한 신화를 역사로 믿는 자신들이 이상하다는 생각은 털끝만큼도 하지 못한다. 나는 매일 나름 열심히 팔굽혀펴기를 하는데, 꽤 오랫동안 내 자세가 훌륭하다고 생각했다. 그런데 어느 날 갑자기 호기심이 발동했다.

"내가 진짜 정확한 자세로 하고 있는 걸까?"

자세를 확인하기 위해 동영상을 찍었다. 그리고 내 모습을 확인하는 순간, 나는 충격에 빠졌다. 나름 FM이라고 생각했던 자세가 완전 엉터리였다. 나 자신을 한 발 떨어져서 보는 순간, 비로소 적나라한 내 모습이 그대로 드러났다. 나를 제대로 보기 위해서는 호기심뿐 아니라 용기가 필요하다. 성경도 마찬가지이다. 그러나 전제라는 기존의 테두리를 벗어날 마음이 없는 사람의 눈에는 주변이 도마로 넘칠 것이다. 야고보서의 책망처럼 믿음이 없어 '바람에 밀려서 출렁이는 바다 물결'^{약 1:6} 같은 사람 말이다.

창세기를 역사로 믿는 두 번째 이유는 죄책감 때문이다. 기독교 안에서 오랜 세월을 보낸 사람에게 의심은 반드시 죄책감을 동반한다. 이건 마치 어느 날 갑자기 이런 질문이 생긴 아들의 마음과 비슷하다.

"우리 아빠, 친아빠가 아닌 거 같은데."

그 아들이 효자라면, 이런 생각과 동시에 죄책감을 느낄 것이다. 그리고 친아빠를 찾고 싶은 마음조차도 스스로 걸어 잠글지 모른다. 죄책감 때문에, 나를 키워준 아버지에게 미안해서 말이다. 모든 종교를 막론하고 신자에게 죄책감을 불러일으키는 것처럼 효과적인 통치 도구도 없다. 예수가 도마에게 했던 질책도 죄책감을 불러일으키기 위해서였다.

예수께서 도마에게 말씀하셨다. "너는 나를 보았기 때문에 믿느냐? 나를 보지 않고도 믿는 사람은 복이 있다." 요 20:29

흔히 교회에서 이렇게들 말한다.

"보이는 거면 누가 안 믿어? 다 믿지. 하지만 그게 무슨 가치가 있어? 보이지 않는 것을 믿어야지. 진짜 중요한 건 항상 보이지 않아. 공기가 보여? 사랑이 보여? 게다가 뻔한 거면 누가 안 믿어? 다 믿지. 그러니까 세상 사람들 눈에는 말이 안 되는 것을 믿어야 그게 진짜지. 안 그래?"

왜 세상은 말이 되는 원칙 아래에서 움직이는데, 정작 세상을 만들었다는 창조주의 교리는 하나같이 말이 안 되는 걸까? 죄책감은 바이러스보다 더 치명적인 독이다. 무엇보다 죄책감은 정상적인 사고 활동을 막는다. 건전한 의심에도 브레이크를 가하는 죄책감은 기독교의 본질인 '죄'와 더불어 인간의 이성을 철저하게 목 조른다.

성공하는 종교 지도자일수록 이런 죄책감의 위력을 잘 알고 적재적소에서 활용한다. 20세기 중반에 미국에서 치유 부흥사로 이름을 날린 순복음 목사 F. F. 보스워스F. F. Bosworth는 이런 유명한 말을 남겼다.

"네 믿음을 믿어라. 의심이 들 때면, 그 의심을 의심하라!"[49]

보스워스에게서 아이디어를 얻은 게 분명한 몰몬교 지도자 디터 우치도르프Dieter F. Uchtdorf는 2013년 몰몬교 컨퍼런스에서 이렇게 외쳤다.

"네 믿음을 의심하기 전에 네 의심부터 의심하라."[50]

이런 모든 말은 다 듣는 이의 죄책감을 자극하기 위한 것이다. 그러나 여기에 굴복해서는 안 된다. 우리는 현대사회 위기의 원인을 갈파한 버트란트 러셀의 말에 귀를 기울일 필요가 있다.

"멍청한 사람일수록 어이없을 정도로 완고한 확신에 차 있고, 똑똑한 사람일수록 의심이 많다는 게 오늘날 우리 사회가 처한 위기의 원인이다."

완고한 확신에 찬 사람의 특징이 뭘까? 의심이란 게 아예 존

---

49. Believe your beliefs, doubt your doubt.
50. Doubt your doubt, before you doubt your belief.

재하지 않는다. 17세기 철학자 데카르트는 또 뭐라고 했던가?

"진리를 찾고 싶은가? 그렇다면 최소한 인생에서 가능한 한 모든 것을 다 의심해야 한다."

인류는 언제나 의심을 토대로 발전했다. 만약에 북한에 무슨 변화가 생긴다면, 그것은 분명 북한이 지상천국이라는 정권의 거짓말에 누군가 의심을 품었기 때문일 것이다. 의심하지 않는 건, 믿음이 좋아서가 아니라 게으르고 두렵기 때문이다. 일상생활에서 의심이 안전을 보장하는 것처럼 신앙생활에서 의심은 자유를 약속한다.

도마 이야기로 돌아가자. 도마가 차마 의심을 표현하지 못하고 내내 누르고만 있었다면 어땠을까? 주변 분위기에 휩쓸려서 대충 맞추고 살았을지 몰라도, 그가 나중에 인도까지 가서 순교하는, 그런 충직한 제자는 되지 못했을 것이다.[51] 그가 그렇게 굳건한 믿음을 가지게 된 것도 다 용기를 내어 손가락으로 예수의

---

51. 내가 요한복음의 도마 이야기, 도마가 인도에 가서 순교했다는 이야기를 사실로 믿어서 하는 말이 아니다. 그냥 말이 그렇다는 거다.

못 자국과 창 자국을 만졌기 때문이다. 이처럼 의심은 믿음을 굳건하게 만들기에, 갈등을 뛰어넘는 자유를 선물한다. 반대의 경우도 마찬가지이다. 의심하던 게 사실로 드러나서 기존의 현실을 송두리째 바꿔야 할 때도 있다. 하지만 변화라는 고통이 수반된다고 해도 결국 끝에 만나는 건 자유라는 선물이다.

이처럼 자유는 의심이라는 터널을 지나야 만날 수 있다. 의심이 없다는 건 신앙이 좋다는 게 아니라, 두려움이라는 감옥 안에서 산다는 의미이다. 두려움의 감옥을 둘러싼 창살을 자르는 날카로운 절단기가 바로 의심이다.

살면서 만나는 사람 중에 가장 끔찍한 경우가 있다면 어떤 사람일까? 내가 맞는다는 생각에서 단 한 치도 움직이지 않는 사람, 내가 옳다는 데에서만은 의심의 여지가 없는 사람, 그러니까 내가 틀릴 수도 있다는 가능성에는 눈길조차 돌리지 않는 사람일 것이다. 그렇기에 모든 의심은 나에게서, 내가 가진 확신이 얼마든지 틀릴 수 있다는 가능성에서 시작해야 한다. 의심하는 사람은 내가 틀릴까 봐 두려워하지도, 틀렸다고 부끄러워하지도 않는다. 틀림은 결과적으로 옳음을 향해 한 걸음 더 다가가도록 할 뿐이다. 의심은 이처럼 느리지만 결국은 자유로 이끄는 바른 길이다.

5장

예수냐 C. S. 루이스냐?

한 인터뷰에서 필립 얀시는 지옥에 관한 질문을 받았다.

"믿지 않으면 영원히 고통받는 지옥에 가는 거, 거기에 대해서 어떻게 생각합니까?"

얀시의 대답이 무엇이었을까? 만약에 같은 질문을 존 맥아더나 존 파이퍼 같은 목사에게 했다면 어떤 대답이 나왔을까?

"영원한 고통을 받는 거, 우리의 머리로는 이해할 수 없지만, 성경이 그렇게 말하니까 그런 겁니다."

그런데 필립 얀시가 인용한 것은 정작 성경이 아니라, 저명한 기독교 저술가 C. S. 루이스였다.

"내게 있어서 유일하게 말이 되는 지옥에 관한 묘사는 C. S. 루이스가 설명한 지옥입니다. 결국은 내 뜻이 이뤄지거나, 하나님의 뜻이 이뤄지거나, 둘 중에 하나입니다. 하나님은 내 뜻을 강제로 꺾어서 자신의 뜻을 이루지 않습니다. 인간의 가치 특히나 자유를 소중하게 여깁니다. 하나님은 절대로 자신의 의지를 우리에게 강제하지 않습니다."

"지옥에 고문torment이 있을까요?"

"고문이라는 단어는 너무 심한데, 일종의 외로움, 성취되지 못한 꿈이 주는 회한 같은 거는 있겠지요."

"지옥불은요?"

"그런 거 없습니다."

"하지만, 믿는 사람들에 따르면 영원한 고통이 있다는데요."

"사람들은 자신이 믿는 대로, 선택한 대로 받을 뿐입니다. 이 땅에서도 마찬가지지요. 내 형의 경우, 자신의 선택에 대한 대가를 치러야 했습니다.[52] 형도 얼마든지 선택의 자유가 있었어요. 하지만 그 자유를 바로 쓰지 않았고, 결과가 좋지 않았어요. 천국도 그럴 겁니다. 어쨌든 지옥불, 영원한 지옥 형벌, 나는 그런

---

52. 필립 얀시에게는 마샬이라는 형이 있다. 그는 오랜 시절 술과 마약에 절어 살았고, 그로 인해 적지 않은 대가를 치렀다고 한다.

거 아니라고 생각합니다."[53]

얀시가 인용한 루이스의 말은 무엇일까? 루이스의 판타지 소설, 《천국과 지옥의 이혼》(홍성사, 2003)에 나오는 말이다. 주인공이 꿈에서 만난 견고한 영 중 하나인 조지 맥도널드로부터 들은 내용이다.

세상에는 딱 두 종류의 인간밖에 없어. 하나님께 '당신의 뜻이 이루어지이다'라고 말하는 인간들과, 하나님의 입에서 끝내 '그래, 네 뜻대로 되게 해 주마'라는 말을 듣고야 마는 인간들. 지옥에 있는 자들은 전부 자기가 선택해서 거기 있게 된 걸세. 자발적인 선택이라는 게 없다면 지옥도 없을 게야. 진지하고도 끈질기게 기쁨을 갈망하는 영혼은 반드시 기쁨을 얻게 되어 있네. 찾는 이가 찾을 것이요, 두드리는 이에게 열릴 것이니라.[54]

지옥에 관해서 루이스가 남긴 말이 적지 않지만, 가장 많이 인용되고 가장 많은 사랑을 받는 말이다. 자, 그럼 천국으로 이

---

53. https://www.youtube.com/watch?v=TaKH75CLUoI&t=3682s
54. C. S. 루이스, 《천국과 지옥의 이혼》, 김선형 옮김. (홍성사, 2003), p.95

*끄*는 '하나님의 뜻'은 무엇이고 지옥으로 가게 한다는 '사람의 뜻'은 도대체 무엇일까? 루이스가 묘사하는 지옥의 개념이 대단히 멋있어 보이지만, 내게는 공허하기 짝이 없다. 결국 루이스가 말하고 싶은 건, 위에서 얀시가 설명했듯이 모든 게 다 인간의 '선택'이라는 건데, 무슨 선택을 말하는 걸까? 도대체 천국과 지옥을 가르는 선택이 무엇일까? 얀시 형의 경우처럼 마약이나 알코올에 절어서 살든지 아니면 성실하게 살든지, 그런 선택일까? 성실하게 살면 천국에 가고, 알코올과 마약에 절어서 살면 지옥에 간다는 걸까? 솔직히 루이스나 얀시가 말하는 '선택'이 뭔지는 알 수 없지만, 성경이 말하는 선택은 오로지 하나이다. 예수를 구세주로 받아들인 사람은 천국에 가고 그렇지 않은 사람은 지옥에 간다. 그 선택을 근사한 루이스의 말에 대입시켜보자.

세상에는 딱 두 종류의 인간밖에 없어. 예수를 구세주로 믿어서, 그 결과 하나님께 '당신의 뜻이 이루어지이다'라고 말하는 인간들과, 예수를 구세주로 믿지 않아서, 그 결과 하나님의 입에서 끝내 '그래, 네 뜻대로 되게 해 주마'라는 말을 듣고야 마는 인간들.

루이스의 의도가 이것이었을까? 아닐 것이다. 따라서 루이스의 말은 내게 그냥 허공을 치는 말장난 이상도 이하도 아니다. 다시 성경이 말하는 선택으로 돌아가자. 그러니까 예수를 구세주로 받아들이거나 거부하는 그 선택 말이다. 그런데 이걸 놓고 선택이라고 말하는 데에는 문제가 있다. 로마서에 따르면 그 선택은 인간의 능력으로 불가능하기 때문이다. 그 선택은 인간이 하는 게 아니라, 하나님이 이미 태초 전에 끝냈다는 것이다. 그나마 사람이 선택하는 것 같지만, 실상은 성령이 주도하는 것이라는 게 성경의 설명이다. 따라서 성경에 따르면 루이스의 지옥 설명은 더더욱 말이 안 된다.

세상에는 딱 두 종류의 인간밖에 없어. 하나님께 '당신의 뜻이 이루어지이다'라고 말하는 인간들과, 하나님의 입에서 끝내 '그래, 네 뜻대로 되게 해 주마'라는 말을 듣고야 마는 인간들. 지옥에 있는 자들은 전부 자기가 선택해서 거기 있게 된 걸세. 자발적인 선택이라는 게 없다면 지옥도 없을 게야. 진지하고도 끈질기게 기쁨을 갈망하는 영혼은 반드시 기쁨을 얻게 되어 있네. 찾는 이가 찾을 것이요, 두드리는 이에게 열릴 것이니라.

이건 이렇게 바꿔야 한다.

세상에는 딱 두 종류의 인간밖에 없어. 하나님께 '당신의 뜻이 이루어지이다'라고 말하고 천국에 가는 인간들과, 하나님께 '당신의 뜻이 이루어지이다'라고 말하고 지옥에 가는 인간들. 이 세상에 하나님의 선택이 아닌 건 없어. 지옥에 있는 자들도 하나님의 선택을 받지 못해서 거기 있게 된 걸세.

그리고 특히 루이스가 말한 다음 부분은 완전히 삭제해야 한다.

'자발적인 선택이라는 게 없다면 지옥도 없을 게야. 진지하고도 끈질기게 기쁨을 갈망하는 영혼은 반드시 기쁨을 얻게 되어 있네. 찾는 이가 찾을 것이요, 두드리는 이에게 열릴 것이니라.'

자, 모든 게 태초 전 하나님의 선택에 의해서 결정이 된 거라면, 지금 여기서 이러쿵저러쿵하는 게 의미가 없다. 따라서 지금부터는 예정론이니 하는 인간의 머리로 이해가 불가능한 얘기는 논외로 하자. 그리고 천국과 지옥이 정말로 인간의 선택에 달린 것이라고 가정하자. 루이스의 말대로, '자발적인 선택이 없다면 지옥도 없다'는 주장이 맞다고 가정하자. 그리고 그 선택은 다름 아니라 예수를 구세주로 받아들이는가 아닌가의 여부라고, 딱 여기에 우리의 논의를 집중하자.

자, 지금 어떤 사람이 중대한 선택의 기로에 서 있다. 예수를 과연 구세주로 받아들일까 아닐까를 가지고 고민하고 있다. 그런데 이 문제는 그리 단순하지가 않다. 예수를 구세주로 받아들이려면 선결 조건이 있기 때문이다.

"내가 구세주가 필요한 존재라는 것을 인정해야 한다는 것. 머리로 인정하는 것을 넘어서 사막에서 한 방울의 물을 갈구하듯, 내 존재 전체가 구세주를 갈망해야 한다는 것."

구세주는 '구해주는 사람'이다. 무엇으로부터 구한다는 거지? 죄로부터이다. 그러니까 구세주를 필요로 하는 사람은 스스로 죄인임을 자각해야 한다. 그리고 그 죄는 아담으로부터 시작한다. 바로 여기서부터 문제가 생긴다.

1. 일단 아담을 역사적 인물로 받아들일 수 없는 사람은 초장부터 삐끗댈 수밖에 없다. 21세기에 사는 한국인 중에 신화 속 인물 단군의 죄 때문에 고통받는 사람은 단 한 사람도 없을 게다. 하물며 태초의 인간 아담이라니…

2. 아담의 역사성과 그가 지은 죄를 인정한다고 해도, 그게 왜

나한테까지 영향을 미치는지를 받아들일 수 없다면, 이것도 문제가 된다. 게다가, 성경을 좀 아는 누군가가 에스겔서 18장을 들고 와서 따진다면, 상황은 더 곤란해진다.

"여보세요, 지금 무슨 소리를 하는 거예요? 아담의 죄요? 그거 때문에 당신한테 구원이 필요하다고요? 에스겔서 말씀 좀 들어보세요. 그런 소리가 나오나…

주님께서 나에게 말씀하셨다. "너희가 어찌하여 이스라엘 땅에서 아직도 '아버지가 신 포도를 먹으면, 아들의 이가 시다' 하는 속담을 입에 담고 있느냐? 나 주 하나님의 말이다. 내가 나의 삶을 두고 맹세한다. 너희 가운데서 어느 누구도 다시는 이스라엘에서 이런 속담을 입에 담지 못할 것이다… 죄를 지은 영혼 바로 그 사람이 죽을 것이며, 아들은 아버지의 죄에 대한 벌을 받지 않을 것이며, 아버지가 아들의 죄에 대한 벌도 받지 않을 것이다. 의인의 의도 자신에게로 돌아가고, 악인의 악도 자신에게로 돌아갈 것이다." 1-3, 20

아시겠어요? 성경이 분명하게 말한다고요. 아비의 죄는 자식한테 묻지 않는다고. 그런데 아비도 아니고 도대체 언제 적 사람인데 아담의 죄 때문에 온 인류를 지옥에 보낸다고요? 그게 말이 된다고 생각합니까?"

3. 아담의 역사성과 그가 지은 죄까지 다 인정하고, 그게 나한테 미치는 영향까지 받아들인다고 해도, 그 사실이 가슴 깊이 느껴지지 않으면, 굳이 구세주를 필요로 하지 않을 것이다. 빚이 없는 사람이 사채업자에게 쫓기는 사람의 심정을 알 수 있을까? 머리로야 '참 힘들겠다'라고 생각할 수 있겠지만, 결코 그 처지가 되지 않는 한 그 고통을 알 수 없으니까. 문제는 가슴 깊이 느끼는 것은 '선택'으로 가능하지 않다는 것이다. 누군가를 사랑할지 말지를 선택할 수 없듯이.

하지만, 가장 큰 문제는 뭐니 뭐니 해도 아담으로부터 시작한 죄의 문제를 굳이 하나님의 아들이 세상에 와서 죽어서 해결한다는, 속죄 논리이다. 당장 왜 하나님이 사탄을 처리하지 않고 자기 아들을 죽이는가에서부터, 그냥 용서하면 되지 왜 꼭 피를 봐야 하느냐까지, 납득하기 어려운 문제가 한두 가지가 아니다. 그리고 그보다 더 근본적인 문제도 여전히 남아있다. 과연 하나님이라는 신이 존재하는가 아닌가의 여부 말이다. 버트란트 러셀의 예를 들어보자. 그는 신의 존재를 부정했다. 누군가가 말년의 그에게 왜 하나님을 믿지 않는지, 그 이유를 묻자 그는 이렇게 대답했다.

"하나님이 있다는 증거가 없어."

이 경우, 러셀이 어떤 선택을 한 걸까? 하나님이 없다는 선택을 한 걸까? 아니, 그는 그냥 자연스러운 결론에 도달한 것이다. 그건 날개가 없는 사람이 '난 날 수가 없어.'라고 말하는 것과 다르지 않다. 신이 없다는 러셀이나 날개 없인 날 수 없다는 사람이나, 선택을 한 게 아니라 '결론'에 다다랐을 뿐이다. 술을 마실까 운동을 할까… 이 둘 사이에서 하는 선택과는 전혀 다른 문제이다. 믿음은, 신앙은 선택의 문제가 아니다. 선택하지 말라고 손목을 비틀어도 말이 되면 받아들인다. 고수 맛에 빠진 사람에게 아무리 "맛이 없어, 이건 맛이 없어, 먹지 마"라고 세뇌해도 소용없다. 이처럼 마음을 바꾸는 건 불가능하다. 그래서 겉으로 드러나는 복종은 강요할 수 있어도 보이지 않는 존경은 강요할 수 없다. 마음을 바꿀 수 있는 건 오로지 자신밖에 없으므로, 그것은 자연스럽게 이뤄진다. 많은 경우에 자기도 모르게 말이다. 흔히들 "마음먹기 나름"이라고 하지만, 그 속에는 힘들어도 억지로 한다는 의미가 들어있다. 사람의 뇌라는 게 하기 싫은 것을 억지로 반복해서 하면 어느 순간 즐기게 될지는 몰라도, 그건 어떤 의미에서 자기 세뇌이다. 사람의 마음은 설득되면 바뀐다. 말이 안 되는 것을 믿지 못하는 이유는 설득되지 않기 때문이다. 마음은 억지로 선택하지 않는다. 설득되고 그 결과를 받아들일 뿐이다.

다시 얀시에게로 돌아가자. 지옥에 관해서 질문을 받은 얀시는 왜 성경을 인용하지 않고, 루이스를 인용할까? 성경이 말하는 지옥은 도무지 자신조차 설득이 되지 않기 때문이다. 스스로 기독교인이라는 그의 눈에도 말이 안 되는 황당한 소리이기 때문이다. 그래서 그는 단호하게 이렇게 말한다.

"지옥불은요?"
"그런 거 없습니다."

지옥불이 없다고? 지옥은 주로 신약성경에 등장하고, 그에 관해 가장 많은 말을 한 건 예수이다. 루이스와 달리 예수가 말하는 지옥은 직설적이고 명확하다. 예수는 지옥불을 말한다.

만일 네 눈이 너를 범죄하게 하거든 빼어 내버리라 한 눈으로

영생에 들어가는 것이 두 눈을 가지고 지옥 불에 던져지는 것보다 나으니라. 마 18:9

나는 너희에게 이르노니 형제에게 노하는 자마다 심판을 받게 되고 형제를 대하여 라가라 하는 자는 공회에 잡혀가게 되고 미련한 놈이라 하는 자는 지옥 불에 들어가게 되리라. 마 5:22

또한 만일 네 오른손이 너로 실족하게 하거든 찍어 내버리라 네 백체 중 하나가 없어지고 온 몸이 지옥에 던져지지 않는 것이 유익하니라. 마 5:30

몸은 죽여도 영혼은 능히 죽이지 못하는 자들을 두려워하지 말고 오직 몸과 영혼을 능히 지옥에 멸하실 수 있는 이를 두려워하라. 마 10:28

지옥불이 비유라고?[55] 지옥불이 비유라는 단서는 그 어디에

---

55. 존 스토트는 자유주의 신학자 데이비드 에드워즈와는 '지옥불'에 관해서만은, 그런 게 있을 리 없다고 의견의 일치를 본다. 지옥은 깜깜한 곳인데, 거기에 불이 있다는 게 말이 되지 않는다는 것이다. 존 스토트와 D. 에드워즈,《자유주의자와의 대화 3 – 성경적 윤리와 세계 선교》. 황영철 옮김, (여수룬, 1995), p.132 그러니까 불과 어둠이 공존할 수 없기에 지옥불을 부정하는 건데, 일리 있는 주

도 없다. 비유를 말한 경우에 예수는 어김없이 나중에 자세히 풀어주곤 했는데, 지옥에 관한 설명을 했을 때 무슨 말인지 모르겠다는 제자도 없었고, 예수가 굳이 해석해주지도 않았다. 하나도 어려울 게 없으니까, 말 그대로 지옥은 지옥불에 고통받는 끔찍한 현장이니까.[56] 루이스와 얀시가 심판과 지옥을 믿을까? 아마도 아닐 것이다. 그들에게 예수가 말하는 지옥은 말도 안 될 것이다. 루이스가 말한 지옥 어록을 하나 더 보자. 루이스는 《스크루테이프의 편지》(홍성사, 2000)에서 지옥을 이렇게 묘사했다.

'지옥으로 가는 가장 안전한 길은 완만한 비탈, 부드러운 발밑, 갑작스러운 회전, 이정표가 없는 점진적인 길입니다.'

성경이 말하는 지옥과 달라도 너무 다르다. 성경에 의하면 천

장이다. 인간의 육체에 가해지는 고통 중 가장 극심한 고통을 표현하려는 욕심이 과해서 예수가 어둠과 불의 부조화를 미처 생각하지 못했다고 봐야 할까? 어쨌든지 간에 지옥이란 육체와 영혼에 가장 극심한 '고문'이 가해지는 곳이라는 점은 변하지 않는다.

56. 바울은 지옥 대신 주로 심판을 이야기한다. 심판에 대한 성경 구절은 너무도 많고 명확해서 이론의 여지가 없다. 심판에 따른 천국과 지옥의 결과가 없다면, 심판은 아무 의미가 없다. 감옥이 없는 재판이 무슨 의미가 있을까? "우리는 모두 그리스도의 심판대 앞에 나타나야 합니다. 그리하여 각 사람은 선한 일이든지 악한 일이든지, 몸으로 행한 모든 일에 따라, 마땅한 보응을 받아야 합니다."(고후 5:10)

국도, 지옥도 순식간에 떨어지는 절벽이다. 예수 옆 십자가에 달렸던 강도를 보자. 그는 순식간에 지옥에서 천국으로 옮겨갔다. 마찬가지로 지옥으로 가는 것도 순식간이다. 루이스가 말하는 지옥은 차라리 비만 내지 당뇨 등의 질병으로 바꾸는 게 훨씬 더 적절하다.

비만(당뇨)으로 가는 가장 안전한 길은 완만한 비탈, 부드러운 발밑, 갑작스러운 회전, 이정표가 없는 점진적인 길입니다.

루이스는 또한 이런 말도 했다.

교회에 정기적으로 다니는 냉철하고 독선적인 사람은 매춘부보다 지옥에 훨씬 더 가까울 수 있습니다.[57]

신약성경에 따르면 이 말도 전혀 사실이 아니다. 아무리 냉철하고 독선적이어도 예수를 구세주로 믿으면 누구나 다 천국에 간다. 얀시는 평소에 가장 큰 스승으로 C. S. 루이스와 G. K. 체

---

57. C. S. Lewis, 《The Complete C. S. Lewis Signature Classics》(HarperCollins, 2012), p.93

스터튼을 꼽는다. 이 두 사람의 공통점은 현대적 관념에서 도무지 말이 안 되는 기독교의 교리를 말이 되게 포장하는 데에 달인이라는 것이다. 그래서 그런지 얀시가 그들로부터 받은 영향은 솔직히 그가 예수로부터 받은 영향보다 훨씬 더 큰 거 같다. 루이스가 믿지 않는 지옥을 얀시가 믿을 리 없다. '내가 알지 못했던 예수'라는 책까지 쓴 얀시지만, 그의 기준에서 지옥불을 말하는 예수는 여전히 미지의 인물일 거라는 게 내 추측이다.

한 걸음 더 나아가, 루이스와 얀시는 예수 믿어 구원받는 바울의 신학도 받아들이지 않을 것이다. 도무지 받아들일 수 없는 거다.[58] 루이스야 무신론의 길을 걷던 젊은 시절을 청산하고 다시 기독교로 돌아온 경우이다 보니, 아무리 기독교의 주장이 불합리하고 그로 인한 지적 갈등이 있어도 차라리 유신론의 길이 낫다고 생각할 가능성이 크다. 반면 얀시의 경우, 이미 일흔을 훌쩍 넘긴 나이이다. 그동안 쌓은 기독교 저자로서의 위상도 있고, 하나님을 부정하지 않고 예수의 사랑만 이야기하면, 아무리

58. 《천국과 지옥의 이혼》 속 해설에서 박성일 목사는 루이스에 관한 중요한 단서를 몇 가지 준다. "근본적으로 루이스가 주장하는 죄의 모습은 자기 집착입니다… 사실 루이스의 신학은 쉽게 분류되지 않습니다. 그의 구원론은 그리스도의 대속 개념을 내포하고 있지만, 전통적인 대속 신앙과는 조금 차이가 있습니다." C. S. 루이스, 《천국과 지옥의 이혼》, 김선형 옮김. (홍성사, 2003), p.180, 182

아담을 신화 속으로 날려 보내도 훌륭한 기독교인으로 인정받을 수 있다. 천국과 지옥, 그리고 구원과 같이 직설적인 교리일수록, 현학적으로, 문학적으로 포장하면 일반 기독교인은 질문하기는커녕 감탄하고 감동받는다.

이 세상에는 반쪽짜리 예수로도 충분한 사람이 많다. 성경이 말하는 예수에 내가 만든 예수를 더덕더덕 붙여 프랑켄슈타인 예수를 전파해도 박수를 받는 데에는 아무런 문제가 없다. 앨리스가 사는 이상한 나라지만, 그 나라가 주는 유혹에서 벗어나는 건 쉽지 않다. 사람의 머리가 깨어날수록 성경 속 예수를 있는 그대로 받아들이기 힘들다. 그럼에도 예수를 버릴 수 없는 사람에게 얀시와 루이스 같은 사람이 필요하다. 그들이 만들어내는, 말이 되는 것 같은 예수가.

6장

———

오리게네스의 불만

바울이 쓴 갈라디아서가 없었다면, 야고보, 한때 예루살렘 교회의 수장이었던 그도 이름 없이 역사 속으로 사라진 수많은 사람과 같은 운명을 맞았을 것이다. 아니, 오히려 예수를 방해하고 음해한 파렴치한 동생으로 기억되었을 것이다. 마치 많은 기독교인의 머리에 악처로 깊이 박혀있는 욥의 아내처럼 말이다.

그러나 바울의 자서전이라고 해도 과언이 아닌 갈라디아서 덕분에 야고보는 예수 생애가 담긴 복음서를 저술한 익명의 저자들이 씌워놓은 누명에서 벗어날 수 있는 계기를 맞게 되었다.[59] 물론 아직도 대부분 기독교인에게 야고보는 별 의미 없는 이름이다. 베드로와 요한을 뺀 예수의 나머지 제자가 별 의미 없

---

59. 야고보의 정체에 관해서는 《야고보를 찾아서》(테리토스, 2018)의 7장 '예수의 동생 야고보'에서 자세하게 설명했다. 복음서 저자들이 왜 야고보를 은폐 내지 훼손해야만 했던 건지, 그 이유를 자세하게 설명했다.

는 주변인 비슷하게 느껴지듯이, 딱 거기에 머물고 있는 게 바로 야고보이다. 그러나 야고보는 그런 사람이 아니다.

바울 서신서, 갈라디아서와 고린도후서

신약성경 배열 순서를 기록 연대로 착각하고 가장 먼저 쓰인 성경이 마태복음이라고 생각하는 기독교인이 많지만, 전혀 그렇지 않다. 가장 먼저 쓰인 신약성경은 바울 서신서, 그 중에서도 데살로니가전서이고 이어서 갈라디아서와 고린도전후서 등이 쓰였다. 복음서 중에서 가장 빨리 나온 마가복음도 1차 유대 - 로마 전쟁이 끝난 서기 70년 이후에 쓰였지만, 바울 서신서는 예수가 죽고 고작해야(?) 이삼십 년 정도 흐른,[60] 서기 50년대 초에서 60년대 초에 쓰였다는 게 학계의 정설이다. 이 시점은 매우 중요한데, 아직 유대 - 로마 전쟁이 일어나지 않았고 예루살렘을 중심으로 예수 제자들의 영향력이 여전하던 때였기 때문이다. 그

---

60. 물론 보수 기독교 신학자는 마가복음의 저술 연대를 유대-로마 전쟁 이전으로 본다. 예수의 성전 파괴에 관한 이야기를 '예언'으로 보기 때문이다. 그러나 이런 주장은 학문이 아닌, 창세기를 모세가 썼다고 믿는 것과 같은 차원의 '신앙고백'일 뿐이다.

들의 영향력이 어느 정도였는가는 바울 서신서를 보면 쉽게 알수 있다. 바울 서신서 곳곳에, 특히 갈라디아서에는 자신이 일군 선교가 행여나 예루살렘 예수 제자들에 의해서 헛수고가 되지 않을까, 전전긍긍하는 바울의 심정이 극명하게 담겨있다. 그런 바울이다 보니 야고보에 관한 언급이 없을 수가 없었다. 게다가 앞으로 야고보를 철저하게 은폐할 복음서가 나올 거라고 바울이 알 리도 없었고, 더불어 야고보처럼 바울에게 자신의 위상을 드러내는 데에 효과적인 인물도 없었기 때문이다. 그래서 바울은 예루살렘에 방문했을 때 다른 사람은 안 만나고 야고보만 만났다고 자랑한다.

그리고 사도들 가운데 주의 형제 야고보 외에는 어느 누구도 만나지 않았습니다. 갈 1:19

그럼 이 구절에 담긴 바울의 진심이 뭘까?

이 구절은 바울이 야고보를 높이고 싶어서 쓴 것이 아니다. 오히려 자신이 얼마나 대단한 존재인지를 드러내기 위해서 썼다. 바울 자신은 예루살렘 교회의 최고 지도자인 야고보 정도가 되어야 만나지, 아무리 사도라고 해도 아무하고나 만나지 않는다고 말하는 것이다. 교황과 나란히 사진을 찍으면 괜히 으쓱해지듯이 바울은 야고보 옆에서 그런 감정을 느꼈던 거 같다.[61]

그리고 바울은 사람들 앞에서 베드로를 꾸중했다고 자랑한다. 무슨 말을 하고 싶었던 걸까? 당시에 베드로와 같은 사도를 쥐락펴락 할 수 있는 사람은 야고보밖에 없다는 것이 그리스도인 사이에서는 상식이었을 것이다. 그러니까 바울은 자기 수준이 야고보라는 말을 하고 싶었던 것이다. 자, 말이 나온 김에 바울의 이런 주장에 과연 어느 정도의 신빙성을 줄 수 있을지, 따져보자.

나는 바울의 꾸중을 들은 베드로가 가만히 있었다고는 도무지 상상이 안 된다. 게다가 여러 정황을 볼 때, 예루살렘 교회가 '바울의 복음'을 반대한 것이 분명한데, 베드로가 아무 말을 못 했다고?[62] 전혀 말이 되지 않는다. 그런데 바울의 말대로, 바울이 막 뭐라고 떠드는데 베드로가 그 앞에서 아무 말도 하지 못한 사건

---

61. 옥성호. 《야고보를 찾아서》(테리토스, 2018), p.268
62. 물론 사도행전을 '역사'로 믿는 기독교인의 입장에서는 이방인에 관한 하나님의 특별한 가르침까지 여러 번 받은 베드로가 여전히 정신 차리지 못했기 때문에 바울로부터 꾸지람을 듣는 게 당연하고, 양심이 있었다면 가만히 입 다물고 있었을 거라고 생각한다.

이 진짜로 발생했다면, 가능한 시나리오가 하나 있기는 하다.

　모국어인 아람어에 있어서도 문맹이었을 베드로가 헬라어를 알았을 리가 없다. 베드로가 헬라어를 알았고, 그래서 베드로전후서까지 썼다고 믿는 기독교인은 초등학교도 안 나온 내 할머니가 네이처지에 실린 영어 논문을 썼다는 말을 믿는 것과 똑같다. 자, 그렇다면 바울과 베드로 사이에서 일어났던 일은 이런 게 아니었을까? 정확하게 베드로가 왜 유대 땅을 떠나 바울이 있는 곳까지 왔는지는 알 수 없어도, 우연히(또는 약속해서) 두 사람이 만난 자리에서 바울이 갑자기 베드로에게 헬라어로 떠들기 시작한다. 그 시점에 베드로의 통역사는 자리를 비웠을 수도 있다. 아무튼, 갑자기 다가와서 헬라어로 속사포처럼 쏘아대는 바울을 보면서 베드로는 어리둥절할 뿐이다. 어이가 없어서 멍하니 바울만 본다. 바울, 혼자 할 말을 다 하고 와서 이렇게 자랑한다.

　"봤지? 예수를 직접 보고 만졌다는 사도 베드로가 내 앞에서 입도 뻥긋 못 하는 거 말이야. 그러니까 예수를 몸으로 만나는 게 아무 의미가 없어요. 나처럼 신령하게 하늘을 통해 특별하게 만나야 해. 내가 왜 사도인지 이제 알겠지?"

아무튼, 다시 강조하지만 바울이 야고보를 언급할 때만 해도 앞으로 끔찍한 전쟁이 일어나 예루살렘 교회가 흔적도 없이 사라지고, 나중에 누군가가 철저하게 야고보를 감춘 채 예수의 생애를 만들어내는 상황이 올 것이라고 상상하지 못했다. 그렇기에 바울은 아무런 거리낌 없이 야고보가 당시 어떤 위상을 가진 사람인지를 가감 없이 서신서에 서술했다.

야고보가 바울의 서신서 이후에 쓰인 복음서에 오면 완전히 달라진다. 실종되어 버린다. 아니, 가려지고 훼손된다. 누가 봐도 제자의 우두머리가 베드로로 바뀐다. 왜 그렇게 되었을까? 복음서는 서기 70년 예루살렘이 파괴되고 예루살렘을 중심으로 이뤄진 예수 운동이 사실상 와해되고 난 이후에 쓰였다. 감히 로마 제국에 대항해 전면전을 일으킨 유대 민족에 대한 로마의 혹독한 탄압은 멈출 줄 몰랐고, 로마의 입맛에 맞춘 복음서는 반유대 정서로 가득하다. 이제 복음서 저자가 신경 써야 할 대상은 역사 속으로 거의 사라진 예수의 제자들이 아니었다. 그들을 이끌던 야고보가 아니었다. 현존하는 권력, 로마 제국이었다.[63]

---

63. 옥성호,《야고보를 찾아서》(테리토스, 2018), p.272

그러다 보니 기독교의 기원을 진지하게 고민하는 사람들에게 이런 야고보는 신약성경 안에서 가장 뜨거운 감자일 수밖에 없다. 바울이 그린 야고보와 복음서 속 야고보가 달라도 너무 다르기 때문이다. 도무지 같은 사람이라고는 볼 수 없다. 그런데 이런 야고보가 진짜 제대로 등장하는 곳은 따로 있다.

요세푸스가 서술한 야고보

1세기 역사가 요세푸스가 쓴 《유대 고대사》(도서출판 달산, 1991)에는 딱 한 번 야고보에 관한 내용이 나온다.

> 아나누스는 산헤드린 공의회를 소집하여 그리스도라고 불리는[64] 예수의 형제 야고보와 다른 형제들을 산헤드린 앞에 세우고 율법 위반자로 그들을 고소하여 돌로 쳐 죽이도록 보내었다.[65]

---

64. 사본에 따라서 '불리는'이 없는 것도 있다. 그러니까 '그리스도 예수의 형제 야고보'라고 요세푸스가 썼다는 것이다. 다른 말로 하면, 요세푸스도 예수를 그리스도로 고백했다는 것이다.
65. 요세푸스, 《요세푸스 – 유대 고대사 IV (하바드판)》, 성서자료연구원 역, (도서출판 달산, 1991), p.482-483

요세푸스에 따르면, 서기 62년 대제사장 아나누스가 로마의 허락도 없이 야고보를 죽이고 그 결과 대제사장직을 박탈당한다.[66] 서기 62년이면 유대가 로마와 전쟁을 벌이기 고작 사 년 전이다. 여기서 기억해야 할 사실이 있다. 요세푸스가 딱 한 번만 야고보를 언급했다는 건, '현존하는' 요세푸스 기록에 따르면 그렇다는 것이다. 아니, 이게 무슨 말일까? 현존하는 요세푸스 기록이 있고, 현존하지 않는 다른 요세푸스 기록이 있다는 건가? 여기서 잠깐 요세푸스와 그의 저작에 관해서 간단하게 살펴보자.[67]

요세푸스는 서기 37년 예루살렘에서 요셉 벤 맛티아스('맛티아스의 아들 요셉'이라는 뜻)라는 이름으로 태어났고, 채 서른이 안 되었을 때 로마와의 전쟁이 시작되었다. 전쟁 초기 유대 반란군의 장군이었던 요세푸스는 일찍이 결코 이길 수 없는 전쟁임을 깨닫고 로마에 투항한다. 그리고 전쟁이 끝난 후 로마 플라비우스 황제의 후원 아래 이름까지 황제의 성을 따라 플라비우스 요세

---

66. 학자들 간에 논쟁이 되지만, 이 사실만 봐서는 당시 산헤드린이 처형에 관해서는 아무리 종교적인 이유라고 해도 권한이 없었던 것 같다. 그렇다면, 사도행전에서 그들이 죽인 스데반은 뭘까? 로마의 사전 허락을 받았다는 암시는 본문 그 어디에도 없기 때문이다.
67. 요세푸스의 개인사와 그의 저작의 가치는 책 한 권으로 모자랄 정도로 방대한 내용이다.

푸스로 바꾼 후 남은 평생을 저작에 몰두한다. 그리고 유대 전쟁사를 시작으로 유대 고대사에 이르기까지, 방대한 역사물을 남겼는데, 그의 저작 덕분에 우리는 무려 이천 년 전 유대 땅에 관한 아주 자세한 역사를 알 수 있게 되었다.

이천 년 전, 우리나라로 치면 아직 삼국시대도 시작하지 않았고, 북쪽에는 낙랑, 아래로는 마한, 진한, 변한이라는, 이름도 생소한 부족이 한반도를 차지하고 있을 때이다. 그러니 서기 75년에 완성된《유대 전쟁사》를 시작으로《유대 고대사》등 요세푸스의 기록이 필사에 필사를 거듭해 거의 이천 년이 지난 오늘날까지 '거의' 원본으로 남아있다는 것은 기적에 가까운 일이다.[68] 어떻게 이게 가능했을까? 아무리 로마 시대가 기록의 시대였다고 해도, 1세기 로마에서 기록된 모든 게 다 남아있는 게 아니다. 그러나 요세푸스의 글은 살아남았다. 거기에는 3세기 기독교 교부 오리게네스가 큰 역할을 했다. 아니, 큰 역할을 한 게 아니라, 거의 100% 오리게네스 덕분에 요세푸스의 글이 온전하게 보존될 수 있었다.

---

68. 당시의 원본이 전해지는 게 아니다.《유대 전쟁사》의 경우 슬라브어로 필사된 15세기 판이 가장 오래되었다.

'기독교에서 최초로 신구약성서를 해석할 때 문자 뒤에 숨은 영적인 의미를 찾는 방법을 시도한'[69] 신학자로 평가받는 그는 《켈수스를 반박함*Contra Celsum*》에서 요세푸스가 쓴《고대 유대사》를 광범위하게 인용했다. 요세푸스는 서기 백 년이 조금 지나 죽었는데, 그로부터 한 세기가 훌쩍 흐른 오리게네스 당시에도 요세푸스의 책이 여전히 필사되면서 읽히고 있었던 것이다. 오리게네스는 (현재까지 남아있는 기록을 기준으로 할 때) 기독교 역사에서 최초로 요세푸스를 제대로 인용한 인물이다. 그리고 그는 단지 요세푸스를 광범위하게 인용했다는 사실만으로 인류 역사에 지울 수 없는 족적을 남긴 인물로 평가받아야 한다. 다시 강조하지만, 요세푸스의 저작이 21세기까지 존재할 수 있었던 것은 작품의 수준도 수준이지만, 진짜 이유는 오리게네스, 역사의 승자 기독교의 저명한 학자가 그의 글을 인용했기 때문이다. 지금으로 치자면, 아주 유명한 연예인이 "요즘 읽는 책 이거에요"

---

69. 오리게네스,,《켈수스를 논박함》, 임걸 옮김, (새물결, 2005). p.240. 대중성 없는 책을 발간했다는 점에는 박수를 쳐야 한다. 그러나 오리게네스의 원본이 아니라 요약본이라는 게 아쉽다. 그래서 이 책을 가지고는 이 장에서 내가 펼치는 논지에 해당하는 오리게네스의 글을 찾을 수 없다. 애초에 저자가 요약 정리했기 때문이다. 아마도 내가 지적하는 점이 꺼려져서 그런 게 아닌가 추측한다. 한 가지 더 아쉬운 점은, 그럼에도 여전히 가치가 있는 이런 책이 절판되었다는 것이다. 나도 중고 가격이 너무 비싸 도서관에서 빌려서 읽었다.

라고 사진을 찍어서 인스타그램에 올리는 경우라고나 할까? 아니, 빌 게이츠가 "내 인생의 스승으로 삼는 책이에요"라고 어느 강연에서 소개한 책이라고 할까? 물론 아무리 빌 게이츠가 소개했다고 해서 수준이 안되는 책이 몇 년간 베스트셀러가 될 수는 없을 게다. 아무튼, 오리게네스가 《켈수스를 반박함》에서 요세푸스를 인용한 이후, 요세푸스의 저작물은 전혀 다른 운명을 맞게 되었다.

자, 여기서 잠깐 오리게네스가 반박했다는 켈수스Celsus라는 인물에 관해서 살펴보자. 예수가 마리아와 로마 군인 사이에서 태어났다고 주장한, 오리게네스와 같은 시대인 2세기에 살았던 켈수스는 반기독교 정서로 가득했던 인물 같다. 무엇보다 그의 눈에 당시 점점 교세를 확장해가던 기독교가 아주 거슬렸던 게 분명하다. 오죽하면 그는 제목도 아주 도발적인 '진리'라는 책을 통해서 기독교를 총체적이고 논리적으로 비판했다고 한다. 책 제목을 굳이 '진리'라고 붙인 것도 "기독교가 진리라고? 놀고 있네. 얼마나 그게 말이 안 되는 소리인지 내가 조목조목 짚어줄게." 이런 의미를 담았기 때문이 아닐까? 그리고 아마도 그의 논지가 꽤나 논리적이고 따라서 기독교 선교에도 적지 않은 장애가 되었던 거 같다. 그렇기에 4세기 어거스틴이 나오기 전까지 초창기 기독교에서 가장 중요한 인물로 꼽히는 오리게네스가 그에 반박하는 책까지 써야 했으니 말이다. 한 가지 기억할 점은, 오리게네스가 그 책을 썼을 때까지만 해도 켈수스가 쓴 《진리》가 베스트셀러였을 가능성이 크다는 사실이다. 그러나 아쉽게도 지금 우리에게 그 책은 전해지지 않는다. 4세기 들어 기독교가 로마의 국교가 된 이후, 켈수스와 같은 반기독교 사상을 가진 사람들의 책은 저자의 이름과 함께 모조리 다 사라졌다. 켈수스라는 인물에 대해서도, 또 그의 주장에 관해서도 우리가 지금 알수 있는 건 다름 아닌 오리게네스의 책 때문이다. 아이러니하게도, 켈수스는 사상적 정적에 의해서 그나마 부분적으로나마 지금까지 살아남았다. 오리게네스가 아니었다면 켈수스는 아주, 아주 오래전에 숱한 전쟁터에서 이름도 빛도 없이 사라져간 수많은 병사처럼 이 지구라는 땅에 잠시 왔다가 사라진 수십, 수백억 사람 중 하나에 불과했을 것이다. 그러나 오리게네스 덕에 그의 이름은 이천 년이 지난 지금까지 인류 안에 남아있다. 그러나 정작 오리게네스가 남긴 진짜 중요한 유산은 켈수스가 아닌, 요세푸스의 저작이다. 먼저, 오리게네스가 쓴 내용을 살펴보자.

나는 켈수스에게… 세례 요한, 예수와 그리 오래 떨어지지 않은
시대를 살았던 한 사람인 요세푸스에 관해서 말하고 싶다. 유대

고대사 18권에서 요세푸스는 세례 요한이 세례식을 행했고 또한 그 세례 의식을 갖는 사람들에게 정화를 약속했다고 증언하기 때문이다. 예수를 그리스도로 믿지 않는 이 저자는 예루살렘과 성전이 무너진 원인을 선지자이기도 했던 예수를 향해 유대인이 꾸민 음모 때문이었다고, 그들이 예수를 죽였기 때문이라고 말하지 않고, 대신 아마도 자신의 뜻과는 달리, 물론 그렇다고 그게 진실에서 동떨어진 것도 아니지만 (그리스도라고 불리는) 예수의 형제였고, 유대인이 공의가 뛰어난 것으로 유명한 야고보를 죽였기 때문에 하나님이 유대인에게 내린 벌로 예루살렘과 성전이 무너진 것이라고 주장한다. 예수의 진정한 제자인 바울은 이 야고보를 주의 형제로 여겼으나, 그건 혈연이나 어렸을 때 함께 자랐기 때문이 아니라 야고보의 덕망과 교리 때문이라고 했다. 자, 그렇다면 요세푸스의 말대로 (고작) 야고보 때문에 그토록 끔찍한 예루살렘의 황폐함이 유대인들에게 미쳤다고 한다면, 만약에 그 재앙이 사실은 예수 그리스도로, 그의 죽음으로 말미암은 것이라면, 그들에게 닥친 재앙은 얼마나 더 합당하지 않겠는가? 예수의 신성에 대하여는 많은 교회가 증인이요, 죄의 홍수로부터 소집된 자들과 창조주와 연합한 자들로 구성된 자들이라. 그들은 모든 행위를 그의 선하신 뜻에 의탁하는 자들이라.[70]

우리는 앞에서 '현존하는' 요세푸스의 저작 속, 야고보에 관한 간략한 내용을 보았다. 대제사장에 의해서 죽었다는 내용 외에 요세푸스가 야고보에 관해 남긴 언급은 지금 우리 손에 없다. 그런데 오리게네스는 지금 전혀 다른 이야기를 한다. 예루살렘이 멸망한 이유가 유대인이 의인 야고보를 죽였기 때문이라고, 요세푸스가 잘못 알고 있다면서 불만을 표현하고 있다. 다시 말하지만, 야고보와 관련해서 요세푸스가 썼다고 오리게네스가 말하는 내용은 현재 남아있지 않다. 그런데 이게 다가 아니다. 오리게네스는 같은 이야기를 같은 책에서 한 번 더 한다.

유대 전쟁은 네로의 치세에서 시작되어 베스파시아누스의 시대까지 지속되었고, 그의 아들 티투스는 요세푸스가 말했듯이 (그리스도라 불린)[71] 예수의 형제인 야고보로 인해 예루살렘을 멸망시켰다. 그러나 실제로, 진리가 분명하게 밝히듯이 예루살렘이 멸망한 것은 하나님의 아들인 예수 그리스도 때문이다.[72]

---

70. Origen, 《Contra Celsum》, translated by Frederick Crombie, (Patristic Publishing, 2020), p.23-24
71. 요세푸스 글에 '그리스도'를 넣음에 따라서 같이 오리게네스의 글에도 '그리스도'를 넣었다. 아니, 차라리 왜 오리게네스 글에서 야고보 관련한 내용을 삭제하지 않았을까? 완전범죄가 존재하지 않는다는 증거인가? 그 어떤 악행도 단서를 남긴다는 교훈인가?

그런데 그게 다가 아니다. 오리게네스는 마태복음 주석에서도 비슷한 이야기를 반복한다.

야고보는 바울이 갈라디아 교인들에게 보내는 서신에서 언급한 사람이다. "그러나 다른 사도들은 주의 형제 야고보 외에는 보지 못하였느니라." 유대인 고대사를 스무 권에 기록한 플라비우스 요세푸스Flavius Josephus는 야고보가 의로움으로 인해 백성들 사이에서 너무나 큰 명성을 얻었으며, 성전이 불타서 재가 될 정도까지 백성들이 큰 불행을 겪은 이유를 밝히고자 했던 요세푸스는 글로 적어내길, 이 모든 비극은 다 유대인들이 감히 그리스도라 하는 예수의 형제 야고보에게 행한 일들로 말미암아 하나님의 진노하심을 따라 그들에게 일어났다는 것이다. 그리고 놀라운 사실은 요세푸스가 비록 예수를 그리스도로 받아들이지는 않았지만 야고보의 의가 매우 크다고 간증했다는 것이다. 그렇기에 요세푸스에 따르면 유대인은 자신들이 겪은 그 비극까지도 다 야고보 때문에 자업자득이라고 생각한다는 것이다. 그리고 비록 몇 줄의 편지에 지나지 않지만, 하늘의 은혜로 인해 경건한 말씀으로 가득 찬 유다서는 머리말에서 "예수님의

---

72. Origen, 《Contra Celsum》, p.44

종이자 야고보의 형제인 유다"라고 썼다.[73]

　자, 현존하는 요세푸스 기록에 따르면 야고보에 관한 내용은 예수의 형제로 묘사된, 짧은 한 구절에 불과하다. 그가 의로운 사람인지, 당시 사람들 사이에서 어떤 영향력을 끼치고 있었는지, 더불어 유대민족에게 닥친 전쟁 패배라는 비극이 야고보의 죽음 때문이라는 등과 관련해서는 아무런 언급이 없다. 그러나 오리게네스에 의하면 모든 상황이 완전히 달라진다. 야고보는 의롭고, 백성들 사이에서 명성이 높았고, 오죽하면 그를 죽인 사실 때문에 유대인이 로마에 반역해서 자살행위와 다를 바 없는 무모한 전쟁까지 일으켰다는 것이다.[74] 요세푸스가 주장했다는 야고보에 관한 이런 내용이 사실인가 아닌가는 지금 논의의 대상이 아니지만, 간략하게만 언급하자면 내 생각은 이렇다. 아

---

73. James W. Valliant & Warren Fahym, 《Creating Christ》(Crossroad Press, 2018), p.258
74. 성경에서는 별로 중요하지 않은 야고보를 요세푸스가 중요한 인물로 언급하는 게 불편한 기독교인 학자 중에는 오리게네스가 요세푸스와 헤게시푸스(Hegesippus)를 혼동하고 있다는 주장을 펼치기도 한다. 헤게시푸스는 그의 글에서 야고보의 죽음을 요세푸스의 설명과는 전혀 다르게 언급하는데, 아무튼 오리게네스가 헤게시푸스의 야고보에 대한 내용을 요세푸스로 착각했다는 것이다. '항상' 그렇듯이 신앙고백에 바탕을 둔 소위 말하는 신학자의 해결은 언제나 더 큰 문제를 불러일으킨다. 이런 주장이 사실이 되려면 오리게네스는 '바보, 멍

무리 야고보를 죽인 게 로마와 배를 맞대고 사는 대제사장이라고 해도, 그 사건으로 파면까지 당했는데, 유대인이 그 사실을 내내 잊지 않고 있다가 몇 년 후에 로마를 상대로 전쟁을 일으킨다는 사실 자체가 설득력이 떨어진다.[75] 하지만, 다시 말하지만 이건 지금 다루는 주제가 아니다. 중요한 건, 오리게네스가 앞에 두고 읽었던 요세푸스 사본 안에는 야고보에 관해서 지금 우리가 갖고 있는 것과 전혀 다른, 그에 관해 훨씬 더 우호적이고 자세한 내용이 있었다는 사실이다. 더불어서, 기억해야 할 점은 오리게네스의 책이 당시 사회에 가져온 반향이다. 《켈수스를 반박함》이 그리스도인 사이에서 널리 읽히는 만큼 거기에 비례해서 요세푸스 저작의 가치를 알게 된 사람들이 늘어났다는 점이다.

"요세푸스? 오리게네스 선생이 이렇게까지 열심히 읽을 정도

청이'가 되어야 한다. 한 번도 아니고 같은 책에서 두 번씩이나 요세푸스와 헤게시푸스를 혼동할 정도니까 말이다. 게다가 요세푸스 인용으로 시작했는데 갑자기 삼천포로 빠져서 헤게시푸스를 말한다고? 하나님 앞에 순결하게 살겠다면서 스스로 고환까지 자른 초기 기독교 교부를 그만 욕 먹이자.

75. 그럼 그 똑똑한 역사학자 요세푸스는 왜 이렇게 썼을까? 왜 로마 때문이 아니라 야고보 때문에 전쟁이 일어났다는 식으로 썼을까? 그건 별도로 자세하게 다뤄야 할 중요한 문제이다. 한 가지만 언급하지만, 요세푸스의 저술 목적이 복음서 저자의 저술 목적과는 '근본적'으로 180도 다르지만, 어쨌든지 전쟁의 원인을 어떻게든 로마가 아닌 유대인에게서 찾는다는 점에서는 서로 일치한다. 그럼에도 복음서 저자와 요세푸스 사이에는 180도로 다른 근본적인 차이가 있는데, 그 점은 다음 기회로 미루자. '기독교의 기원'에 관한 책에서 자세하게 설명할 부분이다.

면 중요한 책이네. 우리도 읽어야겠는데…"

요세푸스 작품에 대한 그리스도인의 관심이 높아지면서 필사하는 사람이 늘어났을 것이고, 그 가운데는 내가 욥기 필사자라고 추정하는, 엘리후[76]와 같은 인물이 있었던 게 틀림없다. 오리게네스의 불만을 해결하겠다는, 불타는 신앙심을 가진 필사자가 적지 않았을 것이다.

"오리게네스 선생님, 그대, 걱정 마세요. 내가 요세푸스가 쓴 불경한 모든 부분을 삭제하겠습니다. 그래서 앞으로 요세푸스의 글을 읽는 모든 그리스도인이 은혜만 받을 수 있도록 하겠습니다."

그 결과가 무엇인가? 우리가 지금 들고 있는, 야고보에 관한 거의 모든 부분이 삭제된 요세푸스의 기록이다. 그런데 이게 다가 아니다. 신앙심에 불탄 필사자는 오리게네스가 가졌던 또 하나의 불만에도 주목했다. 오리게네스는 두 번에 걸쳐서 그 불만을 표현했다.

---

76. 옥성호, 《너무도 가벼운 고통》(글의 온도, 2021), p.241-253

예수를 그리스도로 믿지 않는 이 저자(요세푸스)가 비록 예루살렘과 성전이 무너진 원인을 유대인이 선지자이기도 했던 예수를 향해 꾸민 음모 때문이었다고, 그래서 그들이 예수를 죽였기 때문이라고 말하지 않고.

놀라운 사실은 요세푸스가 비록 예수를 그리스도로 받아들이지는 않았지만, 야고보의 의가 매우 크다고 간증했다는 것이다.

요세푸스가 예수를 '그리스도'로 받아들이지 않았다는 게 오리게네스 입장에서는 여간 불편한 게 아니었다.[77] 사실 오리게네스에게 백 년도 훨씬 전에 있었던 전쟁 원인이 누구에게 있는가는 별로 중요한 문제가 아니었을 것이다. 예수가 아니라, 형제에

---

77. 그런데 한 가지 의문이 있다. 가장 먼저 쓰인 《유대 전쟁사》에는 예수를 아예 언급한 적 없는 요세푸스가 한참 시간이 지나고 쓴 《유대 고대사》에서는 예수를 언급한다고? 예수와는 시차가 더 나는데? 물론 그럴 수 있다. 그 사이에 로마 내에서 그리스도교가 교세를 키우고 있었다면 말이다. 여기에 관한 또 하나의 설명은 예수를 로마의 창작물로 보는 시각이다. 한 마디로, 《유대 전쟁사》를 쓸 때만 해도 예수가 창작되지 않았기 때문이라는 것이다. 하기야 《유대 전쟁사》와 비슷한 시기에 쓰인 그 어떤 작품에도 예수는 등장하지 않는다. 그러나 《유대 고대사》를 쓸 당시 예수가 만들어졌고 그래서 요세푸스가 그 이름을 등장시켰다는 것이다. 이와 동시에, 예수의 존재 자체를 부정하는 사람들 입장에서는 요세푸스와 같은 수준의 역사가가 《유대 고대사》에 예수의 이름을 거론했다는 사실 자체가 불편하다. 그래서 예수 언급 관련한 모든 부분은 다 사후 삽입이라고 주장한다.

불과한 야고보 때문에 유대민족이 전쟁을 일으킬 정도로 그가 대단한 인물이었다는 것도 여간 불편한 게 아니었지만, 그를 진짜 괴롭힌 것은 요세푸스가 예수를 '그리스도'라고 인정하지 않았다는 사실이었다. 그래서 사실 그는 켈수스를 향해 반박하는 동시에 요세푸스의 잘못까지 바로 잡아주고 있는 것이다.

"이봐, 요세푸스, 전쟁은 유대인이 야고보가 아니라 우리 예수님을 죽여서 일어난 거야. 그래서 그 천벌을 받은 거라고. 또 하나, 왜 그런 천벌이 가능한 줄 알아? 예수님이 그리스도라서 그런 거야. 메시아라고. 메시아를 못 알아보고 죽였으니, 하나님이 로마를 통해서 천벌을 내린 거 아니야? 우리 하나님이 고작해야 야고보 같은 사람 하나 죽였다고 그런 천벌을 내리는 게 말이나 돼? 아니, 전쟁을 두 눈으로 똑똑하게 본 사람이 그런데 어떻게 이런 단순한 진리를 못 알아채지? 아니, 어떻게 전쟁을 겪은 사람이 예수님이 그리스도라는 것을 인정하지 않느냐 말이야? 그게 가능하기나 한 거야?"

어떤 의미에서 오리게네스는 필사자에게 가이드라인을 주는 것과 다를 바 없다.

"야고보를 삭제하고 요세푸스를 그리스도를 믿는 사람으로 둔갑시켜라."

당시 필사자가 좀 똑똑했을까? 그들은 오리게네스의 가이드 라인에 따라서 적절한 수정을 가하면서 필사 작업에 돌입했다. 그 결과 야고보에 관한 부분을 거의 다 삭제당한 요세푸스는 이제 예수를 다음과 같이 고백하는 사람으로 바뀌었다. 아! 요세푸스는 새로 태어났다. 기독교인의 입장에서 요세푸스는 비로소 예수를 '인격적'으로 만났다.

이즈음에 굳이 그를 사람으로 부른다면, 예수라고 하는 현자 한 사람이 살았다. 예수는 놀라운 일들을 행하였으며 그의 진리를 기쁘게 받아들이는 사람들의 선생이 되었다. 그는 많은 유대인과 헬라인들 사이에 명성이 높았다. 그는 바로 메시아(그리스도)였다. 빌라도는 우리 유대인 중 고위층 사람들이 예수를 비난하는 소리를 듣고 그를 십자가에 처형시키도록 명령했으나, 처음부터 그를 따르던 사람들은 예수에 대한 애정을 버리지 않았다. 예수가 죽은 지 삼 일째 되는 날, 그는 다시 살아나 그들 앞에 나타났다. 이것은 하나님의 선지자들이 이미 예언했던 바, 예수에 대한 많은 불가사의한 일 중의 하나였다. 오늘날에도 그를

따르는 그리스도인들이 사라지지 않고 여전히 남아있다.[78]

소위, Testimonium Flavianum으로 알려진, 그러니까 '플라비우스 요세푸스의 증언'이란 뜻의 유명한 구절이다. 예수를 그리스도로 인정한 것에 끝나지 않고, 부활까지 증언한다. 그리고 예수를 히브리 성경(구약)이 예언한 인물이라고, 그러니까 진정한 메시아라고 강조한다. 놀라운 증언이고 고백이다. 이 증언을 놓고 엄청난 연구가 이뤄졌고, 관련한 서적도 한두 권이 아니다. 이 증언의 어느 정도까지가 오리지널 요세푸스의 글이고 어디까지가 사후 조작인지⋯ 등등 하지만, 그건 이 글에서 다룰 주제가 아니다. 기억할 점은 이 증언이 삽입된 시점이다. 4세기에 이르러 오리게네스와 맞먹는 또 한 명의 교부 유세비우스가 등장하는데, 그의 손에 들린 요세푸스의 글은 우리 손에 들린 위의 내용과 100% 똑같은 필사본이다. 그러니까 야고보를 삭제하고 요세푸스를 기독교인으로 둔갑시킨 '플라비우스 요세푸스의 증언'은 오리게네스의 '켈수스 반박'이 출간된 이후부터 유세비우스가 등장하기 전, 그 사이 어느 시점에서 만들어진 것이다. 그 결과는 무엇일까?

---

78.   요세푸스,《요세푸스 – 유대 고대사 IV (하바드판)》, p.223-224

예수와 거의 동시대를 살면서 그를 그리스도로 고백한 요세
푸스가 쓴 글은 기독교의 진리를 증명하는 중요한 기록이 되었
고, 그 결과 필사에 필사를 거듭해 무려 이천 년이 흐른 오늘날
까지 이어진 것이다. 덕분에 우리는 예수와 요세푸스 당시에 관
해서만은 인류 역사 속 그 어떤 시점보다도 자세하고 깊은 내용
을 접할 수 있게 되었다. 사실상 천 년은 고사하고 수백 년 전 즈
음에 불과한 고려시대도 제대로 복원하기 힘든 우리 역사를 생
각할 때, 요세푸스 덕분에 무려 이천 년 전을 복원할 수 있다는
건 정말로 엄청난 일이다. 그렇기에 나는 그 어떤 사람보다도 요
세푸스를 인용한 오리게네스에게 존경을 표한다. 그리고 요세
푸스를 기독교인으로 만들어 그의 글이 사라지지 않도록 한 필
사자의 공도 잊지 않고 있다. 《예수의 형제, 야고보》라는 명저를
남긴 로버트 아이젠멘은 이런 말을 했다.

"야고보가 누구이든, 그가 무슨 일을 했든, 야고보 속에서 우
리는 예수를 본다."[79]

---

79. *"Who & whatever James was, so was Jesus."*

7장

책을 생각한다

1. 아무리 훌륭한 글이라도 출판사를 잘못 만나면 망작이 된다. 특히 번역서의 경우 엉터리 번역자를 만나면 아예 정체불명의 프랑켄슈타인으로 바뀔 수도 있다. 게다가 번역만 훌륭하다고 잘 읽히는 게 아니다. 편집이 받쳐줘야 가독성이 보장된다. 편집 뿐이랴? 내지 디자인도 그에 못지않게 중요하다. 그럼에도 번역서의 경우, 정확한 번역은 기본 중의 기본이다. 최근 나는 번역의 중요성을 실감했다. 기독교인에게 특히 인기 있는 폴 존슨의 《유대인의 역사》(포이에마, 2014)를 비롯해서, 유대 역사를 다룬 책이 적지 않지만, 1962년 미국에서 초판이 나온 맥스 디몬트의 《Jews, God, and History》(Signet, 1962)는 가독성이라는 면에서 가히 타의 추종을 불허한다. 워낙 명저이다 보니 출간된 지 반세기가 훨씬 지났지만 유대 역사에 관심을 가진 영어권 독자에게는 변치 않는 필독서이고, 한국에서도 수차례 번역되었다.

우리나라에서는 가장 먼저 1990년 대원사에서 《유태의 역사》라는 제목으로 발간되었다. 그런데 이 번역서는 좀 어이가 없다. 원서는 총 8부로 구성되어 있는데, 무슨 이유에선지 모르겠지만, 출판사는 1부에서 5부를 몽땅 날리고 6부부터 번역했다. 그로부터 몇 년이 흐른 1994년, 크리스천다이제스트사가 《유대 민족사》라는 제목으로 다시 출간했는데, 다행스럽게도 《유태의 역사》가 뺀 부분까지 포함한 완역이었다. 그리고 그로부터 무려 이십오 년이 흐른 2019년, 이 책은 출판사 '교양인'에서 《책의 민족》이라는 제목으로 깔끔하게 재탄생했다.[80] 재탄생이라는 말이 적절한 건 원제와는 달라도 너무 다른 제목을 붙이고 나왔기 때문이다. 그런데 《유태의 역사》와 《유대 민족사》를 이미 소장하고 있던 나는 《책의 민족》이라는 제목만 보고 전혀 다른 책인 줄 알고 덜커덩 샀다.

'아, 《책의 민족》 제목 멋있다. 내가 모르던 맥스 디몬트의 책이 또 있었구나.'

이런 식으로 안이하게 생각했던 거다. 결과적으로 나는 원서

---

80. 앞선 두 책은 한참 전에 절판되었다.

와 세 권의 각기 다른 번역을 다 소장하게 되었다. 그런데 한 가지 아쉬운 점은, 이 책을 번역한 그 어떤 출판사도 제목에 원제, 'Jews, God, and History(유대인, 신, 그리고 역사)'를 충실하게 반영하지 않았다는 것이다.

자, 그럼 번역이 얼마나 중요한지, 하나 마나 한 소리 같지만 그 얘기를 잠깐 하자. 《책의 민족》을 읽으면서 처음엔 당황했다. 이미 읽었던 《유대인의 역사》 및 《유태의 역사》와 전혀 다른 책처럼 느껴져서이다. 아니, 같은 원서를 번역했는데, 어떻게 이렇게 다를 수가 있지? 아무튼 《책의 민족》을 다 읽고 느낀 점은 비록 늦었지만, 디몬트의 명작이 '마침내' 제대로 번역되어 한국에 소개된 것이 다행이라는 안도감이었다. 도대체 번역이 얼마나 다르기에 아예 다른 책으로 느껴졌을까? 사례로 들 게 한두 가지가 아니지만, 딱 하나만 살펴보자. 1부에서 5부를 아예 번역하지 않은 《유태의 역사》 경우 원서 220페이지에 등장하는 십자군과 관련한 내용이 책 초반 29페이지에 등장한다.

중세 초기에 '구제'가 중요한 요서였다면, '더욱 많은 구제'가 십자군의 본질을 이해하는 단서가 된다. 인간에게는 구제가 황금과 마찬가지로 아무리 있어도 모자란다.[81]

상식을 가진 사람이라면, 십자군과 '구제'를 연결하는 데에 어려움을 느낄 것이다. 십자군이 무슨 구세군도 아니고, 이들이 사람을 죽이면 죽였지 무슨 구제를 했다는 걸까? 번역자는 십자군을 무슨 홍길동이나 로빈 후드로 착각한 걸까? '구제'와 '더욱 많은 구제'로 번역한 단어는 salvation과 more salvation이다. 아니, 어려운 단어도 아니고 왜 salvation을 구제로 번역한 걸까? 도무지 알 수가 없다. '더 많은 구제'가 십자군의 본질이고, 인간에게는 구제가 황금처럼 아무리 가져도 모자란 거라고? 인간이 그렇게 착한가? 인간이 황금에 목을 매는 건 당연하지만, 인간이 동시에 구제를 못해서 안달한다고? 인간이 그렇게까지 선한 존재라고? 도대체 이해할 수 없는 내용이다. 게다가 '요서'는 도대체 무슨 말인지? 이런 번역이 편집 단계에서 걸러지지 않은 게 신기할 정도이다. 편집자는 도대체 무슨 생각을 했던 걸까? 몇 년 후에 나온 크리스천 다이제스트 판 《유대 민족사》는 같은 문장을 이렇게 번역했다.

'구원'이라는 말이 중세 역사의 열쇠라면, '추가 구원'이라는 말은 십자군의 열쇠였다. 구원은 돈과 마찬가지로 아무리 가져

---

81. 막스디몬트, 《유태의 역사》, 김용운 옮김, (대원사, 1990), p.29

도 만족지 못하는 것이었다.[82]

훨씬 더 이해할 수 있게 번역했지만, 여전히 문제가 있다. '추가 구원'이라니? 구원에도 무슨 단계가 있다는 걸까? 다행스럽게도 '책의 민족'은 정확하게 번역했다.

'구원'이 중세 역사 첫 단계의 핵심어라면, 두 번째 단계인 십자군 원정의 핵심어는 '더 큰 구원'이다. 황금처럼 '구원'도 가지면 가질수록 더 가지고 싶은가 보다.[83]

2. 몇 년 전 미국 드라마 〈왕좌의 게임〉이 한창 인기일 때, 책에서 느끼는 깊이가 드라마와는 차마 비교도 할 수 없다는 말을 어디선가 듣고 덜컥 원서부터 샀다. 그러나 엄청난 두께와 깨알같은 글씨 앞에서 읽기도 전에 질려있던 즈음, 다행히 출판사 은행나무가 1부에 3부까지, 총 6권으로 완역해 출간했다는 것을 알게 되었다. 원서를 밀어놓고 번역서를 읽기 시작했는데, 첫 권에서부터 원서보다 더 진도가 나가지 않았다. 도무지 무슨 말인

82. 막스디몬트,《유대 민족사》, 김계신 옮김, (CH사, 1994), p.210
83. 맥스 디몬트, 《책의 민족》, 김구원 옮김, (교양인, 2019), p.317

지 이해할 수가 없었다. 원서와 비교하면서 읽는 것도 한두 번이지, 더 이상 읽을 수가 없어서 그 번역서를 던져버렸다. 그런데 몇 년이 흐르고 우연히 같은 출판사가 개정판을 낸 것을 알게 되었다. 그 심각한 번역 문제를 출판사가 드디어 깨달았나 보다. 독자들이 바보가 아니지 않은가? 결국 새로 번역해서 출간한 것이었다. 나는 당연히 출판사가 리콜할 줄 알았다. 무슨 자동차 회사처럼 광고를 내지는 않더라도, 요청하는 구매자에게는 기꺼이 바꿔줄 것으로 생각했다. 그런데 출판사에 전화해 이 모 편집자라는 사람과 한참 통화를 했지만 말이 통하지 않았다.

"이미 몇 년 전에 산 책을 어떻게 바꿔드립니까?"
"아니, 번역 문제를 알고 새로 낸 거잖아요? 그럼 전에는 엉터리 책을 팔았다는 건데, 그걸 책임지지 않겠다는 건가요?"

그러나 편집자는 같은 말을 앵무새처럼 반복할 뿐이었다.

"이미 산 책은 바꿀 수 없습니다."

한 나라의 출판 수준이 그 나라의 문화 수준을 결정한다고 하면 비약일까? 국민이 읽는 책의 수준이 민도의 수준을 결정한다고 하면, 그것도 과장일까? 출판사의 수준을 결정하는 요소는 한두 가지가 아니다. 이것저것 다 떠나서, 말도 안 되는 오역은 범하지 말아야 한다. 설혹 번역자가 오류를 범했다고 해도, 편집자가 그 정도는 바로잡을 수준을 갖춰야 한다. 그렇다고 편집자가 꼭 해당 외국어에 능통해야 하는 건 아니다. 《왕좌의 게임》 경우, 번역을 읽어서 도무지 무슨 내용인지 연결이 안 되는데, 그게 어떻게 편집 단계에서 지적되지 않고 책으로 나올 수 있었던 건지, 내 머리로는 이해할 수 없다.

3. 오래전 미국 존더반에서 나온 존 스토트의 《Understanding the Bible》(55-56쪽)[84]을 읽다가 깜짝 놀란 적이 있다. 아담에 관한 부분이었는데, '아담과 이브를 역사적 인물로 내가 받아들이는 것과 아담 이전에 이미 '인류hominid'가 여러 형태로 수천 년 전에 존재했을 수 있다는 나의 믿음은 얼마든지 양립할 수 있다.'라고 쓰여 있지 않은가?

"와, 존 스토트 목사님이 진화론을 받아들였어?"

---

84. John Stott, 《Understanding the Bible》, 1999, 54-56

이번에 이 책을 준비하면서 아담에 관해 쓰는 중에 나는 그 책이 성서유니온에서 《성경 연구 입문》이라는 제목으로 출간되었다는 것을 알았다. 2007년에 나온 개정판을 구해서 아담 부분을 보다가 다시 놀랐다. 영어판에 있는, 그러니까 원서에 있는 진화론 관련한 부분을 아예 삭제해버린 게 아닌가?[85] 한두 줄이 아닌 무려 몇 페이지에 걸친 분량이었다. 성서유니온이 삭제한 부분 중에 이런 문장이 있다.

'이 문제(진화)를 논하는 일부 사람들이 '창조'와 '진화'라는 단어가 상호 배타적이라는 가정에서 시작한다는 것은 아주 안타까운 일이다.'

저자가 안타깝다고 말하는 대상, 창조와 진화를 상호 배타적으로 보는 사람들이 바로 성서유니온처럼 진화 관련한 부분을 아예 삭제하는 사람이다. 원저자가 안타깝다고 분명하게 표현한 행동을 번역 출판사가 이렇게 자행해도 괜찮은 걸까? 그러니까 원작자의 의도를 이렇게 마구 훼손해도 되는 건가? 2007년이면

---

85. 내가 갖고 있는 건 개정판이다. 그러니까 오리지널 번역판이 따로 있다는 건데, 거기는 어떻게 되어있는지 확인을 할 수 없다.

존 스토트가 여전히 살아있을 때인데, 저자의 허락을 받았을까? 나는 그럴 가능성이 거의 없다고 본다. 그럼 혹시 번역자가 자의적으로 출판사와 의논하지 않고 뺀 것일까? 그럴 가능성도 거의 없을 거다. 행여나 저자가 무슨 문제를 제기했을 때 혼자 뒤집어쓸, 그런 번역자는 없으니까. 이건 100% 출판사의 의도이고 책임이다. 그럼 왜 그랬을까? 첫 번째는 존 스토트를 보호하기 위해서, 두 번째는 판매에 저해되는 요소를 제거해 판매 증진을 이루려고. 생각해보자. 한국 기독교의 수준을 고려할 때 독자들 사이에 이런 말이 돌 수도 있다.

"존 스토트가 진화론자래. 그런 사람이 무슨 성경 연구에 관한 책을 써? 그럴 자격이 있어? 웃기지도 않아."

이 경우 존 스토트의 명예(?)는 물론 판매에도 지장을 받을 테니까. 하지만 이건 핑계도 변명도 될 수 없다. 원작을 마구 훼손하는 건 양심은 말할 것도 없고 범죄이다. 다행히 2017년 존 스토트 서거 특별판이라는 꼬리가 붙은 또 다른 개정판이 나왔다. 번역자도 다르고 다행히 이전 개정판에서 삭제한 부분을 모두 복구했다.[86] 비록 많이 늦었지만 그래도 존 스토트 생전에 그에게 범한 잘못을 사후에라도 출판사가 고친 것에 대해서 다행이라고 생각한다.

　나는 이 일을 통해서 기독교는 변하지 않는다는 사실을 실감
했다. 앞에서 예를 든 두 개의 경우는 번역자와 편집자의 실력
부족이 일으킨 문제지만, 성서유니온의 경우 실력이 아닌 양심
의 문제이다. 나는 이런 존 스토트를 보면서, 앞 꼭지에서 다뤘
던 요세푸스를 떠올렸다. 존 스토트는 현대판 요세푸스이다.[87]
'오리게네스의 불만'에서 자세히 다뤘듯이, 이런저런 필사자가
요세푸스의 글을 마음대로 조작하던 초창기 기독교 시절로부터
무려 이천 년 가까운 세월이 흐른 21세기지만, 기독교는 조금도
달라지지 않았다. 전도 또는 하나님의 영광으로 흔히 불리는 그
목적을 위해서는 그 어떤 방법을 써도 괜찮다는, 무서운 생각,
그런 생각으로 똘똘 뭉친 사람은 오리지널 히브리 성경(구약)도
마구 수정했다.[88] 필요하면 성경도 바꾸는데 요세푸스나 존 스토

86.　존 스토트, 《성경연구 입문 - 존 스토트 서거 특별판》, 전의우 옮김, (성서유니
온, 2017), 이 책 75페이지에서 78페이지까지, 무려 세 페이지에 걸친 내용은
이전 개정판이 깡그리 삭제했던 부분이다.
87.　한 마디 추가하자면, 일일이 찾지 않아서 그렇지, 이런 경우는 가히 비일비재할
것이라는 게 내 추측이다. 저자가 한국어를 확인할 수도 없고, 누군가가 일일이
확인하지도 않는다면, 저자 입장에서는 그냥 믿을 거다. 특히 기독교 저자는 더
그럴 것이다.
88.　자세한 내용은 《신의 변명》(파람북, 2018)을 참조하라.

트 정도야, 뭐 그리 큰 문제가 되겠는가?

결국 모든 게 다 사람의 문제로 귀결된다. 점점 책이 사라지는 세상, 돈이 안 되는 출판계에 출중한 사람이 올 리 없고, 그 결과는 점점 더 빠르게 사양길로 수직 낙하 하는 출판사이다. 가장 뛰어난 실력을 갖춘 의사가 피부과 또는 성형외과에 몰릴 때 그 피해는 고스란히 환자에게 돌아가는 것처럼, 인재가 기피하는 출판계가 초래하는 피해는 고스란히 책을 사랑하는 독자의 몫이다. 사실 내가 출판 전반에 대해서 다 안다고 말할 수는 없다. 그나마 익숙한 기독교 출판계와 관련해서 잠깐 생각해보자. 얼마 전 만난 한 출판사 사장이 이런 말을 했다.

"지금 기독교 출판계는 얼마 안 가 사라질 거 같아요. 책을 읽는 건 그나마 나이를 좀 먹은 사람들인데, 그들도 점점 유튜브로 빠지고, 젊은 친구들은 아예 책 자체를 읽지 않으니까요. 조금만 어려워도 아예 못 읽어요. 그러니까 요즘은 나오는 책이 다 이런 수준이에요. '힘들어서 무릎을 꿇고 말았니? 네 무릎 아래 우리 예수님이 깔려 계셔. 그런 예수님은 얼마나 더 힘드시겠니?' 이런 소리나 나열하는 책 말이에요. 그냥 마냥 우쭈쭈 예쁘다… 해주는 책 말고는 팔리지가 않아요."

한국 기독교인의 수준이야 어제오늘 이야기가 아니지만, 아예 책과 담을 쌓은 젊은이로 채워진 교회는 끔찍하다. 일어나서 찬양이란 이름의 감성팔이 노래나 부를 줄 알지, 생각이란 것을 스스로 하지 못하는 청년들… 비단 청년만이 아니다. 교양을 쌓는 유일한 시간이 설교 시간인 기독교인으로 넘치는 곳이 교회라면, 그 결과는 얼마 전에 접한 다음 기사 속 기독교인이다.

전주 ㅅ교회 유 아무개 목사는 8년간 조카를 상대로 성폭력을 저질렀다. 괴로움에 시달려 온 피해자가 뒤늦게 피해 사실을 공론화하자, 유 목사는 지난해 10월 자신이 개척·시무해 온 교회에서 사임했다. 유 목사는 구체적인 사임 이유를 알리지 않은 채 교회를 떠났고, 교회는 새로운 담임목사 청빙 절차를 밟았다. 피해자와 가족은 올해 6월 유 목사를 상대로 손해배상 소송을 제기했다. 법원은 9월 15일 유 목사가 과거 8년간 피해자를 상대로 간음과 강제 추행을 한 건 맞지만, 위자료 채권 시효가 지났기 때문에 위자료를 지급하지 않아도 된다고 선고했다. 위자료 지급 여부와 별개로 법원은 유 목사가 조카를 상대로 성폭력을 저질렀다고 인정한 것이다.[89]

---

89. https://www.newsnjoy.or.kr/news/articleView.html?idxno=303529

그런데 이 교회가 지금, 그 성범죄자 유 아무개 목사를 원로 목사로 추대하려 한다는 것이다. 이 사람이 저지른 범죄, 아동 성범죄에 근친상간에 해당하는 거 아닌가? 이런 교회에 헌금이란 걸 내면서 다니는 사람들은 도대체 어떤 생각을 하고 살까? 책 읽는 기독교인은 점점 사라져간다. 아니, 책을 많이 읽을수록 머리가 커져서 질문이 많아진다며, 가능한 한 신도가 책을 멀리하길 바라는 게 목사의 숨은 소망인지도 모르겠다. 책을 열심히 사 모으는 목사는 많아도, 정작 읽는 사람은 많지 않다. 나름 열심히 읽는다고 해도, 그 범위가 협소하기 이를 데 없다.

몇 년 전 어느 목사에게 무라카미 하루키 소설,《색채가 없는 다자키 쓰쿠루와 그가 순례를 떠난 해》(민음사, 2013)를 선물한 적 있다. 목사라면 주인공 다자키가 겪은 출구 없는 외로움을 읽고 교인들 속에 숨은 다자키를 찾아내려 노력해야 한다고 생각했기 때문이었다. 농담 반 진담 반으로 꼭 읽고 짧은 독후감이라도 보내달라고 했지만, 그 후로 그 책을 읽었다는 말을 듣지 못했다. 목사라면, 사람도 만나야 하겠지만, 그만큼 책을 읽어야 하는 것을 소명으로 삼아야 할 거 같은데, 교계는 도무지 그런 식으로 돌아가지 않는다.

그런데 상황은 이제 점점 더 암울해간다. 영어권에서는 여전히 좋은 책이 쏟아져 나오지만, 우리나라에서 번역되는 책은 점점 줄어드는 거 같다. 오래간만에 만나는 좋은 책은 금세 절판되기 일쑤이고,[90] 시시한 자기 자랑, 에세이, 유명인 사변 식 거리를 모은 것이 그 자리를 차지한다. 결국 책도 서서히 또 하나의 예능 프로로 전락하고 있다. 장사가 안되는 횟집이 싱싱한 회를 공급할 수 없다. 반대로 손님이 북적이는 횟집은 싱싱한 횟감으로 넘치기 마련이다. 출판사가 장사가 안되는 횟집이라면, 넷플릭스와 유튜브는 손님이 넘치는 횟집이다. 돈이 넘치는 넷플릭스는 점점 더 싱싱한 횟감, 수백억을 들여 만든 프로로 손님을 더 끌겠지만, 싱싱한 생선을 구비할 여력이 없는 출판사는 고작해야 연예인 신변잡기를 담은 책이나 계속 낼 것이다. 그런 책이 필요 없다는 게 아니라, 균형이 무너져 간다는 것이다. 텔레비전 방송도 사정이 크게 다르지 않다. 다큐멘터리가 점점 사라지고 그 자리는 예능으로 채워진다. 다큐멘터리가 더 좋은 방송이라

---

90. 이런 책의 예를 들자면 한이 없다. 지금 내 관심사인 '기독교의 기원' 및 '역사 속 예수'와 관련해서 한 권을 찾자면 레자 아슬란의 《젤롯》(와이즈베리, 2014)이다. 미국 아마존에서는 여전히 베스트셀러인 이 책은 2014년 우리나라에서 출간되었는데, 지금은 절판 상태이다. 결국 기독교인의 수준 때문이다. 교회에서 가르쳐주는 예수의 모습과 조금이라도 다른 이야기를 하는 책을 만나면 공포에 떨기 때문이다. 그러니 이런 책이 팔릴 수가 없다.

는 말이 아니다. 마찬가지로 균형이 무너진다는 것이다. 아무리 장사가 잘되는 횟집이라고 해도 주야장천 활어만 팔지는 않을 것이다. 여러 메뉴의 구색을 갖춰 구비하는 게 기본이다. 출판사라고 다를까? 십만 명의 독자를 목표로 하는 책이 있지만, 천 명이 읽더라도 꼭 만들어야 하는 책이 있다. 그러나 장사가 되지 않는 횟집에게 구색까지 바라는 건 지나친 요구이다.

  소수가 읽더라도 꼭 필요한 책의 출판이 점점 줄어들다 보니, 같은 시대를 사는 누구나 다 아는 뻔한 이야기가 아니라, 시대의 이면을 캐내어 보여주는 책, 덧붙여 시대를 꿰뚫어 미래까지 조망하도록 하는 책부터 가장 먼저 사라지고 있다. 과거에 그런 책의 운명은 보통 두 가지로 나뉘었다. 고전으로 남아 지금까지 우리 손에 있거나, 금서로 낙인찍혀 사라지거나다. 앞에서 다룬 '오리게네스의 불만' 속 켈수스의 《진리》가 바로 금서로 낙인찍혀 사라져버린 책에 해당한다. 몰라서 그렇지, 사라진 책 중에는 지금 우리가 손에 들고 있는 고전보다 훨씬 훌륭한 책이 부지기수일 것이다. 그런데 문제는, 우리에겐 금서로 낙인찍어 사라지게 할, 그런 기회조차 주어지지 않는다는 것이다. 고전으로 자리매김할지, 금서로 낙인을 찍을지 선택하려면 일단 책이 독자의 손에 들려야 하는데, 우리나라 독자들에게는 그런 최소한의 기회조차 주어지지 않는다. 한 심리학자의 분석처럼, 일제강점기와 6.25를 겪은 우리에게는 여전히 먹고사는 문제가 너무 중요해서 좋은 책을 향한 열망 같은 건 사치인 걸까?

종교 자체를 인정하지 않는 일부 사회주의 국가를 제외하면, 오랜 역사가 있는 대부분 나라는 지배 종교가 있다. 그렇다면 현재 한국 사회에서 각각의 종교가 균형 잡힌 배분을 이루고 있다는 사실은 실제로 무엇을 의미할까? 바로 오랜 역사를 가졌다고 믿는 우리 사회를 지배하는 가치관과 사상이 없다는 것을 의미한다…

아마도 우리는 조상들이 목숨과도 바꿀 만큼 소중하게 지키려 했던 그것들을, 일제강점기와 전쟁을 겪으며 잃어버렸을지도 모른다… 식민 지배나 전쟁이라는 비극이 한 국가와 국민들로부터 빼앗아 가는 것은, 단순한 물질적 혹은 직접적인 피해를 초월하여 정신적인 손실이라는 훨씬 광범위한 피해를 포함한다…

우리가 무엇을 잃었는지는 다 헤아릴 수 없지만(이미 잃어버렸기에 그것이 무엇인지 알 길이 없다), 무엇이 남았는지는 추론해볼 수 있다. 바로 생존, 가난에 대한 두려움, 물질적 풍요와 성공에 대한 열망이다… 사실 과거의 것을 잃었다는 것보다는

생존과 성공 이외의 가치를 찾지 못하고 있는 것이 더 큰 문제
일지도 모른다...[91]

물질적인 풍요와 성공을 향한 갈망 외에 다른 모든 가치가 주
변으로 밀려나는 사회에서 문화와 예술의 번성을 기대하기는 힘
들다. 굳이 기독교와 연결하자면, 물질적인 풍요와 성공을 향한
갈망이 넘치는 교회에서 고민하는 신학이 발붙일 수 없다. 신자
와 교회 숫자에서는 세계 최고를 자랑하는 한국 교회지만, 신학
수준에서는 가히 바닥을 친다고 해도 과언이 아닌 상황을 빚어
지는 건 당연하다. 여전히 한국 신학교 유학생이 미국 신학교를
먹여 살리는 부끄러운 현실이 사라질 리 없다. 한국에서 기독교
는 어렵지 않을뿐더러, 굳이 깊은 고민이 필요하지 않다. 열심히
노래 부르고 빌면 된다. 이런 한국적(?) 특성을 미끼로 이 땅에
서는 기독교가 급속하게 성장했다. 잘 살고 건강하게 해주는 기
독교, 복 주는 기독교, 너는 지옥에 가도 나랑 우리 가족만 천국
에 가면 되는 기독교.

다른 나라와 비교해서 한국 종교가 가지고 있는 독특한 점은 바

---

91. 허태균, 《어쩌다 한국인》(중앙북스, 2015), p.288-299

로 기복 신앙적 특성이다. 신앙을 가지는 주요 동기가 신앙이 추구하는 어떤 관념적인 가치나 존재에 대한 추구보다는, 현세적이고 단기적인 이익에 있다는 것이다.[92]

그러나 좋은 책은 이런 기독교마저도 바꿀 수도 있다. 좋은 글은 이런 기독교가 초래할지도 모를 더 큰[93] 재앙을 막을 수도 있다. 생각하는 신자 한 명이 늘어나는 게 교회 하나가 늘어나는 것보다 훨씬 중요하다.

한때 천만 명의 신자라고 자랑하던 한국 기독교라면 당연히 알아야 할 훌륭한 저자가 한둘이 아니다. 그런데 집사, 장로는 말할 것도 없고 목사조차도 이름을 모르는 이가 허다하다. 바울에 관한 '새 관점'으로 유명한 E. P. 샌더스의 경우, 바울에 관한 책보다 훨씬 중요한《역사적 예수의 모습》은 수십 년 전에 출간되었지만 아직 번역도 되지 않았다. 바울에 관심 갖는 기독교인이 많지만 휴 숀필드Hugh Schonfield를 아는 이가 몇이나 될까? 거의 없을 것이다. 그의 책 중에 번역된 게 없으니까. 기독교의

---

92. 허태균,《어쩌다 한국인》(중앙북스, 2015), p.285
93. 코로나 상황에서 한국 교회는 이미 이 사회 속에 상당한 재앙을 불러왔다.

기원 내지 역사 속 예수와 관련해서 버튼 맥Burton L. Mack, 하이암 맥코비Hyam Maccoby, S. G. F. 브랜든S. G. F. Brandon, 스티븐 메이슨Steven Mason, 로버트 아이젠맨Robert H. Eisenman 그리고 로버트 프라이스Robert M. Price를 모르고 어떻게 그런 연구가 가능한지 모르겠다. 창세기는 모든 기독교인에게 흥미를 끄는 책이다. 한국에 전혀 알려지지 않은 나훔 사나Nahum M. Sarna와 에드윈 굿Edwin M. Good 그리고 현재 가장 널리 알려진 랍비 조나단 색스Jonathan Sacks와 같은 학자들이 풀어내는 창세기를 통해, 고작해야 에덴동산에는 원죄만 찾는 기독교인은 상상도 할 수 없는 신세계를 만날 수 있다. 그리고 단지 노벨평화상을 받은 것으로만 유명한 엘리 위젤이 풀어내는 성경의 깊은 통찰이 아직 우리나라에 소개되지 않은 것은 너무도 안타까운 일이다.

주야장천 C. S. 루이스에 목을 매는 수준에서는 아무리 시간이 흘러도 성범죄 전과자를 원로 목사로 추대하자는 소리밖에 나오지 않을 것이다. 우쭈쭈 비위를 맞춰주는 책이 아니라, 고민하고 질문하게 만드는 책이 나와야 한다. 왜 교회에서는 문제가 끊이지 않을까? 왜 아무리 시간이 흘러도 같은 문제가 반복될까? 반복해서 '하나님이 구석에서 울고 있다'는 식의 감성팔이 책만 읽기 때문이다.

수만 권의 책을 소장한 것으로도 유명한 김남준 목사는 책을 다음 세 가지로 분류했다. '읽다가 던져버리고 싶은 책, 너무 재미있거나 유익해 박수치고 싶은 책, 다 읽고 나면 무릎을 꿇고 하나님께 기도하게 만드는 책.'[94] 문제는 적지 않은 교인이 하나님 앞에 꿇는 무릎과 목사 앞에서 꿇는 무릎을 똑같다고 생각한다는 것이다. 진짜 좋은 책은 나도 모르게 만들어진 고정관념을 바꾸는 책, 나도 모르게 내 속에서 화석처럼 굳어져 버린 전제까지 질문하게 만드는 책이다. 영화 〈인셉션〉에는 오로지 잠을 자기 위해서 사람들이 단체로 모이는 장소가 하나 등장한다. 아주 강력한 물질을 투여받은 사람들은 서로 연결되어 꿈 안에서 또 다른 인생을 사는 것이다. 그 장소를 관리하는 노인과 에마스 Eamas의 대화가 인상적이다.

"저 사람들이 다 매일 여기에 온다고요? 잠자러요?"
"아니, 여기 오는 건 깨어나기 위해서지. 이 사람들에겐 꿈이 현실이거든."

좋은 책은 무슨 일을 할까? 자면서 깨어있다고 착각하는 사람

---

94. http://m.kmib.co.kr/view.asp?arcid=0003583165

들, 꿈이 진짜라고 믿는 사람을 깨어나게 한다. 그리고 그런 책일수록 기독교인에게는 아마도 김남준 목사가 말한 세 가지 책 중에서 첫 번째, '읽다가 던져버리고 싶은 책'에 해당할 것이다. 왜 그럴까? 왜 읽다가 던지고 싶어질까? 나의 전제와 고정관념을 공격하고, 상상도 못했던 질문을 떠오르게 만들기 때문이다. 그게 바로 책의 힘이고 책의 존재 이유인데, 그것을 부정하면서 책을 왜 읽을까? 전제와 고정관념을 바꿀 마음이 없는 사람에게 굳이 왜 책이 필요할까?

8장

어쩌다 본디오 빌라도!

신약 성경의 복음서를 찬찬히 읽고 눈을 감으면 떠오르는 이미지가 있다. 가장 먼저 평화로운 유대 땅을 거닐면서 힘차게 하나님 나라의 복음을 전하는 예수의 모습이다. 그런 예수를 가장 잘 표현한 장면 중 하나가 갈릴리 호수 주변에서 있었던, 소위 말하는 '오병이어 기적'의 현장이다. 그날의 기적이 얼마나 중요했던지 사복음서에 빠지지 않고 등장할 정도이다.

많은 기독교 성경학자들은 광야에서 만나로 이스라엘 백성을 먹인 하나님의 기적과 동등한 수준의 기적으로 오병이어를 해석한다. 말 그대로 성부 하나님이 만나로 먹이셨다면, 성자 하나님은 떡 다섯 덩어리와 물고기 두 마리로 먹였다는 것이다. 그날 성인 남자만 오천 명이 모였으니까 여자와 아이들까지 합치면 만 명은 족히 넘었을 것이다. 물론, 마이크도 없던 시절에 무려 만 명이 넘는 사람들이 예수의 가르침을 어떻게 들었는지 질문하는 것은 무의미하다. 언젠가 믿음 좋은 어떤 권사에게 이 질문을 던졌더니 돌아온 답이 이거였다.

"하나님께서 알아서 하셨겠지요…"

사실 오병이어의 기적보다 더 대단한 것은 그날 모인 사람들의 청각에 일어난 기적, '소머즈의 귀'가 아닌가 싶은데, 복음서 저자는 먹는 것이 더 중요하다고 생각했던 거 같다. 사실 꼭 소머즈의 청력 같은 기적에 연연할 필요는 없다. 예수가 사람들 사이를 오가면서 조곤조곤 가르쳤을 수도 있으니까. 반드시 앞에 서서 모든 사람이 동시에 다 듣도록 가르쳐야만 한다는 법은 없으니까. 청각의 기적과 오병이어의 기적 중 뭐가 더 중요한가를 논하는 것 보다 훨씬 더 중요한 문제가 있다.

"아니, 당시에 어떻게 만 명이 넘는 대중 집회가 가능했을까?"

적지 않은 기독교인이 신약성경을 이해하는 데에 가장 중요한 한 가지, 당시 유대가 로마제국의 식민지였다는 사실을 망각하고 있다. 이건 다른 말로 하면, 일본 치하에서 식민지 시대를 경험한 우리는 그 어떤 민족보다 유대민족을 이해하는 데에 유리한 조건을 가지고 있다는 의미이다. 자, 그럼 일제 강점기를 놓고 한번 생각해보자. 당시에 만 명이 넘는 대중 집회가 가능했을까? 그런 집회가 가능하려면 몇 가지 조건이 충족되어야만 한다. 집회의 성격이 일본 제국이 원하는 방향이라면 얼마든지 가능했을 것이다. 예를 들어, 천황 숭배가 집회의 목적이라면 말이다. 하지만 그렇지 않다면 어떤 종류의 집회도 불가능하다. 비록 비정치적인 내용, 예를 들어 자연보호를 목표로 하는 집회라고 하더라도 일본이 허락할 리가 없다. 왜냐하면 사람들이 모이면 미처 상상하지 못한 어떤 사고도 발생할 수 있으니까.

그렇다면 그런 집회가 로마 제국 치하의 유대 땅에서는 어떻게 가능했을까? 예수와 그의 제자들이 주최한 만 명이 넘는 엄청난 집회가 말이다. 예수가 로마 제국을 찬양하려고 집회를 열었을 리도 없고, 우리가 생각할 수 있는 것은 오로지 하나, 예수는 비정치적인 메시지, 그러니까 하나님 나라를 전했으니까 가능했을 것이라는 추측이다. 그러나 다시 말하지만, 그런 집회도 결코 가능했을 리가 없다. 오병이어 기적이 일어난 현장은 다름 아닌 갈릴리 지역이다. 갈릴리가 어떤 지역인가? 반로마 제국

항쟁이 가장 빈번하게 일어나던, 말 그대로 유대 독립항쟁의 중심지였다. 그런 갈릴리 지역에서 성인 남자만 오천 명이 넘게 모이는 집회가 가능했을까? 요세푸스에 의하면 반로마 항쟁을 상징하는 사람은 다름 아닌, '갈릴리 유다'이다. 젤롯파의 시조인 유다는 서기 6년 로마가 감행한 인구 조사 반대를 시작으로 반로마 항쟁의 깃발을 높이 들었다.[95] 그런데, 그런 갈릴리에서, 지금 기준에서 봐도 엄청난 집회가 가능했다고?

오병이어의 기적 여부를 떠나서, 현실적으로 결코 있었을 리 없는 이런 대중 집회 장면이 여러 번 등장하는 복음서를 읽다 보면 우리는 자연스럽게 당시 유대 땅이 로마 제국의 식민지였다는 사실 자체를 잊게 된다. 게다가 복음서에는 로마라는 단어도 아예 등장하지 않는다.[96] 그러니 복음서를 읽고 나면 평화로운 유대 땅을 거닐면서 복음을 전하는 평화로운 예수의 모습이 머

---

95. 이 항쟁으로 갈릴리 유다와 그의 두 아들을 비롯해 이천 명이 넘는 반란군이 갈릴리에서 십자가에 못 박혀 죽었다.
96. 예를 들어서, 복음서는 결코 로마 군인이라고 하지 않는다. 그냥 '군인'이라고만 쓴다. 요한복음 11장 48절이 유일하게 '로마'라는 단어가 등장하는 구절이다. "이 사람(예수)을 그대로 두면 모두 그를 믿게 될 것이요, 그렇게 되면 로마 사람들이 와서 우리의 땅과 민족을 약탈할 것입니다." 바리새파와 대제사장이 함께 회의하는 장면을 묘사한 이 구절은 어이가 없는 정도를 넘어서 황당하기 그지없다.

리에 남는 것은 너무나 당연하다.

그런데 이렇게 평화를 사랑하는 예수를 위협하는 악의 무리가 있다. 그들이 바로 평화로운 유대 땅에 이어서 복음서가 남기는 두 번째 잔상이다. 자, 그럼 이 악의 무리는 과연 누구인가? 아무 죄 없는 예수를 시기 질투해서 어떻게든 죽이려고 안달이 난 바리새인이다. 헬라어로 쓰인 복음서는 이원론을 중심으로 하는 헬레니즘 영향을 받은 저자의 글답게 전형적인 선과 악의 대결 구도로 쓰였다. 예수가 최고의 선이라면 바리새인은 말 그대로 도저히 손을 쓸 수 없을 정도로 썩은 집단, 사악한 무리이다. 오죽하면 원수를 사랑하라고 또 한쪽 뺨을 맞으면 다른 한쪽까지 내밀라고 가르친 예수가, 사랑 그 자체인 성자 하나님 예수가 이런 말까지 했을까?

> 율법학자들과 바리새파 사람들아! 위선자들아! 너희에게 화가 있다. 너희는 회칠한 무덤과 같기 때문이다. 그것은 겉으로는 아름답게 보이지만, 그 안에는 죽은 사람의 뼈와 온갖 더러운 것이 가득하다. 마 23:27

회칠한 무덤, 겉은 깨끗한 것 같지만 속에는 썩은 뼈가 가득한 게 바로 바리새인이라는 예수의 저주에 가까운, 말 그대로 극도의 혐오감으로 가득 찬 이런 말은 복음서를 읽는 사람으로 하여금 절로 혀를 차고 고개를 흔들게 한다.

"도대체 바리새인이라는 게 얼마나 사악하고 나쁜 종자였으면, 우리 사랑의 예수님이, 십자가에 달려서도 저들을 용서해 달라고 기도하셨던 예수님이 이런 말씀을 다 하셨을까?"

그런데 복음서가 우리에게 남기는 이미지는 이게 다가 아니다. 진짜가 남았다. 다행히 복음서에는 악독한 바리새인이 주는 불쾌감을 지울 수 있을 정도로 훈훈함을 전하는 존재가 등장한다. 요한복음의 마지막 장을 덮을 즈음이면 우리의 마음을 촉촉하게 적시는 존재, 보이지 않게 뒤에서 이름도 없이, 빛도 없이 묵묵하게 예수를 도와준 키다리 아저씨와 같은 로마인이 주는 감동에 젖게 된다. 대표적인 사람이 바로 누가복음 7장에 나오는 백부장, 로마 군인이다. 평소에 그가 얼마나 유대인에게 잘했던지 지역 주민들이 예수에게 이렇게 말할 정도였다.

그는 우리 민족을 사랑하는 사람이고, 우리에게 회당을 지어주었습니다. 눅 7:5

세상에… 말이 안 나올 정도로 대단하다. 이건 뭐, 일본군 장교 중에 뒤에서 몰래 백범 김구 선생의 항일 항쟁을 도운 사람이 있었다는 얘기를 듣는 것과 비슷하다. 나는 '야고보를 찾아서'에서 복음서는 아예 일본이 등장하지 않는 백범 김구 선생의 전기와 같다… 라고 썼는데, 그 표현을 고치는 게 낫겠다.

"복음서는 로마가 등장하지 않는 예수의 전기가 아니라 키다리 아저씨처럼 뒤에서 열심히 예수를 돕는 로마군이 나오는 예수의 전기이다."

그런데 이 로마 장교의 진짜 놀라운 점은 이게 아니다. 9절에 진짜 깜짝 놀랄 수밖에 없는 내용이 등장한다.

예수께서 이 말을 들으시고, 그를 놀랍게 여기시어, 돌아서서, 자기를 따라오는 무리에게 말씀하셨다. "내가 너희에게 말한다. 나는 이스라엘 사람 가운데서는, 아직 이런 믿음을 본 일이 없다."

예수의 말은 이것이다.

"으… 하물며 이스라엘 사람 가운데서도 나는 이런 믿음을 본 일이 없는데, 이런 놀라운 믿음을 로마인이 가지고 있다니… 으 으~~"

예수의 감탄은 차라리 신음에 가깝다. 그런데 그런 예수가 자기 민족을 향해서는 저주를 퍼붓는다.[97] 아무튼, 이 장면은 매우 역설적인데, 왜냐하면 '예수의 놀라움'이라는 희귀성 때문이다. 무슨 말인가 하면, 복음서를 통틀어서 예수가 놀란 적은 딱 두 번에 불과하다. 그중 한 번이 바로 이 장면이다. 뻔한 이야기지만, 복음서에서 주로 놀라는 역할을 맡은 사람은 예수의 가르침을 듣는 대상들이다.

예수의 부모, 제자들, 바리새인, 일반 대중 그리고 본디오 빌라도까지, 상대를 가리지 않는다. 반면 예수는 여간해서 놀라지 않는데 그건 하나님의 아들인 전지전능한 그에게 '놀라움'이란 단어는 전혀 어울리지 않기 때문이다. 그런데도 불구하고, 전지전능한 예수가 놀랄 정도의 믿음이라면 얼마나 대단하다는 것인가? 다른 말로 하면, 그 정도로 로마인이 대단한 존재라는 것이

---

97. 너희는 너희 아비인 악마에게서 났으며, 또 그 아비의 욕망대로 하려고 한다. (요 8:44)

다. 그럼 예수가 놀랐던 나머지 한 번은 언제였을까? 마가복음 6장 6절에 등장한다.

그들이 믿지 않는 것에 놀라셨다.

여기서 그들은 다름 아닌 예수의 고향 사람들이다. 우리나라 형편에 맞추어 예를 들자면, 이런 가상의 상황과 비슷하다. 1971년 대통령 선거에 나와서 당시 대통령이던 박정희와 박빙의 승부를 벌였던 김대중 후보가 유세 중에 딱 두 번 놀랐다고 한다. 왜냐하면, 김대중 후보의 고향인 전라도민은 하나같이 그를 배척하는데, 유독 박정희 후보의 고향인 대구 지역은 김대중을 열렬하게 지지했기 때문에 말이다.

자, 다시 정리하면 예수는 딱 두 번 놀랐는데, 그 놀람이 매우 대조적이다. 한 번은 이스라엘 사람들도 모르는 복음의 비밀을 깨달은 로마 군인의 믿음 때문에, 그리고 또 한 번은 평생을 함께 했음에도 불구하고[98] 자신을 믿지 않는 고향 사람들 때문에.

———

98. 당시 예수가 자랐던 나사렛 지역의 인구는 고작해야 수백 명 남짓이라고 알려져 있다. 말 그대로 옆집에서 숟가락을 하나 새로 사도 다 알려질 정도로, 서로 간에 비밀이라고는 있을 수 없을 정도로 친밀했을 것이다.

별 의문을 가지지 않고 복음서를 읽는 사람들에게야 별 대수로
운 문제가 아닐 수 있지만, 단 두 번에 불과한 예수의 '놀라움'은
엄청난 의미를 담고 있다. 그 속에는 복음서 저자의 의도가 고스
란히 담겨있기 때문이다. 어떤 의도? 로마인을 찬양하고 유대민
족을 비하하려는 의도이다. 사실 그게 복음서가 쓰인 진짜 이유
다. 이점은 가장 먼저 쓰인 마가복음에서부터 분명하게 드러난
다. 로마를 높이려는 마가복음 저자의 의도는 치밀하면서 노골
적이다. 마가복음은 '하나님의 아들'이라는 구절로 시작한다.

> 하나님의 아들 예수 그리스도의 복음의 시작은 이러하다. 막 1:1

그런데 마가복음에 따르면, 유대민족 중에서 예수가 '하나님
의 아들'이라는 '진리'를 알아챈 사람은 단 한 명도 없다. 끝까지
아무도 모른다. 그나마 예수가 '그리스도'라며 정답 비슷한 소리
를 했던 베드로도 바로 이어서 '헛소리'를 지껄인 무지렁이로 묘
사된다. 그 결과 그는 예수로부터 '사탄'이라는 욕까지 먹는다.
막 8:29-33 마가복음을 통틀어 예수의 정체를 제대로 꿰뚫어 본 이
는 단 한 사람, 로마 백부장뿐이다. 참으로 치밀한 마가복음 저
자, 마가복음의 하이라이트로 그가 준비한 장면이 바로 예수를
하나님의 아들이라고 고백하는 백부장의 모습이다.

예수를 마주 보고 서 있는 백부장이, 예수께서 이와 같이 숨을 거두시는 것을 보고서 말하였다. "참으로 이분은 하나님의 아들이셨다." 막 15:39

로마에 대한 복음서의 찬양은 유대 총독을 지낸 본디오 빌라도에 와서 절정을 이루는데, 지금부터 예수의 십자가 처형을 앞두고 본격적으로 등장한 본디오 빌라도를 복음서 저자들이 어떻게 묘사했는지 살펴보도록 하자. 먼저 마가복음이다.

그(빌라도)는 대제사장들이 예수를 시기하여 넘겨주었음을 알았던 것이다. 막 15:10

눈이 먼 유대인이 도통 알아보지 못하는 예수의 정체를 알고 있던 로마 군인 백부장처럼 본디오 빌라도 역시 예수를 누가 죽이려고 하는지, 그리고 예수가 억울하게 누명을 썼다는 사실을 정확하게 파악하고 있었다. 하긴 일개 군인에 불과한 백부장이 아는 진리가 총독의 눈에 보이지 않았을 리가 없겠지만, 그럼에도 매우 놀라운 일이다. 그런데 여기서 한 걸음 더 나아가, 마태복음 저자는 예수의 억울함을 눈치챈 로마인이 고작 본디오 빌라도 한 명뿐이라는 데에 도무지 만족할 수가 없었던 거 같다.

그는 아마도 이런 마음이었지 않았을까?

"부부는 다 비슷한 사람끼리 만나지 않겠어? 부창부수라는 말도 그래서 있는 거 아니야? 본디오 빌라도의 부인도 분명히 같은 심정이었을 거야."

그래서 그는 뜬금없이 본디오 빌라도의 아내를 추가했다.《신의 변명》(파람북, 2018)에서 자세히 썼지만, 마태복음 저자는 남다른 구석이 있는 사람이다.

> 빌라도가 재판석에 앉아 있을 때에, 그의 아내가 사람을 보내어 말을 전하였다. "당신은 그 옳은 사람에게 아무 관여도 하지 마세요. 지난 밤 꿈에 내가 그 사람 때문에 몹시 괴로웠어요." 마 27:19

이런 마태복음 저자의 헌신적인 노력에 힘입어 본디오 빌라도의 아내도 예수의 억울함을 풀어주려고 애쓴 위대한 로마인의 반열에 오르게 되었다. 그러나 본디오 빌라도 부부의 애끓는 노력에도 불구하고, 극악무도하기 이를 데 없는 유대인은 예수를 죽이고 싶어 했다. 예수에 대한 그들의 증오는 말 그대로 하늘을 찔렀으니까.[99] 오죽하면 예수를 살리려고 애를 쓰는 빌라도를 압박하기 위해 유대인은 이런 말까지 했을까?

그 사람(예수)의 피를 우리와 우리 자손에게 돌리시오. 마 27:25[100]

자기는 죽어도 자식은 살리려는 게 인간의 본능인데, 마태복음 저자가 그린 유대인은 아예 인간의 기본까지 저버린 극악무도한 인간 말종과 전혀 다르지 않다. 자손의 목숨을 담보로 하면서까지 예수를 죽이지 못해 안달이 난 유대인 앞에서는 천하의 빌라도 어쩔 수 없이 예수를 죽일 수밖에 없었다는 게, 마태복음 저자의 진술이다. 마태복음 다음으로 쓰인 누가복음은 여기

---

99. 아니, 도대체 그들은 예수를 왜 그렇게 미워했을까? 얼마 전까지만 해도 '호산나'를 외치면서 예수를 맞았던 그들이 아니던가? 유대인이 예수를 미워했다는 설정처럼 사실 허접하고 어이가 없는 게 없다. 그냥 상식적으로 생각해보자. 왜 예수의 예루살렘 입성을 환영했을까? 예수에게서 로마의 통치로부터 자유롭게 해줄, 모세를 기대했기 때문이다. 마태복음 저자도 그런 의미로 아기 예수를 뜬금없이 이집트까지 보내지 않았던가? 모세를 생각하라고. 그런데 갑자기 그들의 태도가 돌변했다. 보통 개신교 성경학자는 그들이 기대했던 정치적 해방에 예수가 관심이 없다는 사실을 알고 분노했기 때문이라고 말한다. 자, 그렇다고 치자. 그래서 그들이 생각한 게 그토록 해방되고 싶은 압제자 로마에게 데리고 가서 처벌해 달라고 외친다고? 이게 말이 될까? 정말로 유치원 학생이 읽어도 말이 안 되는 이런 허접한 논리임에도 불구하고 복음서 저자가 유대인을 그렇게 그릴 수밖에 없었던 이유는 무엇일까? 이 책 전체에 걸친 질문이기도 하다.
100. 인간이 남긴 기록 중에 이 한 구절보다 더 많은 사람을 죽인 글은 없다. 이 구절은 이천 년에 걸친 반유대정서의 씨앗, 결국 나치에 의한 홀로코스트까지 유발한 증오의 근원이 되었다. 펜은 칼 보다 잔인하다.

서 한 걸음 더 나아간다. 본디오 빌라도는 정말로 뜬금없이 예루살렘에 등장한 헤롯왕까지 언급하면서 예수를 살리려고 애쓴다.

(본디오 빌라도가) 그들에게 말하였다. "그대들은, 이 사람이 백성을 오도한다고 하여 내게로 끌고 왔으나, 보다시피, 내가 그대들 앞에서 친히 신문하여 보았지만, 그대들이 고발한 것과 같은 죄목은 아무것도 이 사람에게서 찾지 못하였소. 헤롯도 또한 그것을 찾지 못하고, 그를 우리에게 돌려보낸 것이오. 이 사람은 사형을 받을 만한 일을 하나도 저지르지 않았소. 그러므로 나는 이 사람을 매질이나 하고, 놓아주겠소." … 빌라도가 그들에게 세 번씩이나 말하였다.

"도대체 이 사람이 무슨 나쁜 일을 하였단 말이오? 나는 그에게서 사형에 처할 아무런 죄를 찾지 못하였소. 그러므로 나는 그를 매질이나 해서 놓아줄까 하오." 눅 23:14-16, 22

누가복음 저자는 노골적으로 본디오 빌라도가 세 번씩이나 예수를 살리려고 애썼다는 사실을 강조한다. 자, 왜 하필이면 세 번일까? 누구나 다 떠오르는 게 있을 것이다. 바로 앞장 22장에 모지리 베드로가 등장하니까. 어떤 베드로? 예수를 세 번이나

부인한 비겁한 베드로로 말이다. 이제 누가 봐도 누가복음 저자의
의도는 분명하다. 예수와 삼 년간이나 동고동락한 제자라고 할
지라도 유대인은 진실의 실체를 파악하지 못할 뿐 아니라, 비겁
하게 스승을 배반하지만, 로마인 본디오 빌라도는 그런 유대인
과는 근본적으로 다르다는 사실을 온 세상을 향해 외치고 싶은
것이다. 빌라도는 성난 군중의 협박 속에서도 굴하지 않고 '세
번씩이나' 예수를 살리려고 애썼다는 것이다. 자기 목숨 하나 보
전하겠다고 세 번이나 거짓말한 베드로와 달라도 얼마나 다르냐
고 말하고 싶은 것이다.

　자, 그럼 가장 늦게 쓰인 요한복음이 묘사하는 빌라도는 어떤
모습일까? 요한복음 저자도 다른 복음서 저자들과 마찬가지로
빌라도가 '반복적으로' 예수를 살리려고 애썼다는 사실을 부각
한다. 그런데 진짜 그가 하고 싶은 말은 따로 있었다. 그는 유대
민족에 대해서 특별히 준비한 내용을 가지고 있었다. 그래서인
지 그는 앞선 복음서와는 아예 차원이 다르게 빌라도와 유대인
과의 대치 상황을 묘사한다.

"보시오. 내가 그 사람을 당신들 앞에 데려 오겠소. 나는 그에
게서 아무 죄도 찾지 못했소. 나는 당신들이 그것을 알아주기를

바라오."… "나는 이 사람에게서 아무 죄도 찾지 못했소."… 빌
라도는 예수를 놓아주려고 힘썼다… 그러나 유대 사람들은, "이
사람을 놓아주면, 총독님은 황제 폐하의 충신이 아닙니다. 자기
를 가리켜서 왕이라고 하는 사람은, 누구나 황제 폐하를 반역하
는 자입니다." 하고 외쳤다… 그들이 외쳤다. "없애 버리시오!
없애 버리시오! 그를 십자가에 못박으시오!" 빌라도가 그들에
게 말하였다. "당신들의 왕을 십자가에 못박으란 말이오?" 대
제사장들이 대답하였다. "우리에게는 황제 폐하 밖에는 왕이 없
습니다." 요 19:4, 6, 12, 15

예수의 피를 내 자손에게 돌리라는 말을 유대인의 입에 담은
마태복음 구절이 인간이 펜으로 쓴 가장 사악하고 잔인한 장면
이라면, 지금 빌라도를 향해 소리치는 유대인을 묘사한 요한복
음 장면은 역사 왜곡에 있어서 최고의 백미라고 해도 과언이 아
니다. 이 장면만 봐서는 도대체 누가 로마 시민이고 누가 지배받
는 민족인지 헷갈릴 정도니까. 아니, 앞뒤가 바뀌어도 이렇게 바
뀔 수가 있을까라는 생각이 드니까. 마치 빌라도는 유대 땅에 유
대인 왕을 세워주고 싶어서 안달이 난 사람처럼 보일 정도이다.

"당신들의 왕을 십자가에 못 박으란 말이오?"

이게 도대체 말이 되는 소리인가? 유대 땅 총독의 가장 큰 책무가 무엇일까? 행여 왕이라고 주장하며 유대 민족을 선동하는 반역자가 생기지 않도록 하는 게 아닌가? 그런데 그는 여기서 자신의 책임을 아예 망각하고 있는 것 같다. 그럼 유대 민족은 또 어떤가? 요한복음의 장면만 봐서는 세상에 유대민족처럼 로마에 충성하는 사람들도 없다. 이거야 뭐, 유대민족은 로마에 충성하기 위해 로마 총독까지 협박하는 아주 기이한 피지배 민족이 되었다. 얼마 전까지 로마로부터 독립을 이룰 예수를 기대하면서 그를 향해서 '호산나'를 외치던, 그토록 독립을 갈구했던 그들이 이렇게 외쳤단다.

"우리에게는 황제 폐하 밖에는 왕이 없습니다."

이처럼 복음서 안에는 크게 세 장면이 들어있다. 평화로운 유대 땅을 거닐며 복음을 전하는 예수와 그의 제자들, 예수를 시기해서 어떻게든 죽이려고 혈안이 된, 거의 사이코패스에 가까운 바리새인들 그리고 그런 예수를 뒤에서 몰래 돕는 착한 키다리 아저씨 로마인이다. 특히 로마와 로마인에 대한 복음서 저자의 칭송은 그 수준이 도를 넘을 정도여서 나는 《야고보를 찾아서》에서 이렇게 썼다.

"복음서 저자들에게 하나님은 다름 아닌 '로마제국'이다."

그들의 손끝에 의해서 복음서 속 로마인은 어리석은 유대인 과는 달리 숨겨진 진실의 실체를 파악하는 현명한 사람들로 그려진다. 오죽하면 예수의 수제자 베드로조차 본디오 빌라도와 정면으로 비교당하는 수치를 당하면서, 멍청하고 비겁한 유대인 의 상징으로 비하되었다. 유대인을 향한 왜곡과 악행은 시간이 흐를수록 점점 더 심해졌고, 셀 수 없는 유대인 박해pogroms는 말할 것도 없고 그런 상황은 역사 속 예술 작품 속에까지 고스란히 남아있다. 두 개의 사례만 살펴보자.

13세기 초에 만들어진 프랑스의 스트라스부르 성당 남쪽 문에는 두 명의 여자 동상이 있다. 하나는 교회를 상징하고 다른 하나는 유대인 회당을 의미한다. 회당을 상징하는 여인의 눈은 가려져 있다. 즉, 진리를 볼 수도 없고, 보려고도 하지 않는 처참한 존재라는 의미이다. 반면 눈을 뜬 교회를 상징하는 여인은 도도한 표정으로 눈 가린 여인을 바라보고 있다. 15세기 초에 만들어진 독일 베르벤의 성 요한 성당 스테인드글라스에도 기독교와 유대교를 비교하는 그림이 있다. 기독교인에게는 왕관을 씌워주지만 유대인의 머리에는 칼을 꽂아버리는, 잔인한 묘사이다.

다시 복음서로 돌아가자. 로마에 대한 칭송은 가장 늦게 쓰인 요한복음에 이르러서는 절정을 이룬다. 하지만 이 글을 읽은 기독교인이라면 자연스럽게 다음 질문이 떠올라야 한다. 그렇지 않다면, 당신은 아주 이상한 기독교인이다.

"아니, 복음서 내용이 다 사실일 수 있잖아요? 왜 당신은 로마가, 또 본디오 빌라도가 나쁘다고만 생각하는 거예요? 왜 그런 선입관을 가지고 복음서를 읽는 거냐고요?"

아주 합당한 질문이다. 그런데 이런 질문을 할 수 있다면, 다음 질문도 당연히 따라와야 한다.

"잠깐, 그런데 말이야. 한 가지 이해가 안 되는 게 있네. 로마 제국이 이렇게 인자하고 너그러웠는데 왜 유대민족이 로마 제국을 상대로 전쟁을 벌인 거지? 우리의 왕은 오로지 로마 황제밖에 없다며 소리치던 유대 민족이 왜 갑자기 태도를 바꿔서 로마 제국을 상대로 처절하게 전쟁까지 벌인 거지?"

유대민족은 로마 제국 식민지 중에서 유일하게 무려 두 번에 걸쳐서 독립 전쟁을 벌였다. 그 중 첫 번째가 바로 서기 66년부터 70년까지 이어진 제1차 유대 – 로마 전쟁이다. 기독교인이 생각할 수 있는 전형적인 답은 아마도 이것일 것이다.

"역시 유대 민족은 답이 없어. 변덕이 죽 끓듯 하는 민족이라니까. 영적으로 눈이 멀어 예수를 알아보지 못하고 죽이더니, 그것으로도 모자라서 로마 제국을 상대로 전쟁까지 벌여? 황제 폐하만이 왕이라고 난리를 칠 때는 언제고 전쟁을 벌여? 정말로 답이 없네. 그러니 오죽하면 오래 참는 하나님이 버리셨겠어?"

이것보다는 조금 상식에 가까운 대답을 한다면 이 정도일까?

"예수님이 죽고 무려 삼십 년이 더 지나서 전쟁이 일어난 거
잖아요? 그러니까 예수님 시대처럼 반드시 평화로웠을 거라는
보장은 없는 거죠. 빌라도처럼 훌륭하고 너그러운 통치자도 있
지만 또 나중에는 잔인한 사람이 와서 유대민족을 아주 힘들게
했나 보죠. 그러니까 전쟁까지 일으켰겠죠. 그리고 로마 황제에
게 충성한다고 소리친 사람들도 그때에는 다 죽었을 테니까요."

그럴까? 그럼 예수 시대 전후에도 빈번하게 일어났던 폭동을
어떻게 설명할 수 있을까? 그런 폭동이 있었다는 것은 사도행전
에 등장하는, 예수와 동시대를 살았던 바리새파의 수장 가말리
엘의 말을 통해서도 확인할 수 있다.

> 이전에 드다가 일어나서, 자기를 위대한 인물이라고 선전하니,
> 약 사백 명이나 되는 사람들이 그를 따랐소. 그러나 그가 죽임을
> 당하니, 그를 따르던 사람들은 모두 다 흩어져 없어지고 말았소.
> 그 뒤에 인구 조사를 할 때에, 갈릴리 사람 유다가 일어나 백성
> 들을 꾀어서, 자기를 뒤따라 반란을 일으키게 한 일이 있소. 그
> 도 죽으니, 그를 따르던 사람들은 다 흩어지고 말았소. 행 5:36-37

로마에 대한 반란은 끊임없이 일어났다. 대부분의 경우 언더그 라운드였지만 헤롯이 왕이 된 기원전 37년부터 로마가 예루살 렘과 성전을 파괴한 서기 70년까지, 100년 넘게 반란은 그치지 않았다.[101]

자, 지금부터 신약성경, 특히 저자가 누구인지도 알 수 없는 복음서가 말하는 역사가 아닌 분명하게 역사 속에 존재하는, 신 원이 분명하게 확인된 역사가가 서술한 당시의 상황을 살펴보도 록 하자. 유대 역사가 요세푸스에 의하면 기원전 63년 로마의 폼 페이가 군홧발로 예루살렘 성전을 난입해 오로지 대제사장만이 일 년에 딱 한 번 들어가는 지성소를 유린하고 성전을 피로 물들 이면서 시작한 로마의 유대 땅 통치는 애초부터 '관대함'과는 거 리가 멀었다. 로마는 결코 유대민족에게 호의적이지 않았다. 성 격이 잔혹하고 포악한 본디오 빌라도가 유대 땅에 파견된 이유 도 반로마 소요가 끊이지 않는 유대 땅을 더 강력하게 통치하기 위한 로마의 포석이었다. 총독 임기는 보통 삼 년이었지만, 그런 배경 탓에 빌라도는 이례적으로 십 년에 걸친 장기 집권을 할 수 있었다.

---

101. https://www.thattheworldmayknow.com/the-jewish-revolts

예수와 동시대를 살았던 알렉산드리아의 유대 철학자 필로와 요세푸스는 비교적 상세하게 본디오 빌라도에 대한 기록을 남겼는데, 요세푸스에 따르면 애초에 유대 땅을 강력하게 통치할 목적으로 부임한 본디오 빌라도였기에 유대인 전통에 대한 존중이 조금도 없었다. 부임하면서부터 그는 전임 총독이었던 발레리우스 그라투스와 전혀 다른 행보를 보였는데, 가이사랴에 주둔하던 로마 주력 부대를 예루살렘에 재배치하는 과정에서 유대인이 그토록 혐오하는 시저의 초상이 그려진 군기pole를 예루살렘에 들여온 것이었다. 그 결과 부임하자마자 유대인과 전면전 직전까지 가는 상황을 맞이했다. 기독교인이라면 당연히 이 대목에서 고개를 갸우뚱해야 한다. 복음서의 내용, 특히 그중에서도 요한복음이 맞다면 이건 도저히 이해할 수 없는 내용이기 때문이다. 유대민족이 어떤 사람들인가? 그들은 본디오 앞에서 이렇게 외친 사람들이다.

"우리에게는 황제 폐하 밖에는 왕이 없습니다."

그런데 시저의 초상이 그려진 군기 때문에 집단 반란을 일으켰다고? 요한복음이 맞다면 그들은 도리어 이렇게 외쳤어야 하지 않나?

"왜 군기만 들고 들어옵니까? 시저의 흉상이나 동상도 같이 들여오십시오. 아니, 시저의 얼굴이 새겨진 두루마리로 온 예루살렘을 뒤덮어 주십시오."

무려 닷새에 걸친 군기 제거를 요구하는 유대인의 외침을 무시하던 빌라도는 전혀 해산할 기미를 보이지 않는 시위대를 향해 유혈 진압을 강행하려고 했었다. 만약에 그가 부임 직후부터 예루살렘에서 피를 보았더라면, 복음서 저자들은 빌라도를 묘사할 때 조금은 더 고민했을지도 모르겠다. 그러나 피를 흘린다고 물러설 유대인이 아님을 깨달은 그는 다행히 한발 물러서서 군기를 제거했다. 그러나 유대민족의 종교적 전통을 존중하지 않은 본디오 빌라도의 성향은 전혀 바뀌지 않았는데, 요세푸스에 따르면 특히 서기 26년, 빌라도가 부임한 그해에 그가 예루살렘 성전에 들여놓은 독수리 문양 때문에 대규모 항쟁이 일어나기도 했었다. 티베리우스 황제를 기리는 금을 입힌 방패를 성전에 들임으로 이미 큰 원성을 샀던 그는 독수리 문양까지 성전에 갖다 놓음으로 가이샤라에서 대규모 항쟁의 빌미를 제공했다. 그러나 요한복음이 맞는다면 당시의 황제인 티베리우스를 기리는 방패 때문에 유대민족이 대규모 항쟁을 벌였을 리가 없다! 그들은 본디오 앞에서 이렇게 외친 사람들이기 때문이다.

"우리에게는 황제 폐하 밖에는 왕이 없습니다."

이처럼 수시로 예루살렘 성전과 유대민족을 모욕하던 빌라도는 상수도 시설을 만들기 위해 성전 돈을 훔치는 일까지 마다하지 않았고, 그에 항의하는 사람들을 무차별적으로 살육하기도 했다. 본디오 빌라도의 이런 반복적인 악행을 고려할 때, 로마군대의 주력부대와 총독 관저가 있던, 사실상 유대 땅을 다스리는 로마제국의 행정 수도라고 할 수 있는 가이사랴[102] 갈릴리 지역과 더불어 예수 시절 반빌라도 운동이 가장 활발하게 일어난 지역이 된 것은 너무도 당연했다. 그런데 요한복음이 맞는다면, 유대 땅에서 반빌라도 운동이 일어났을 이유는 단 하나밖에 없다. 본디오 빌라도가 로마 황제에게 제대로 충성하지 않았을 경우이다. 유대민족이 어떤 사람들인가? 로마 총독의 충성심이 부족하다고 그를 협박하는 사람들이 아니던가?

"이 사람을 놓아주면, 총독님은 황제 폐하의 충신이 아닙니다. 자기를 가리켜서 왕이라고 하는 사람은, 누구나 황제 폐하를

---

102. 복음서에 나오는 동네, 가이사랴 빌립보가 아니다. 가이사랴는 지중해를 긴 해상 도시로서 헤롯 왕이 시저(가이사라)를 기리는 동시에 자신의 왕권을 확고히 하기 위해서 만든, 일종의 기획 도시이며 또 행정 도시이다.

반역하는 자입니다."

　아, 본디오 빌라도의 충성심이 부족하다고 외치던 유대 민족의 원성이 로마에까지 닿았던 것일까? 시와 때를 가리지 않고 유대인 정체성의 핵심이라고 할 수 있는 유일신 사상을 자극하던 본디오 빌라도는 서기 36년, 사마리아인 집단 살육 사건을 계기로 마침내 유대 총독 자리에서 물러났다. 여기서 본디오 빌라도에 대한 필로의 평가를 한번 살펴보자.

　빌라도는 복수심에 차 있고 거친 성정의 소유자이다. 태생적으로 타협을 모르는 인물로 자만심이 크고 잔인한 성격을 가졌다. 유대 땅을 통치하면서 그는 부패하고 거만하기 이를 데 없는 행동들과 강탈을 일삼았고 사람들을 모욕하기를 즐기고 잔인하며 끊임없이 살인을 저질렀지만 유대 땅 재직 내내 문책당하지 않았다. 그런 본디오 빌라도는 차라리 없는 게 더 나은 비인간적인 인간 말종inhumane이다.[103]

　필로는 빌라도 통치 기간을 다음과 같이 요약했다.

---

103. Hyam Maccoby, 《Revolution in Judaes》, (Taplinger Publishing Co. 1981), p.39

"부패, 폭력, 도적질, 사람들에 대한 학대와 재판 절차도 없이 시행된 수없는 사형 집행"[104]

본디오 빌라도가 다중인격을 가진 사람이 아닌 이상에는 복음서가 그리는 빌라도와 필로와 요세푸스가 그리는 빌라도가 같은 사람일 수 없다. 자, 필로와 요세푸스가 묘사하는 본디오 빌라도를 머리에 담고 마태복음 속 빌라도를 한번 살펴보도록 하자.

총독(본디오 빌라도)이 그들에게 물었다. "이 두 사람 가운데서, 누구를 놓아주기를 바라오?"[105] 그들이 말하였다. "바라바요." 그 때에 빌라도가 그들에게 말하였다. "그러면 그리스도라고 하는 예수는, 나더러 어떻게 하라는 거요?" 그들이 모두 말하였다. "그를 십자가에 못박으시오." 빌라도가 말하였다. "정말 이 사

---

104. http://www.jewishencyclopedia.com/articles/12147-pilate-pontius
105. 일종의 '광복절 특사'와 같은 '유월절 특사'는 오로지 복음서에만 등장한다. 유대교 그 어떤 문헌에도 나오지 않는, 말 그대로 유대교에서는 전혀 들어보지도 못한 전통이다. 이런 전통이 진짜로 있었다면, 그 방대한 랍비 문서에 등장하지 않을 리가 없다. 그럼 왜 이런 장면이 만들어졌을까? 복음서 저자의 입장은 확고하고 일관되다. 어떻게든 예수를 살리려고 발버둥 친 본디오 빌라도의 모습과 예수를 향한 유대민족의 증오를 더 부각하기 위해서이다.

람이 무슨 나쁜 일을 하였소?" 사람들이 더욱 큰 소리로 외쳤다.
"십자가에 못박으시오." 빌라도는, 자기로서는 어찌할 도리가 없
다는 것과 또 민란이 일어나려는 것을 보고, 물을 가져다가 무리
앞에서 손을 씻고 말하였다. "나는 이 사람의 피에 대하여 책임이
없으니, 여러분이 알아서 하시오." 그러자 온 백성이 대답하였다.
"그 사람의 피를 우리와 우리 자손에게 돌리시오." 마 27:21-25

유대인을 향해서, "나더러 어떻게 하라는 거요?"… 이런 질문
을 하는 빌라도와 민란이 일어날 것을 두려워하는 빌라도는 역
사가 그리는 빌라도와 달라도 너무 다르다. 과연 어떤 빌라도가
진짜 빌라도일까? 로마 제국과 두 번이나 전쟁을 치른 역사적
진실을 아예 부정하지 않는다면, 복음서가 그리는 빌라도의 모
습이 진짜일 리가 없다. 무엇보다 복음서가 그리는 유대민족의
모습, 우리에게 왕은 로마 황제밖에 없다고 소리치는 그 모습이
결코 진실일 리 없다. 예수의 피를 내 자손에게 돌리라는 외침,
인간이 펜을 들고 쓴 역사 왜곡 중에서 가장 사악하고 잔인하다.
자, 앞에서 던졌던 질문을 다시 생각해보자.

"복음서 저자들의 가장 큰 목적이 무엇이었을까?"

기독교의 모범답안은 당연히, '복음 전파'일 것이다. 그럼 그 '복음 전파'를 효과적으로 하기 위해서 저자들이 가진 중요한 목적이 무엇이었을까?

"예수의 비정치화와 로마 제국 미화이다."

복음서 저자에게 가장 중요한 목적은 예수를 철저하게 비정치적인 인물로 그리는 것이었다. 가장 비정치적이어야 할 예수가 가장 정치적인 사형제도인 십자가에서 죽었다는 것은 따라서 저자들에게 여간 심각한 고민거리가 아니었다. 그 딜레마를 해결하기 위해서는 '희생양'이 필요했고, 그것은 유대 민족 또는 유대교(바리새파)가 되었다. 지금부터 이 문제를 살펴보도록 하자. 예수의 비정치화를 가장 극적으로 그린 장면 중 하나에 공교롭게도 빌라도가 또 등장한다.

그 때에 몇몇 사람이 와서, 빌라도가 갈릴리 사람들을 학살해서 그 피를 그들이 바치려던 희생제물에 섞었다는 사실을 예수께 일러드렸다. 예수께서 그들에게 대답하셨다. "이 갈릴리 사람들이 이런 변을 당했다고 해서, 다른 모든 갈릴리 사람보다 더 큰 죄인이라고 생각하느냐? 그렇지 않다. 내가 너희에게 말한다.

너희도 회개하지 않으면, 모두 그렇게 망할 것이다." 눅 13:1-3

매우 흥미로운 내용을 담고 있는 본문이다. 복음서 저자가 드
물게 잔혹한 빌라도의 진면목을 드러내는 역사적 진실의 한 조
각을 담고 있다는 점에서도 그렇지만, 동시에 왜 굳이 그랬는지
에 대한 의문을 던지기 때문이다.[106] 또 하나 이 본문이 흥미로

---

106. "그(본디오 빌라도)는 예수가 헤롯의 관할에 속한 것을 알고서, 예수를 헤롯에
게 보냈는데, 마침 그 때에 헤롯이 예루살렘에 있었다… 헤롯은 자기 호위병들
과 함께 예수를 모욕하고 조롱하였다. 그런 다음에, 예수에게 화려한 옷을 입혀
서 빌라도에게 도로 보냈다."(눅 23:7, 11) 사실 이것도 말이 안 되는 구절이다.
예수가 잡힌 직접적인 이유는 예루살렘 성전에서 소동을 일으켰기 때문이다. 빌
라도의 관할 지역이다. 그런데 예수의 고향이 갈릴리라고 헤롯에게 보낸다고?
이건 마치 인구 조사를 하기 위해 예수의 아버지 요셉이 천 년 전 조상의 고향인
베들레헴으로 가는 것과 비슷한 상황이다. 그런데 마침 헤롯이 그때에 예루살렘
에 머물고 있었다고 한다. 만약에 헤롯이 예루살렘에 없었더라면 예수는 예루살
렘이 아닌 갈릴리까지 호송될 뻔한 상황이다. 그랬다면 예수는 어떻게 되었을
까? 골고다 언덕에서 십자가에 죽는 일은 없었을 것이다. 헤롯이 십자가 처형을
하지는 않았을 테니까. 아마도 그가 죽인 세례요한처럼 목을 베었거나, 아니면
상황을 봐서 풀어주었을 가능성이 더 크지 않을까? 그런데 예수에 대해서 헤롯
이 다시 예수를 빌라도에게 보낸다고 한다. 왜 그랬을까? 보기에 따라서 예수가
헤롯과 만났다는 것은 매우 극적이다. 지금 예수를 바라보고 있는 헤롯의 아버
지 헤롯 대왕은 어떻게든 예수를 죽이려고 한 마을의 어린 아이들을 깡그리 죽
인 인물이다. 그 아버지가 성공하지 못한 예수의 죽음을 아들 헤롯이 직접 할 수
있는 상황이다. 게다가 그것도 로마의 인정을 받으면서 당당히 자신의 주권을
행사하면서 이룰 수 있는 업적이다. 그걸 왜 이렇게 순순히 포기했을까? 현실적
으로 생각하면 이해하기 힘든 내용이다. 그러나 그 이유는 뻔하다. 예수가 십자
가에서 죽어야 하기 때문이다. 한 가지 더 떠오르는 질문은 왜 오로지 누가복음

운 이유는 갈릴리는 본디오 빌라도의 통치 지역이 아니었기 때문이다. 빌라도의 영역은 예루살렘이 있는 유대와 사마리아 지역이었다. 갈릴리는 일종의 자치 지역으로, 세례 요한의 목을 벤 장본인이자 헤롯왕의 둘째 아들인 헤롯 안티파스가 요단과 사해 동편과 더불어서 통치하고 있었다. 그런데 왜 빌라도는 굳이 갈릴리까지 가서 만행을 저질렀을까? 가장 그럴듯한 답은 그 정도로 당시의 반로마 시위 상황이 심각했기 때문이라는 데에서 찾을 수 있다. 널리 알려졌다시피 갈릴리는 반로마 항쟁의 중심지였다. 그리고 빌라도가 애초에 유대 땅에 파견된 이유도 반로마 소요를 잠재우기 위해서였다. 그렇다면 그가 상황에 따라서 얼마든지 관할 구역을 무시하는 것도 이해할 수 있다. 천하의 로마 총독이 못 할 게 뭐가 있었겠는가? 아마도 본디오 빌라도는 이번에 단단히 시범 케이스를 만들고 싶었던 모양이다. 다시는 로마에 대항해 칼을 드는 갈릴리 사람이 한 명도 나오지 않도록 확실하게 단속하고 싶었던 요량이었나 보다. 그래서 그는 유대교

에만 예수와 헤롯의 만남이 등장할까? 사실 보기에 따라서 이 내용은 중요하게 느껴지기 때문이다. 왜 누가복음 저자만이 굳이 예수가 헤롯을 만나는 장면을 만들었을까? 아마도 답은 가장 늦게 쓰인 공관복음서라는 데에 있을 것이다. 마가/마태복음에는 등장하지 않는 좀 더 극적인 장면을 넣고 싶었던 저자의 창작 의욕이 발동했기 때문이 아닐까? 시간이 되면 좀 더 찬찬히 생각해볼 여지가 많은 대목이다.

율법에 비춰볼 때 차마 상상도 할 수 없는 만행을 저질렀다. 성스러운 제단에 바치는 희생 제물의 피와 '사람의 피'를 섞은 것이다. 반역자의 피는 동물의 피와 다를 게 없다는 메시지를 던지고 싶었던 것일까? 유대교에서 피가 가지는 의미, 특히 사람의 피가 가지는 의미를 생각할 때, 빌라도는 필로의 말대로 인간 말종의 진면목을 제대로 보여주었다. 그런데 가톨릭에서 쓰는 공동번역을 읽으면 전혀 다른 내용의 구절을 만나게 된다.

"바로 그 때 어떤 사람들이 예수께 와서 빌라도가 희생물을 드리던 갈릴래아 사람들을 학살하여 그 흘린 피가 제물에 물들었다는 이야기를 일러드렸다."

제물과 사람의 피가 섞인 이유가 다름 아니라 제사를 지내던 사람이 칼에 맞아 죽었기 때문이라는 것이다. 그러니까 빌라도가 사람을 죽이고 동물의 피와 섞은 건 아니라는 것이다. 둘 중에 어떤 번역이 맞을까? 후자가 정확한 것 같다. 그리고 그 경우 희생당한 갈릴리 사람의 정체가 아마도 반로마 항쟁에 앞장선 사람일 것이라는 나의 추측은 더 설득력을 가진다. 굳이 제사를 지내는 사람까지 추적해서, 제사를 지내는 현장에서 죽였다는 것은 그만큼 상황이 급박했음을 방증한다. 단순한 강도 정도의 범죄자라면 그렇게까지 할 리가 없지 않을까? 언제 사라질지 모르는, 은밀하게 행동하는 반군이었기에 빌라도가 제사 현장에까지 난입하는 강수를 둔 것이 아닐까? 하지만 여기서 중요한 것은 예수의 대답이지 희생당한 갈릴리 사람들의 정체가 아니다. 또 빌라도가 그들을 왜 죽였는지 그 이유를 알아내는 것도 아니다. 예수는 빌라도에게 죽임당한 사람들을 한 마디로 '죄인'이라고 단정한다.

"이 갈릴리 사람들이 이런 변을 당했다고 해서, 다른 모든 갈릴리 사람보다 더 큰 죄인이라고 생각하느냐? 그렇지 않다. 내가 너희에게 말한다. 너희도 회개하지 않으면, 모두 그렇게 망할 것이다."

보통 이 구절을 기존 유대교의 인과응보 사상에 대한 비판으로 해석한다. 죄를 짓고 회개하지 않으면 큰 벌을 받는다는 유대교의 착각을 깨우치는 동시에 살아있는 한 모든 인간은 다 죄인이니까 항상 조심하라는 경고라는 것이다. 과연 그럴까? 아마 맞을 것이다. 그러나 이 본문을 통해 저자가 진짜로 말하고 싶은 핵심은 따로 있다.

"예수는 정치 문제에 조금도 관여하고 싶어 하지 않는다."

이 메시지를 전달하고 싶어서 저자는 드물게 로마의 위상을 떨어뜨릴지도 모를 위험까지 감수하면서 '진짜 빌라도'를 등장시켰다. 정치에 관심 없는 예수를 부각하는 것이 더 중요하고 필요했기 때문이다. 한 마디로 로마제국이 무슨 만행을 저지르더라도 현실에서 저항하지 말고 '영적'으로 받아들이라는 메시지를 예수의 입을 통해서 하고 있는 것이다. 유대인에게 제사를 드리던 중에 칼에 맞아, 그것도 이방인에 의해 죽는 것보다 더 끔찍한 죽음이 또 있을까? 그럼에도 불구하고, 모든 어려움을 나 자신을 되돌아보고 회개하는 기회로 삼으라는 것이 예수의 가르침이다. 어떤 억울한 일을 당해도 이렇게 생각하라는 것이다.

"너희도 회개하지 않으면, 모두 그렇게 망할 것이다."

어떤 황당한 상황을 만나도 다 "하나님의 숨겨진 뜻이 있을 거야"라고 말하면서 자위하는 오늘날 기독교인의 원조를 우리는 예수의 말에서 찾을 수 있다. 세상만사를 영적인 문제로 환원시키는 요즘 기독교의 원형은 사실상 로마라는 잔혹한 현실을 행여 머리카락이라도 보일까 봐 꼭꼭 숨기고 싶어 했던 복음서 저자들에 의해 만들어진 것이다. 복음서 저자들의 일관되고 집요한 한 가지 목적, 어떻게든 예수를 비정치적인 인물로, 또 로마제국과 평화롭게 공존한 인물로 만들려는 그들의 노력은 아이러니하게도 당시에 신약성경을 이 세상에서 가장 '정치적인 책'으로 만들었다. 그러나 가장 정치적인 이 책은 오늘날 가장 정치와 관련이 없는 책으로 둔갑했다. 그 결과 인류 역사에서 가장 많은 생명을 앗아간 비극의 씨앗이 된 글이 사랑이란 이름으로 전파되고 또 암송되고 있다.

9장

'눈먼 자'의 미스터리

상해임시정부 수립을 기념하는 연설을 하기 위해 백범 김구 선생이 연단에 섰다. 평소와 마찬가지로 하얀 도포 한복에 검정 뿔테 안경을 쓴 그는 주머니에서 연설문을 천천히 꺼내더니 특유의 카랑카랑한 목소리로 읽기 시작했다.

"私今日この場に立つたのは
와타쉬 쿄 코노 바니 타타노와…"
(오늘 내가 이 자리에 선 것은…)

이게 말이 될까? 백범 김구가 일본어로 연설을 하고 안중근 의사와 일본어로 거사를 의논하는 게? 그런데 이런 상황이 너무나 자연스럽게 그려진 곳이 있다. 바로 신약 성경이다. 교회만 열심히 다녔지 사실상 아는 게 별로 없던, 근본주의 신앙에 심취

했던 시절 신약 성경이 그리스어(헬라어)로 쓰인 것은 복음을 세계에 전파하기 위한 하나님의 놀라운 섭리라고 생각했다. 모르면 무식하다는 말이 딱 나를 가리키는 것이었다. 알렉산더가 죽은 후 네 개로 분할 된 왕국 중에서도 프톨레마이오스와 셀레우코스 왕조를 중심으로 헬라 문명이 디아스포라 유대인에게는 말할 것도 없고 물밀듯이 유대 땅, 본토를 칠 때, 언어를 비롯한 유대 전통을 지키려고 발버둥 친 유대민족에 대해서 조금도 아는 게 없었기 때문이었다. 그런 '진짜 역사'를 교회에서 단 한 번도 들은 적이 없었다.

언어는 사상과 감정을 내포한다. 그래서 일제가 우리말 말살 정책에 열을 올렸던 것이다. 마찬가지로 유대민족은 자신의 정체성을 지키기 위해서 헬라어에 저항했다. 헬라어는 하나님의 언어, 히브리어를 훼손하는 이방 언어와 다름없었으니 말이다. 그러나 그건 거친 역사의 물살을 거슬러 올라가려는 헛된 싸움에 지나지 않았다. 정작 유대의 엘리트 계층은 앞다투어 헬라 문화를 받아들이려고 기를 썼고, 하스모니안 왕조의 대제사장 세력(사두개파)은 아예 이름까지 헬라식으로 지었다. 영어를 잘하면 출세한다고 생각하는 요즘 한국 부모와 크게 다르지 않았던 것이다. 아이들의 이름까지 영어식으로 짓고 집에서도 영어를 쓰라고 다그치는 부모가 얼마나 많은가? 아마 유대 땅에서 엘리트 세력이 딱 그랬을 것이다.

출세하려면, 행여 로마에 입성하는 세력으로 크려면 헬라어는 말할 것도 없고, 모든 면에서 헬라식으로 바뀌어야 한다고 생각했을 것이다. 그러나 그런 세력에 대항한 무리가 있었는데, 신약 성경이 악마로 그리는 바리새파의 선조라 할 수 있는 하시딤이었다. 하스모니안 왕조 내내 헬라 문화를 지지하는, 대제사장을 중심으로 하는 지배층과 대중을 대표하는 하시딤 간에는 갈등이 끊이지 않았다. 그런 갈등을 이해하는 건, 다른 민족은 몰라도 일제 강점기라는 비극의 역사를 가진 우리에게는 그다지 어렵지 않다. 창씨개명을 하지 않으려고 발버둥 친 조상이 어디 한둘이던가?

이런 기본적인 배경만 이해해도 하나님의 말씀이, '새로운 언약'이라는 뜻을 가진 신약 성경이 헬라어로 쓰인 것은 이해하기 힘들다. 그런데 신약 성경은 단지 헬라어로 쓰였다는 데에서 멈추지 않는다. 다메섹으로 가던 사울의 환상에 나타난 예수는 아예 그리스 속담으로 그를 가르친다.[107] 이건 뭐… 일본어로 작성한 기미 독립선언문을 보는 것과 마찬가지로 차마 뭐라고 할 말이 없을 정도로 당황스러운 장면인데도, 대부분의 기독교인에게는 별문제가 되지 않는 것 같다. 아마도 그냥 이렇게 생각하기 때문이 아닐까?

"전능한 하나님께서 굳이 히브리어에 국한되실 필요가 있으실까? 필요하면 심리학, 마케팅 그리고 엔터테인먼트를 통해서 복음을 전파하시는 것처럼 당시에 헬라어가 가장 널리 퍼졌다면 그 언어를 통해 복음을 전파하신 거지. 땅끝까지 전파해야 할 거면, 기왕이면 만국 공통어가 좋지 않겠어? 요즘도 우리가 왜 영어를 공부해? 다 효과적으로 복음을 전파하려고 그러는 거 아니야? 그러니까 제대로 된 교회라면 영어 예배도 드리고, 거기서 한 걸음 더 나아가 중국어로도 하는 거 아니야?"

내가 전능한 하나님이라면, 애초에 내가 처음에 썼던 언어, 모세를 통해 내 거룩한 약속을 기록했던 히브리어로 온 세상을 정복할 거 같은데, 하나님의 생각은 그렇지 않았나 보다. 아니, 복음 전파에 강대국의 언어가 그토록 중요했다면, 이스라엘 같은 조그마한 나라가 아니라 애초에 페르시아나 이집트 또는 로

---

107. 옥성호, 《야고보를 찾아서》(테리토스, 2018). p.78

마 같은 나라를 선택했으면 될 일이었다. 그런데 히브리어가 아닌 헬라어로 기록된 신약성경이 유통되면서 생긴 문제는 생각보다 심각했는데, 그건 신약성경을 읽는 사람들이 히브리 성경과 아예 단절되었기 때문이다. 예를 들면 이런 거다.

우리나라에서도 대표적인 종갓집으로 알려진 우리 의령 옥씨 가문은 대대로 장손이 후대에 편지를 남겼다. 그게 거의 고려 시대부터 시작된 전통이니 거의 천 년에 이르고, 남겨진 편지만도 수십 통이다. 그런데 백 년 정도 전부터 한자가 아닌 한글로 편지를 쓰기 시작하면서 내 세대에 이르러서는 한글로 된 편지만 읽을 수 있게 되었다. 한자를 배우면 되겠지만, 쉽지 않은 일이었고, 자연스럽게 굳이 이해할 수도 없는 먼 조상의 편지는 더 이상 읽지 않게 되었다. 한글 편지 안에도 오랜 조상의 정신이 그대로 고스란히 담겨 있을 것이라고 생각하기 때문이기도 했다. 이처럼 언어가 달라진다는 것은 단절을 의미한다.

당장 미국에 사는 한국인의 가정만 봐도 쉽게 알 수 있다. 어린 시절부터 아예 영어를 입에 달고 사는 아이들은 어른이 되어서 부모와 제대로 된 소통을 할 수 없다. 혈연으로야 부모 자식 관계지만 말 그대로 소통이 단절된 상태로 산다. 이처럼 히브리어를 전혀 모르는 세대, 헬라어에 익숙한 세대는 히브리 성경의 내용을 전혀 모르고 신약성경이 알려주는 만큼만, 딱 그만큼만 알게 되었다. 히브리 성경을 스스로 찾아서 검증할 수 없었기에, 신약성경이 그렇다면 그런 줄 알았고, 진짜 놀라운 건, 그로부터 거의 이천 년이 지난 지금까지도 그런 상황이 별반 달라지지 않았다는 사실이다. 자, 여기서 신약성경에서 가장 중요한 구절이라고 할 수 있는, 부활을 묘사하는 고린도전서 15장 3-4절을 한번 살펴보자.

> 내가 받은 것을 먼저 너희에게 전하였노니 이는 **성경대로** 그리스도께서 우리 죄를 위하여 죽으시고 장사 지낸 바 되셨다가 **성경대로** 사흘 만에 다시 살아나사.

교회를 좀 다녔다면 이 구절이 익숙한 건 말할 것도 없고, 외우는 사람도 적지 않을 것이다. 기독교 진리를 받치는 두 개의 기둥이 있다면, 그것은 예수의 죽음과 부활이다. 지금 바울은 그 두 가지를 말하고 있고, 내용의 엄중함 때문이었을까? 그는 짧은 문장 안에 같은 구절을 반복했다.

"성경대로"

이게 무슨 말일까? 예수의 죽음과 부활이 히브리 성경에 예언되어 있다는 것이다. 바울은 왜 군이 이런 표현을 썼을까? 왜 군이 히브리 성경에 예수의 죽음과 부활이 예언되었다고 써야만 했을까? 예수가 유대인이 기다리던 메시아임을 밝히기 위해서였다. 당시 유대인이라면 누구나 히브리 성경은 메시아에 대한 예언으로 '가득 차' 있다는 것을 알고 있었다. 따라서 예수가 메시아라면 그의 죽음과 부활에 대한 예언이 히브리 성경에 없을 리 없으니까.[108] 나는 평생 교회를 다녔지만, 단 한 번도 이 구절 속 '성경대로'가 도대체 히브리 성경의 어떤 구절일까를 궁금해한 적이 없었다. 왜? 바울의 말은 다 하나님의 말씀이니까⋯ 하나님이 그렇다고 하는데, 무슨 의문을 가질까?

먼저 3절, 그러니까 예수가, 메시아가 죽어야 한다고 예언한 히브리 성경 구절이 무엇인지 찾아보자. 바울의 말만 들어서는 도통 알 수가 없다. 그가 구체적으로 인용하지 않았기 때문이다. 아마 그의 편지를 읽은 사람들도 나와 비슷하지 않았을까? 바울 사도가 쓴 글이니까 군이 확인할 필요를 느끼지 못했을 뿐 아니

---

108. 마태복음의 저자도 같은 심정이었기에 예수의 처녀 탄생을 지어내면서 히브리 성경을 왜곡해서 인용하는 무리수를 썼다. 보다 더 자세한 내용은 《신의 변명》(파람북, 2018)을 참조하라.

라, 하고 싶어도 할 수도 없었을 것이다. 히브리 성경 두루마리가 주변에 있을 리도 없고, 있다고 해도 읽을 수도 없었을 테니까. '설마⋯ 바울, 이 친구, 그걸 노린 거였어?' 결국 우리는 후대 성경학자들의 도움을 청할 수밖에 없는데, 대부분 학자가 바울이 염두에 두었을 것이라는 데 동의하는 구절은 다음과 같다.

1. 하나님이 뱀에게 내리는 저주, '너는 그의 발꿈치를 상하게 할 것이니라'가 등장하는 창세기 3장 15절.
2. 다윗의 애절한 기도가 담긴 시편 22편 전체.
3. 그 유명한 이사야 53장.[109]
4. 종말의 시점이 들어있는 묵시록 구절로 유명한 다니엘 9장 24-27절.

솔직히, 문맥과 전혀 관계없이 이런 식으로 인용한다면, 나는 수십 개의 구절을 더 찾아서 외칠 수 있다.

"이거에요. 바울 사도가 말한 '성경대로'에 해당하는 구절이 이거라고요~~ 또 찾았어요."

---

109. 《신의 변명》(파람북, 2018)에서 이사야 53장의 진짜 의미를 자세하게 설명했다.

평생 히브리 성경을 외우면서 메시아를 기다린 유대민족 중에서 '죽는 메시아'를 읽어낸 사람은 단 한 사람도 없었다. 바울이라는 단 한 사람을 제외하고. 물론, 천 년이 넘게 메시아를 기다린 모든 유대민족이 영적으로 다 눈이 멀었고, 유일하게 한 사람, 바울만이 눈을 뜨고 제대로 된 메시아를 본 것이다. 바울만이 히브리 성경을 제대로 이해한 것이다… 라고 말한다면 어쩔 수가 없다.

그럼 다음 구절, 4절에 등장하는 '성경대로', 그러니까 죽었던 메시아가 다시 살아난다는, 그것도 삼 일 만에 다시 살아난다는 예언이 히브리 성경 어디에 있을까? 마찬가지이다. 바울이 아무 말을 하지 않았기에 우리는 어쩔 수 없이 후대 신학자들에게 의지할 수밖에 없다. 그들이 한결같이 꼽는 구절은 다음과 같다.

> 주의 죽은 자들은 살아나고 그들의 시체들은 일어나리이다 티끌에 누운 자들아 너희는 깨어 노래하라 주의 이슬은 빛난 이슬이니 땅이 죽은 자들을 내놓으리로다 이사야 26:19

> 이는 주께서 내 영혼을 스올에 버리지 아니하시며 주의 거룩한 자를 멸망시키지 않으실 것임이니이다 시편 16:10

여호와께서 내 주에게 말씀하시기를 내가 네 원수들로 네 발판
이 되게 하기까지 너는 내 오른쪽에 앉아 있으라 하셨도다. 시편
110:1

이 세 구절이 다가 아니다. 일단 구체적인 숫자, '삼'일만 들어
가면 그게 다 바울이 말한 '성경대로'에 해당한다고 주장한다.[110]
그러나 조금만 자세히 보면, 이 구절 중에 삼 일 만에 살아난 부
활과 관계있는 건 단 하나도 없다. 왜 그럴까? 그 뻔한 이유는
설명하지 않겠다.

누구라도 억지스러운 고집을 버리면 쉽게 알 수 있다. 문맥과
전혀 상관없이 '예언'이라고 갖다 붙인다면, 우리는 예수 부활의
예언을 이 세상에 존재하는 어떤 책에서도 찾을 수 있을 것이다.
지금 내 책상에 놓인 무라카미 하루키의 《1Q84》에서도 수십 개
를 찾아낼 자신이 있다. 만약에 신약성경이 헬라어가 아니라 애
초에 히브리어로 쓰였다면 바울이 한 것과 같은, 무지막지한 '인
용 아닌 인용'은 훨씬 줄어들었을 것이다. 이 모든 게, 어쩌면 하
나님의 말씀이 히브리어에서 졸지에 헬라어로 바뀌면서 생긴 결

---

110. 창 22:4; 42:18, 여호수아 2:16, 출 19:16, 욘 1:17, 스 8:15, 호 6:2.

과인지도 모르겠다.

자, 바울 이야기는 그만하고 예수에 대해서 얘기하자. 앞에서 바울의 환상에 나타난 예수가 그리스 속담(경구)을 썼다고 했는데, 복음서에는 그에 버금가는 놀라운 장면이 하나 나온다.

예수께서 그 자라나신 곳 나사렛에 이르사 안식일에 늘 하시던 대로 회당에 들어가사 성경을 읽으려고 서시매 선지자 **이사야의** 글을 드리거늘 책을 펴서 이렇게 기록된 데를 찾으시니 곧 주의 성령이 내게 임하셨으니 이는 <u>가난한 자에게</u> 복음을 전하게 하시려고 내게 기름을 부으시고 나를 보내사 <u>포로 된 자에게</u> 자유를, <u>눈 먼 자에게</u> 다시 보게 함을 전파하며 <u>눌린 자를</u> 자유롭게 하고 주의 은혜의 해를 전파하게 하려 하심이라 하였더라 책을 덮어 그 맡은 자에게 주시고 앉으시니 회당에 있는 자들이 다 주목하여 보더라 이에 예수께서 그들에게 말씀하시되 이 글이 오늘 너희 귀에 응하였느니라 하시니 그들이 다 그를 증언하고 그 입으로 나오는 바 은혜로운 말을 놀랍게 여겨 이르되 이 사람이 요셉의 아들이 아니냐. 눅 4:16-22

아주 유명한 복음서의 장면이다. 사실상 예수가 자신이 누구인지를, 다른 사람들도 아닌 고향 사람들에게 드러낸 역사적인 현장을 묘사한 장면이다. 하지만 이 장면도 가만히 생각하면 이 해하기가 쉽지 않다. 예수가 자랐던 갈릴리 나사렛이 어떤 동네 인가? 아무리 많아야 수백 명이 넘지 않았을 작은 동네였는데, 거기서 삼십 년을 같이 살았으면 볼 거 못 볼 거 다 보고, 모르는 게 없는 게 정상이 아닐까? 그런데 그 오랜 세월 동안 동네 사람 들의 눈에 예수의 정체가 드러나지 않은 게 과연 가능했을까? 아무리 '세상에 이런 일이'나 '영재 발굴단'이 없던 시절이라고 하더라도, 이건 콩알만 한 동네에 걸음마도 건너뛰고 우사인 볼 트처럼 달리는 애가 생긴 거나 비슷한데, 아무도 몰랐다고? 아 무리 감추려고 해도 오랜 시간을 함께하다 보면 본색은 드러나 기 마련이다. 하물며, 인간의 몸을 입은 하나님인데 그게 드러 나지 않았다? 그래서 사람들이 이사야서를 읽는 예수를 보고 놀랐다?

"이 사람이 요셉의 아들이 아니냐?"

조금만 상식을 가지고 생각해도 납득하기 힘들다.[111] 그런데

---

111. 옥성호, 《야고보를 찾아서》(테리토스, 2018) 6장 '마리아와 요셉'을 참고하라.

고향 사람들은 거기서 그치지 않고, 아예 예수를 배척해서 앞 장에서 언급했듯이 예수의 놀라움을 자아낸, 실로 기이한 사람들로 그려진다. 세상에… 자기 고향 사람을 그렇게 미워하는 사람들이 있다니, 게다가 결혼하지 않은 상태에서 임신한 마리아의 기적을 모를 리 없는 사람들이 말이다. 자, 하지만 이건 지금 다루는 내용의 본질이 아니다.

누구나 예수가 고향 회당에서 읽은 이사야서는 오리지널 히브리 성경, 그러니까 히브리어로 쓰인 성경이라고 생각한다. 그래야 고향 사람들이 놀라는 이유가 '그나마' 조금이라도 설명이 되기 때문이다. 당시 사람들은 아람어로 말을 했지만, 아람어로 쓰고 읽을 수 있는 사람은 거의 없었다. 하물며 히브리어는 바리새인과 같은 전문 종교인이나 읽고 쓸 수 있는, 학자의 언어였다. 중세 시대 라틴어로 쓰인 성경이 오로지 사제들의 몫이었던 것과 비슷하다. 그런데 예수가, 목수에 불과한 그가 아람어를 읽어도 놀랄 텐데 히브리어로 된 이사야서를 읽고 즉석에서 아람어로 바로 통역해서 들려줬다고? 사람들이 놀라는 게 당연하다.

"이 사람이 요셉의 아들이 아니냐?"

예수가 손에 들고 읽은 이사야서 내용은 다름 아닌 61장 1절이다.

주 여호와의 영이 내게 내리셨으니 이는 여호와께서 내게 기름을 부으사 가난한 자에게 아름다운 소식을 전하게 하려 하심이라 나를 보내사 마음이 상한 자를 고치며 포로된 자에게 자유를, 갇힌 자에게 놓임을 선포하며

자, 예수가 들고 읽은 이사야서에 등장하는 네 부류의 사람과 이사야서 본문에 등장하는 네 부류를 한번 비교해보자.

예수: 가난한 자/포로 된 자/눈먼 자/눌린 자
이사야서: 가난한 자/마음이 상한 자/포로 된 자/갇힌 자

'가난한 자'와 '포로 된 자'는 동일하지만 나머지 두 부류에서 차이가 난다. 이것저것 다 떠나서 예수가 히브리 성경을 들고 읽었다면, 이사야서 원문과 차이가 날 리가 없다. 차이가 나는 건 다음 두 부류이다.

예수: 눈먼 자/눌린 자

이사야서: 마음이 상한 자/갇힌 자

예수가 갇힌 자를 눌린 자로 읽었다고 볼 수도 있다. 아니, 예수는 그렇게 읽지 않았는데 누가복음 저자가 '눌린 자'가 더 적절하다고 생각해서 살짝 바꿨을 수도 있다. 문제는 예수가 말한 '눈먼 자'이다. 이사야서에 나오는 '마음이 상한 자'와는 아예 다르다.

"에이, 뭐가 그렇게 어려워요? 비유도 모르세요? 마음의 눈을 말하는 거, 마음이 상하면 바른 판단을 못하죠. 제대로 보이지도 않아요. 트라우마가 남으니까요."

이렇게 이해하면 될까? 혹시, 지금 대조한 구약성경이 잘못될 수도 있지 않을까? 그러니까 히브리어로 쓰인 오리지널 히브리 성경에는 '눈먼 자'가 나오지 않을까? 기독교에서 쓰는 '구약성경'에는 적지 않은, 의도적인 오역이 있다고 나는 《신의 변명》(파람북, 2018)에서도 여러 번 밝히지 않았던가? 히브리 성경 원문에 등장하는 네 부류는 다음과 같다.

겸손한 자/마음이 부서진 자/갇힌 자/포로 된 자

내친김에 좀 더 살펴보자. 가톨릭에서 정통 성경으로 간주하는 라틴어 성경, 5세기에 그 유명한 교부 제롬에 의해서 완성된 불가타에는 어떻게 나올까?

약한 자/마음이 상한 자/포로 된 자/갇힌 자

지금까지 살펴본 것을 한번 비교해보자. 비교가 쉽도록 순서를 바꿨다.

예수: 눈먼 자/가난한 자/포로 된 자/눌린 자
기독교 구약: 가난한 자(겸손한 자)[112]/마음이 상한 자/포로 된
　　　　　　자/갇힌 자
히브리어 성경: 겸손한 자/마음이 부서진 자/포로 된 자/갇힌 자
불가타 성경: 약한 자/마음이 상한 자/포로 된 자/갇힌 자

예수가 읽은 성경을 제외한, 나머지 세 개 성경은 거의 일치

---

112. 킹제임스는 이사야서에서 한국어로 번역된 '가난한 자'를 meek으로 NIV는 poor로. 단, 한국 성경은 다 '가난한 자'로 표기했다. 따라서 킹제임스에 따르면 '가난한 자'를 '겸손한 자'라고 보아도 무난하다. NIV가 굳이 가난한 자로 표기한 것은 누가복음의 내용과 일치시키고 싶어서가 아닐까 추측한다.

한다고 보아도 무리가 없다. 무엇보다 눈에 띄는 사실은, 예수가 말한 '눈먼 자'는 그 어디에서도 찾을 수가 없다는 사실이다. 도대체 예수가 말한 '눈먼 자'는 어디서 나온 걸까? 예수가 분명히 손에 들고 읽었다는 히브리 성경엔 없는, 이 뜬금없는 눈먼 자가 어디서 나온 걸까? 설마, 원문에 없는데 예수가 창작한 걸까? 어차피, 성경의 저자는 하나님이고 예수는 하나님이니까, 저자가 없는 구절을 새로 만들었다고 해도 별문제 될 건 없으니까. 그렇게 생각해야 할까? 그런데 그게 아니다. '눈먼 자'가 등장하는 성경이 있다!! 기원전 3세기 경, 모세 오경이 완성되고 그 후 백여 년에 걸쳐서 기원전 2세기 들어 히브리 성경 전체가 번역된 최초의 외국어 성경, 헬라어로 된 70인 역 성경이다.

The Spirit of the Lord is upon me, because he has anointed me; he has sent me to preach glad tidings to **the poor**, to heal the **broken in heart**, to proclaim liberty to **the captives**, and recovery of sight **to the blind**; to declare the acceptable year of the Lord, and the day of recompence; to comfort all that mourn.

70인 역: 가난한 자/ 마음이 상한 자/ 포로 된 자/ 그리고 눈먼 자

여전히 순서는 뒤죽박죽이지만, 중요한 사실은 '눈먼 자'가 칠십인 역에 나온다는 사실이다. 워낙 다양한 역본이 있는 칠십인 역이기에 순서가 다른 것은 얼마든지 이해할 수 있다. 필사하는 중에 사소한 순서가 뒤바뀌는 건 흔했으니까. 중요한 것은 '내용'이다. 오로지 칠십인 역에만 '눈먼 자'가 나온다는 사실, 달리 말해서 우리는 예수가 손에 들고 읽었던 성경은 헬라어로 쓰인 칠십인 역이라는 결론을 내릴 수밖에 없게 된다.

그런데 이건 독립선언서를 일본어로 읽는 것과 하나도 다르지 않다!

예수가 살던 당시 갈릴리 지역 거주민이 헬라어를 했다는 것은 거의 상상할 수 없는 일이다. 그게 가능하다는 사람이라면 대원군 시대 조선인 대부분이 영어에 능통했다는 주장도 이상하지 않을 것이다. 그럼 도대체 우리는 이 장면을 어떻게 이해해야 할까?

조금도 어렵지 않다. 히브리어를 전혀 모르는 누가복음 저자가 예수의 입에 히브리 성경 구절을 넣으려다 보니 어쩔 수 없이 자신이 아는 헬라어로 쓰인 70인 역을 인용할 수밖에 없었고, 하필이면 그게 오로지 70인 역에만 나오는 구절, '눈먼 자'가

들어있던 이사야 61장이었던 것이다. 이처럼 바울을 비롯한 신약성경의 저자는 수도 없이 히브리 성경을 인용했지만, 그것은 다 70인 역이었고 그 과정에서 이처럼 자기도 모르는, 의도치 않은 실수를 범하곤 했다.[113] 이와 비슷한 실수는 사도행전 저자도 다르지 않았는데, 기독교 최초의 순교자, 스데반이 등장하는 사도행전 7장에서 하필이면 치명적인 실수를, 그것도 두 번씩이나 저질렀다. 스데반은 순교를 앞두고 감동적인 설교를 한다. 그는 말 그대로 그를 죽이려는 유대인들 앞에서 유대 역사를 줄줄 읊는다.

> 요셉이 사람을 보내어 그의 아버지 야곱과 온 친족 일흔다섯 사람을 청하였더니. 행 7:14

요셉이 청한 사람의 숫자가 몇 명이었는지는 히브리 성경에 무려 세 번이나 반복적으로 나온다. 창세기 46장 27절, 출애굽기 1장 5절 그리고 신명기 10장 22절이다. 하나같이 일흔다섯 명이 아니라 일흔 명이라고 나온다. 그럼 교회에서 쓰는 구약성

---

113. 의도적인 왜곡도 적지 않다. 그러나 누가복음의 경우는 어쩔 수 없는 결과가 아니었을까 싶다.

경은 어떨까? 마찬가지로 일흔 명이라고, 정확하게 나온다. 불가타 성경도 같다. 그럼 70인 역은?

다행히 신명기는 정확하게 70명으로 표기했지만 창세기와 출애굽기에서 75명이라고 잘못 기록했다. 그러니까 사도행전을 쓴 저자가 만약에 신명기를 알았다면 실수하지 않았을 텐데, 그만 그 저자의 머릿속에 들어있던 내용은 창세기 또는 출애굽기의 내용이었던 것이다. 이 문제를 해결하기 위한 기독교 신학자의 수없는 노력이 있었는데, 그중 하나를 살펴보자.

개역 성경이 따르고 있는 맛소라 본문MT의 창 46:27에는 애굽으로 들어간 야곱의 가족이 모두 70명으로 언급되었다. 그러나 70인 역LXX은 75명으로 진술하고 있다. 이로 보아 스데반은 70인 역을 인용한 것이 분명하다. 이러한 숫자상의 차이에 대해 비평주의 학자들은 두 가지 구전을 전제하기도 하지만, 엄격한 의미에서 그 차이는 다음과 같이 해결될 수 있다. 즉 맛소라 본문은 요셉과 그의 두 아들까지 포함했으나 70인 역은 그의 다섯 손자까지 포함했다(민 26:28-37; 대상 7:14-21). 70인 역은 요셉과 그의 두 아들은 애굽에 있었음에도 불구하고 그 수에 들어갔으나 손자들이 생략된 것을 고려해서 75명으로 수정했을 것이다. 그렇기 때문에 이 차이는 표현상에 의한 것일 뿐 내용상

으로는 아무런 문제가 되지 않는다.[114]

한 마디로, 70인 역은 번역이 아니라 각색이라는 말이다. 저자도 생각하지 못한 숨은 의도까지 번역자가 찾아내어 자의적으로 원문에 가하는 수정을 바른 번역이라고 주장하는 것과 조금도 다르지 않다. 그런데 사도행전 7장 속 문제는 이게 다가 아니다. 16절을 살펴보자.

> (야곱이) 세겜으로 옮겨져 아브라함이 세겜 하몰의 자손에게서 은으로 값 주고 산 무덤에 장사되니라.

그런데 창세기를 보면 야곱이 묻힌 곳은 세겜이 아니다. 이건 어떻게 해결할까?

> 여기서는 아브라함이 값 주고 산 무덤의 위치에 관하여 해석상 약간의 문제가 발생한다. 창세기 23:3-20; 49:29-35; 50:13에 따르면 야곱은 아브라함이 헷 사람 에브론에게서 산 헤브론의 막벨라 동굴에 묻혔다고 되어 있는 반면에, 본 구절에서 스데반

---

114. https://m.blog.naver.com/mgblsori/220464515555

은 야곱과 12족장이 모두 아브라함이 최초로 정착했던 세겜(창 12:6, 7)에 장사되었다고 한다. 이는 여호수아 24:32의 진술, 곧 야곱이 세겜의 아비 하몰의 자손에게서 값 주고 산 무덤이 있어서 그곳에 요셉과 그 자손들이 묻혔다는 것과 혼동된 진술로 여겨질 수 있다. 이러한 문제를 해결함에 있어서 학자들 간에 각기 조금씩 다른 견해를 제시하고 있다. (1) 스데반이 그 당시 긴장된 상황 속에서 잠시 착오를 일으켰다Calvin, Meyer. (2) 모든 조상이 사마리아의 세겜에 묻혔다는 사마리아 전설을 따른 것이다Jerome, Knowling. (3) 스데반이 그때 죽음 직전의 급박한 압력을 은연중에 받았으므로 아마 야곱이 세겜 땅을 산 것과 요셉이 그 땅에 장사된 비슷한 두 사건을 요약 단축해서 말한 것이다Bengel. 그런데 본 구절은 본서 저자인 누가의 실수일 가능성도 있다. 즉 스데반의 설교 내용이 구전으로 전해지던 것을 누가가 다시 재구성하는 과정에서 창세기의 기록과 여호수아서의 기록을 혼동하여 잘못 기술했을 수 있는 것이다. 아무튼 어떤 견해를 취하더라도 본문의 불일치는 해결되기 어려운 문제임에 틀림없다.[115]

---

115. https://blog.daum.net/edengol/3437

간단히 말해서,

1. 죽음을 앞둔 스데반이 당황해서 착각했다.
2. 스데반은 제대로 말했는데, 사도행전 저자가 잘못 썼다.

이 정도이다. 그런데 이런 설명으로 문제가 해결될까? 오히려 더 큰 문제를 일으키는 건 아니고?

1. 스데반이 당황했다고? 그런데 본문을 읽으면 지금 스데반은 완전히 성령에 충만한 상태였다. 그런데 성령이 충만한 스데반이 당황해서 성경을 엉터리로 인용했다고?
2. 사도행전 저자가 틀렸다고? 성경의 진짜 저자가 누구인데? 성령님 아닌가?

사도행전 저자는 누가복음도 쓴 것으로 알려져 있다. 아마도 그는 스데반의 순교에서 사람들이 예수의 모습을 보길 원했던 거 같다.

이에 예수께서 이르시되 아버지 저들을 사하여 주옵소서 자기들이 하는 것을 알지 못함이니이다 하시더라. 눅 23:34

(스데반이) 무릎을 꿇고 크게 불러 이르되 주여 이 죄를 그들에게 돌리지 마옵소서 이 말을 하고 자니라. 행 7:60

스데반과 예수를 일치시키려는 목적의식에 너무 치중하는 바람에 다른 디테일에서 소홀했던 것일까? 75명이야 70인 역을 인용하다 보니까 어쩔 수 없었다 치더라도 매장 장소를 세겜으로 잘못 쓴 것은 너무나 큰 실수이다. 게다가 스데반의 죽음은 사도행전 저자가 바로 앞에 쓴 5장의 내용과도 정면으로 상충한다. 바리새인의 수장 가말리엘이 예수를 따르는 사람들에 대해서 뭐라고 했는가?

이제 내가 너희에게 말하노니 이 사람들을 상관하지 말고 버려두라. 행 5:38

종교와 관련해서 사람들의 생살여탈권을 쥐고 있는 산헤드린의 수장 중 한 명인 가말리엘의 명령을 거역하고 스데반을 처형한 게 과연 가능했을까? 사도행전에 나온 것처럼 대제사장으로 대표되는 사두개파가 다수를 차지하는 바리새파의 반대를 무릅쓰고 스데반을 처형할 수 있었을까?[116]

옛날이야기를 하나 하자. 아주 오래전 내가 초등학교 때 〈새소년〉이라는 월간 잡지가 있었는데 거기에 '바벨 2세'라는 만화가 부록으로 나왔다. 표지에 인쇄된, '글·그림 김동명', 지금도 생생하게 기억한다.

"와, 도대체 김동명이 누군데 이런 스토리를 이렇게 멋진 그림으로…"

어린 데도 이런 감탄이 절로 나올 정도로 재미있었다. 그런데 알고 보니 (일본 문화가 전면 금지되었던 당시) 그건 다 일본 만화였고, 김동명이라는 사람은 존재하지도 않는 말 그대로 유령인간이었다. 당시 나와 같은 아이 중에 그 사실을 아는 아이가 단 한 명이라도 있었을까? 참으로 용감한 시대였다. 전 국민을 향해서 그렇게 뻔뻔한 거짓말을 해도 아무렇지도 않았으니까. 〈새소년〉은 '바벨 2세' 뿐 아니라 최배달이라는 인물을 주인공으로 하는 '대야망'이라는 태권도 영웅 만화도 연재했는데, 글과 그림은 몇 년 전에 타계한 고우영 작가였다. '대야망' 속에서 일본 가라테를 '극진'하게 싫어하는 최배달은 태권도의 위상을 떨치기 위해 가라테 고수들만 찾아다니면서 깡그리 제압하는데, 말 그대로

---

116. 예수의 재판 장면에도 대제사장만 등장하지, 바리새파는 전혀 등장하지 않는다.

그는 민족 영웅이다. 그에 걸맞게 그의 이름도 배달 민족에서 따온 '배달'이었고. 그런데 오랜 시간이 지나서 알고 보니 최배달의 본명은 최영의이고, 그는 극진 가라테의 창시자, 그러니까 가라테의 고수 중 고수였다.

내가 나중에 이 사실을 알았을 때 얼마나 놀랐는지 모른다. 아, 가라테의 고수를 가라테를 혐오하는 태권도 고수로 만든 왜곡을 어떻게 이해해야 할지… 아무리 좋게 국뽕으로 보려 해도 거짓이 도를 넘었다. 한 마디로 정보 유통이 막힌, 철저하게 닫힌사회였기에 대중이 무식했다. 국민 대다수가 박정희가 없으면 나라가 망한다고 생각하던 시절이었다. 그러나 이제는 세상이 완전히 달라졌다. 물론 열린사회가 주는 부작용도 적지 않지만, 대야망과 바벨 2세와 같은 거짓말은 더 이상 가능하지 않다. 그런데도, 예외가 있다.

신약성경이다.
신약성경은 위에서 예시한 바벨 2세와 대야망이 감히 명함을 내밀 수 없을 정도로 왜곡과 거짓으로 넘친다. 소년 소녀들이 새소년을 손에 들고 읽던 시절과도 비교할 수 없는 무려 2천 년 전에 쓰인 글이니 새삼 이상할 것도 없다. 그러나 이제는 세상이 달라졌다. 신약성경이 숱하게 인용한 70인 역은 말할 것도 없고 원본 히브리 성경까지 찾아볼 수 있게 되었다. 그런데도 여전히 많은 기독교인은 가라테 고수 최영의를 태권도의 상징 최배달로, 바벨 2세의 원작자를 김동명으로 알고, 그냥 그렇게 살고 싶어 하는 것 같다.

"저기 바벨 2세 저자가 김동명이 아니던데요? 그리고 최배달은 태권도가 아니고 가라테예요."

이 말을 듣고 이렇게 반응하는 사람이 적지 않다.

"너… (부르르 떨며~~) 매국노지? 너 한국인의 피가 흐르기는 하는 거야? 한국인이 어떻게 그런 소리를 해?"

기독교 신학을 집대성한 최고의 신학자로 지금까지 추앙받는 어거스틴은 성경을 라틴어로 번역하는 데 중추가 되었던 제롬에게 히브리 성경이 아니라 70인 역을 원본으로 번역해달라고 요청할 정도로 70인 역을 높이 평가했다. 왜냐하면 그는 하나님이 사용하는 언어는 히브리어가 아니라 헬라어라고 믿었다. 하나님은 히브리어를 버렸다고 생각했다.

무엇보다 그는 70인 번역 과정에서 있었다는 '기적적인 일치'의 전설… 70명의 랍비가 각각 다른 방에서 번역했는데 나중에 맞춰보니까 기가 막히게 똑같았다… 를 사실로 믿었고, 그것이야말로 70인 역이 성령께서 쓰신 성경임을 증명한다고 확신했다. 물론 어거스틴이 라틴어 성경을 70인 역에서 번역하기를 바랐던 현실적이 이유도 있었는데, 그건 당시 히브리어를 아는 사람이 거의 없었고, 최소한 성경을 두 언어로 비교하려는 사람에게는 70인 역에서 번역되어야 그런 비교가 가능했었다. 어쩌면 어거스틴은 당시에 이미 70인 역과 히브리 원전 사이의 차이를 간파하고 있었을지도 모르겠다. 그러나 제롬은 이런 어거스틴에게 찬성하지 않았다. 히브리 원어 성경을 원전으로 생각한 그는 히브리 성경을 '히브리 진실, Hebraica Veritas'라고 불렀고, 죽을 때까지 70인 역을 정통으로 인정하지 않았다.[117] 그는 가톨릭에서 지금까지도 정통으로 간주하는 라틴어 성경, 불가타를 히브리어 원전을 중심으로 번역했다.

신약성경이 헬라어(그리스어)로 쓰였다는 사실이 얼마나 많은

---

117. https://www.academia.edu/32155316/_Greek_or_Hebrew_Augustine_and_Jerome_on_Biblical_Translation_in_Studia_Patristica_98_St_Augustine_and_His_Opponents_ed_Markus_Vinzent_Leuven_Peeters_2017_109_19

의미를 담고 있는지, 나 역시 깨달은 건 얼마 되지 않는다. 2018년 초, 《야고보를 찾아서》(테리토스, 2018)를 출간 할 때에도 거기까지는 미처 생각하지 못했다. 나는 그 책에서 이렇게 썼다.

"신약성경은 일본이 등장하지 않는 백범 김구의 전기와 다르지 않다."

이제 거기에 한 마디 더 보태야겠다.

"신약성경이 헬라어로 쓰였다는 것은, 상해 임시정부 헌법을 일본어로 작성했다는 것과 똑같다."

10장

인격적 만남이
제일 쉬웠어요

2007년에 부흥과개혁사에서 나온 '부족한 기독교' 시리즈의 첫 권인 《심리학에 물든 부족한 기독교》(심부기)는 원래 오리지널 원고가 있는데 몇몇 출판사에 보냈다가 거절당했다.[118] 좀 더 손을 보는 과정에서 우연히 부흥과개혁사 백금산 목사의 '요한계시록' 강의를 듣게 되었다. 뭔가 강렬한 느낌에 나는 기도를 시작했다.

---

118. 다음은 홍성사로부터 받은 거절 메일이다. "결례인 줄 알면서 결례를 합니다. 평안하셨습니까? 짐작하셨겠지만… 검토는 벌써 마쳐진 상태였습니다. 다만, 어떻게 말씀을 드릴까 고민하는 시간이 꽤 흘렀습니다. 결론을 말씀드리자면, "이 원고가 책으로 만들어지는 일에는 참여하지 않겠습니다." 입니다. 그리고, 제안합니다. "한걸음 물러서서 원고를 써 주실 수 있으십니까?" 옥 선생님의 외침은 저희가 기다리던 소리였습니다. 그래서 그 소리의 중심을 책으로 펴내고 싶습니다. '참이냐 거짓이냐'의 문제를 굴절시키는 이 세대를 향해 함께 외치고 싶습니다. 허나, 이대로의 외침은 자칫 외치는 소리에 놀라 외침의 내용은 들으려 조차 하지 않는 이들을 생성할 것이기 때문입니다. 의견을 주십시오."

"하나님, 내 책이 꼭 이 출판사를 통해서 나오게 해주세요."

내 기도는 응답을 받았고, 그 후 시리즈의 나머지 두 권뿐 아니라 수필집을 비롯해 여러 권이 부흥과개혁사를 통해서 출간되었다. 만약에 지금 이 책을 읽는 독자 중에 오래전 그 책을 읽은 사람이 있다면, 지금 이 책은 충격으로 다가갈 것이다. 심부기가 나온 이후 내겐 실로 많은 변화가 있었으니까. 얼마 전 한 기독교인을 만났다. 부족한 기독교를 읽고 내게 신앙상담을 하려는 의도였는데, 나는 그런 영문도 모른 채 만난 경우였다. 이런저런 이야기가 나오고, 기독교에 관한 전반적인 내 생각을 들은 그 사람은 나를 잠시 빤히 보더니 말했다.

"근데, 옥성호 씨는 하나님을 인격적으로 만났나요?"
"댁은요?"
"저는 진짜 만났지요."
"그러니까 댁이 보기에, 내가 진짜로 만나지 않은 거 같아서 묻는 거네요?"

자, 그럼 나는 과연 예수를 인격적으로 만나지 못한 상태에서 부족한 기독교를 썼던 걸까? 다음은 《심리학에 물든 부족한 기독교》의 오리지널 머리말이다. 나중에 출간이 결정되고 나름의 포장을 가한 머리말보다 훨씬 더 솔직한 내 심정이 담겨있다. 이런 글을 썼던 내가 당시에 만났다고 확신했던 건 도대체 누구였을까? (부록 1을 참조하라)

한번 스스로에게 물어보자. 예수를 인격적으로 만나는 게 도대체 무엇일까? 2006년 부족한 기독교를 쓰던 그때, 내가 예수를 인격적으로 만난 게 아니라면, 이 세상에 예수를 인격적으로 만난 사람은 있을 수 없다고 감히 말한다. 정작 내게 문제가 된 건 인격적 만남 여부가 아니라, 그 이후이다. 예수를 더 알고 사랑하고 싶은 마음에 발버둥 치며 이 책 저 책을 접하던 중, 샌더스의 《역사적 예수의 모습*The Historical Figure of Jesus*》(Penguin Books, 1996)을 읽은 나는 큰 충격을 받았다. 그 이후 내가 느낀 감정과 걸어온 과정은 다음에 소개할 두 사람과 전혀 다르지 않다. 먼저 전직 목사 댄 바커의 이야기를 들어보자.

나는 늘 기도했고, 모든 시간을 '영혼으로 노래'했다. 그리스도와 함께 대화하고, 성령과 교제하는 감격에 크게 기뻐하고, 자전거를 타고 애너하임을 돌면서 조용히 방언을 했다. 방언을 한 번도 해본 적이 없다면, 사람들이 방언을 할 때 어떤 일이 일어나는지 이해하기 어렵다. 나는 실제로 기쁜 마음에 소름이 돋았고, 나의 가슴과 마음은 또 다른 영역으로 안내되었다. 이것은 내가 초자연적인 만남으로 해석할 만큼 일종의 고귀한 본성이었다… 나는 예수님과 연애를 하고 있었다. 나는 내가 '미쳤다'고 생각하지 않았고, 내가 가진 것이 세속을 넘어서는 특별한 것이라고 느꼈다… 이후 8년 동안, 아내와 나는 여전히 '밤의 도적처럼' 어느 순간에 예수님이 돌아오시기를 기대하며 순회하는 음악 전도사로서 '신앙으로' 살았다. '신앙으로 산다'는 표현은 믿음에 대한 신앙고백 이상의 것이다. 이것은 하나님의 손안에 나의 생명을 맡기는 모험이며 위험한 것이다. 우리 부부는 직업이 없었다. 우리는 일정한 수입이 없었으며, 건강 보험도 없었고, 노후 계획도 물론 없었다. 그리스도의 재림이 얼마 남지 않았는데 그런 것은 결코 필요하지 않을 것 같았다… 때는 1979년이었고, 예수님은 돌아오지 않았다… 근본주의에서 멀어지는 소심한 초기의 움직임들은 나중에 찾아온 지적인 비약보다 심리적으로 충격이 더 컸다. 성경의 모든 말씀이 성령의 감화를 받은 것이고 틀림없는 것으로 믿도록 길러진 사람이라면… 남 캘리포니아의 자유로를 운전하는 동안 마음속으로 관통하던 것들이 생생하게 기억난다. 운전을 하면서 나는 '하나님'과 이야기하고, 나 자신과 이야기하고, 토론하고, 달리고, 반박하고, 이성에 반하는 감정을 짓누르고, 이 모든 것이 무엇인지 물었다. 어디선가 "무언가 잘못되었다"고 말하는 것인 양, 하나의 생각이 계속 표면으로 떠올랐다. 나는 이것을 묘사할 수 없었다. 나는 정말로 그 의문들을 똑똑히 표현할 수 없었지만, 내 마음속의 목소리는 계속 말하고 있었다. "무언가 잘못되었다. 그것을 인정해라." 나는 그것이 정직의 목소리라고 생각했다. 나는 이것이 하나님의 목소리가 아니라는 것을 알았다. 나는 그것이 내가 도약한 지점이었다고 생각한다.[119]

댄 바커에게 문제가 되었던 게 뭘까? '임박한 종말'이라는 성경 말씀을 있는 그대로, 곧이곧대로 믿은 것이다. 믿음이 그에게는 문제가 되었다. 예수가 살았던 시대였다면, '이스라엘에서 이런 믿음을 본 적이 없다'라는 칭찬을 들었을 믿음이 그에게는 기독교를 떠나는 이유가 되었다. 기독교인이었다면 얼마든지 성령의 음성으로 해석했을 마음속 목소리, "무언가 잘못되었다. 그것을 인정해라."를 그는 거부할 수 없었다.

무신론자가 된 이래 종종 신자들에게 듣는 말이 있다. 그들은

---

119. 댄 바커, 《신은 없다》, 공윤조 옮김, (치우, 2011), 1장 '부르심'에서 발췌.

어쩌면 내가 진실한 기독교인이 되지 못했기 때문이라고, 진실한 기독교인이었다면 절대 기독교를 떠났을 리 없다고 말한다. 그들이 말한 것처럼 내가 개인적으로 예수를 진실로 알았다면, 절대 예수를 부정하지 않을 것이다. 그들의 주장대로, 나는 하나님의 실재에 대한 확신을 단지 스스로 자처한 것이었음이 틀림없다. 그렇다. 나는 그들이 말하는 것을 정확히 안다. 내가 그런 설교를 하곤 했었다. 나는 그것을 설교했고, 그것을 믿었고, 그것을 알았고, 그것을 느꼈다. 내가 하나님과 진정한 관계를 맺지 않았다면, 그 이유는 그럼 뭘까? 왜 하나님은 그들에게는 자신을 드러내면서 나에게는 드러내지 않는 걸까? 나는 똑같은 성경을 읽었고, 마음을 여는 겸손한 정신으로 기도했고, 내가 믿는 진리를 증거한다는 '현존'의 내적 확신을 받았다. 내가 느낀 것이 다 가짜라면, 왜 선하신 하나님은 내가 그렇게 속도록 내버려 둔 것일까? 그리고 어떻게 다른 사람들은 자신이 속고 있지 않다는 것을 안다는 것일까?[120]

댄 바커는 그리스도인에게 묻는다. 자신이 예수와 인격적으로 만난 게 아니라면, 도대체 인격적으로 예수를 만난 사람은

---

120. 댄 바커, 《신은 없다》, 공윤조 옮김, 2011, p.65

누구냐고, 아니 어떤 만남이 인격적인 만남이냐고? 과거에 내가 만난 게 다 가짜였다면, 지금 당신이 확신하는 만남은 가짜가 아니라고 무엇을 근거로 자신하냐고? 나 또한 당신이 느끼는 확신 이상이었는데, 그런 과거의 나와 지금 당신이 뭐가 다르냐고 말이다. 다음에 소개할 바트 어만은 한국에서도 널리 알려진 신약성경 학자이다. 헬라어 학자이기도 한 그는 신약성경 전체를 번역했을 뿐 아니라, 수십 권에 달하는 베스트셀러 저자이기도 하다.

나는 성경을 진리라 믿는 그리스도인이었으므로, 성경에 쓰인 단어 하나하나에 하나님의 숨결이 배어 있다고 굳게 믿었다. 그런 믿음 덕분에 성경을 치열하게 연구했는지도 모르겠다. 성경은 곧 하나님의 말씀이었다. 우주의 창조자이며 만물의 주님이신 분이 한낱 인간에 불과한 우리에게 전하는 말씀이었다. 성경을 깊이 아는 것만큼 삶에서 중요한 것은 없었다… 나는 젊고 가난한 학생으로 프린스턴 신학대학원에 입학했지만, 열의가 넘쳤고, 성경을 적당히 해석하는 자유주의자들에게 맞서겠다는 각오가 있었다. 복음주의 그리스도인으로서 성경적 믿음에 대한 어떤 공격이든 받아넘기겠다고 다짐했다. 구약이든 신약이든 하나님의 말씀에서 감추어져 있거나 눈에 띄는 어떤 모순에든 너끈히 대답할 수가 있었다. 내가 배워야 할 것이 많다는 걸 알았지만, 내가 무엇보다도 소중하게 생각하는 성경에 오류가 있다는 걸 배우고 싶지는 않았다. 그러나 모든 일이 계획대로 풀리지 않았다. 프린스턴은 오히려 성경에 대한 내 생각을 바꿔놓았다. 물론 내가 자진해서 바꾼 것은 아니었다. 나는 끊임없이 저항하고 발버둥 쳤다. 내 믿음을 지켜달라고 기도했고, 믿음을 지키기 위해 치열하게 싸웠다. 온 힘을 다해 저항했다. 그러나 하나님께 진실로 헌신한다면, 진리에도 완전히 헌신해야 한다는 생각을 떨칠 수 없었다. 시간이 지나면서, 성경에는 오류가 있을 수 없다는 내 생각이 틀렸다는 사실이 점점 명백해졌다. 성경에도 오류가 있다는 해석을 받아들일 것인지, 아니면 지금까지 믿던 대로 진리가 나를 인도할 것이란 믿음을 고수할 것인지 선택해야만 했다. 하지만 그것은 선택의 문제가 아니었다. 진실은 진실일 뿐이고, 진실이 아닌 것은 진실이 아닐 뿐이었다.[121]

바트 어만에게는 여전히 신앙을 지킬 기회가 있었다. 프린스턴에 입학한 이후 뭔가 의심이, 의구심이 스멀거리기 시작한 그

---

121. 바트 어만, 《예수 왜곡의 역사》, 강주헌 옮김, (청림출판, 2010) p.9-10

순간, "사탄아, 물러가라~"고 외치면서 학교를 자퇴하고 눈과 귀를 막는 것이다. 그렇게 살았다면, 그는 여전히 복음주의 기독교인으로 살고 있을 것이다. 그런데 과연 그게 가능했을까? 양심이 그를 가만히 놔두었을까? 설혹 먹고 사는 문제가 걸렸다고 해도, 스스로 속이면서 평생을 살 수 있었을까? 바트 어만은 프린스턴을 졸업하고도 꽤나 긴 시간 명목상 기독교인으로 살았다. 그러다가 결국 기독교를 떠났고 완전히 믿음을 버렸지만, 그게 성경의 오류 때문은 아니라고 말한다.

마침내 내가 믿음을 버릴 수밖에 없는 때가 왔지만, 역사 비평론을 통해 배운 것 때문은 아니었다. 하나님을 향한 내 믿음과 나를 에워싼 주변 세계의 상황을 양립시킬 수 없었기 때문이었다… 세상이 무의미한 고통과 곤경에 짓눌려 있는 상황에서 전지전능하고 선하신 사랑의 하나님이 계시다고 믿는다는 게 어리석게 느껴졌다.[122]

바트 어만에게는 상당수의 기독교인에게 퍽 쉬운 문제가 인생을 바꿀 난제로 다가왔다.

---

122. 바트 어만, 《예수 왜곡의 역사》, p.36

"아니, 하나님이 선하시고 또 전지전능하신데 왜 이 세상에는 이런 말도 안 되는 고통과 악으로 가득한 거야?"

같은 질문을 아는 목사 아무에게나 물어보라. 어떤 대답이 나올까?

"우리가 거기에 해답을 알고 있다면, 우리 인간이 하나님 아니겠습니까? 겸손하게 기도합시다. 성 어거스틴의 말을 기억하세요. 우리는 이해해서 하나님을 믿는 게 아니라, 하나님을 믿기 때문에 이해한다. 믿으면 다 됩니다. 선하시고 전지전능한 하나님을 바로 믿으면, 그것 자체가 바로 해답입니다."

문제는 바트 어만이 이런 말장난에 불과한 대답으로 만족할수 없었다는 것이다. 위의 대답 속 '하나님'을 '스타벅스' 삼신할매, 과학, 우주, 돈, 로또, 부적, 태양, 갈대… 로 바꿔보자. 말이안 된다고 생각하겠지만, 한 가지는 확실하다. 바뀌는 건 없다. 세상은 그대로이다.

"우리가 거기에 해답을 알고 있다면, 우리 인간이 스타벅스… 아니겠습니까? 겸손하게 기도합시다. 성 어거스틴의 말을 기억하세요. 우리는 이해해서 스타벅스…를 믿는 게 아니라, 스타벅스를 믿기 때문에 이해한다. 믿으면 다 됩니다. 선하시고 전지전능한 스타벅스…를 바로 믿으면, 그것 자체가 바로 해답입니다."

이거 하나는 확실하다. 하나님을 믿으나, 스타벅스 등등을 믿으나, 결과는 똑같다. 하나님에게 기도하나, 삼신할매한테 기도하나 달라지는 게 없다면, 그거 심각한 거 아닌가? 아무튼 나는 댄 바커와 바트 어만을 합친 것[123]과 같은 고통에 몇 달을 발버둥 쳤다. 그러는 중에 너무도 힘들어서 내 마음을 글을 통해서라도 표현하지 않고서는 터질 것만 같았다. 밤사이 눈이 엄청나게 쏟아졌던 겨울 새벽, 위스콘신 시골의 어느 맥도널드에 앉아서 무작정 글을 쓰기 시작했다. 그 누구에게도 말할 수 없는 내 속사정을 미국 시카고 한인 교회의 담임목사 장세현이라는 가상 인물을 통해서 토해냈다. 무슨 스토리를 미리 생각한 게 아니었다. 그냥 손이 가는 대로 썼다.(부록 2를 참조하라. 예수와의 인격적 만남이라는 주제가 등장하는 부분이다. 이 글의 일부를 나는《낯선 하루》(박하, 2015)에 담았다.)

---

123. 인용한 두 책에는 공통점이 있다. 두 권 다 절판이라 제한된 중고 외에는 구할 수 없다는 것, 게다가 바트 어만의 경우 희귀성이 있어서 너무 비싸다는 것.

영어에 '월요일 쿼터백Monday quarterback'이라는 표현이 있다. 미국에서 프로 풋볼은 일요일에 하는데, 모든 경기가 다 끝난 월요일에 경기를 보면서 "에이, 저렇게 하니까 안 되지, 저쪽으로 던졌어야지"라는 식으로 이러쿵저러쿵 아는 체를 하는 사람을 말한다. 경기가 다 끝나고 패배의 원인을 지적하는 걸 누가 못할까? 월요일 쿼터백의 대표가 있다면 다름 아닌 언론이다. 무슨 큰 사고가 일어나면 아니나 다를까 이런 식으로 보도한다.

"예고된 인재였다."

아니, 예고되었다면, 그래서 니네들이 알고 있었다면 왜 미리 막지 않았는데? 예고된 위험에 관한 경고를 왜 한두 번이라도 하지 않았는데? 마찬가지이다. 결과에 따라 누구는 예수를 인격적으로 만난 사람이 되고, 누구는 안 만난 사람이 된다. 문제는 오늘 예수를 인격적으로 만난 사람이 내일이 되면 그렇지 않은 사람이 될 수 있다는 것이다. 댄 바커의 말대로, 얼마든지 스스로도 속을 수 있는 게 예수를 인격적으로 만났는가 아닌가이다. 그래서 그의 질문이 울림을 가질 수밖에 없다.

"내가 느낀 것이 다 가짜라면, 왜 선하신 하나님은 내가 그렇게 속도록 내버려 둔 것일까?"

"예수를 인격적으로 만났느냐?"는 질문, 몇 년 전부터 몇 번을 들었는지 모른다. 솔직히 대답하자면, 나는 너무 많이, 자주 만나서 문제가 된 사람인데 말이다. 교회에는 흔히 회자되는 간증 중 하나가 죽기 직전에 회개하고 천국 갔다는 사람 이야기이다. 죽기 직전에 고개 한 번 끄덕이고 구원받았다는 사람도 적지 않다. 그럼 그런 사람들은 예수를 인격적으로 만났을까? 그래도 피차 인격적으로 만나려면 최소한의 시간이 필요한데, 그냥 기독교의 주장을 순간적으로 긍정한 것으로 예수를 인격적으로 만난 사람이 되는 건가? 아마도 그럴 거다. 그래서 이런 말을 하는 사람들도 있나 보다.

"죽기 전에 일 초의 시간만 있으면 돼. 그때 믿고 천국 가면 되니까."

11장

복음서의 속마음

요즘 기독교 출판계에서 인기 있는 책 중 하나가 '필사 노트'라고 한다. 내가 아는 사람 중에는 열 번이나 넘게 성경을 필사한 사람도 있고, 죽어서 자식에게 남길 유산이 성경 필사본이라는 이도 있다. 그런데 몇 번씩 성경을 써도 마태복음과 누가복음 속 예수의 탄생 이야기 사이에서 아무런 모순을 못 느끼고, 마태복음과 누가복음 예수의 족보가 다른 것도 모르고, 심지어 달라도 너무 다른, 아니 상호 모순으로 가득한 복음서 속 예수 부활 이야기도 마냥 조화롭게만 느끼는 사람이 대부분이다. 성경을 수십 번 아니라 수백 번을 쓰고 심지어 암송을 해도 그런 사람은 차안대를 하고 앞만 보고 달리는 말과 별반 다르지 않다. 그런데 종종 성경 공부를 하다가 이런 질문을 하는 사람이 있다.

"왜 바울하고 예수님하고 다르지요? 바울은 믿음으로만 구원받는다고 했는데, 예수님은 다른 말씀을 하시잖아요? 대표적으로 마태복음을 보면…"

마태복음에는 믿음보다 행위를 강조하는 산상수훈과 더불어 사실상 믿음이 아니라 구제 여부에 따라서 천국행이 결정된다는 내용이 말세 심판 장면을 묘사하는 예수의 입을 통해서 나온다.

그 때에 임금은 자기 오른쪽에 있는 사람들에게 말하기를 '내 아버지께 복을 받은 사람들아, 와서, 창세 때로부터 너희를 위하여 준비한 이 나라를 차지하여라. 너희는, 내가 주릴 때에 내게 먹을 것을 주었고, 목마를 때에 마실 것을 주었으며, 나그네로 있을 때에 영접하였고, 헐벗을 때에 입을 것을 주었고, 병들어 있을 때에 돌보아 주었고, 감옥에 갇혀 있을 때에 찾아 주었다' 할 것이다. 그 때에 의인들은 그에게 대답하기를 '주님, 우리가 언제, 주님께서 주리신 것을 보고 잡수실 것을 드리고, 목마르신 것을 보고 마실 것을 드리고, 나그네 되신 것을 보고 영접하고, 헐벗으신 것을 보고 입을 것을 드리고, 언제 병드시거나 감옥에 갇히신 것을 보고 찾아갔습니까?' 하고 말할 것이다. 임금이 그들에게 말하기를 '내가 진정으로 너희에게 말한다. 너희가 여기 내 형제자매 가운데, 지극히 보잘 것 없는 사람 하나에게 한 것이 곧 내게 한 것이다' 할 것이다.' 마 25:34-40

메시지는 명확하다. 가난한 사람에게 구제를 베풀면 천국에 간다는 것이다. 여기에 '믿는 사람의 경우'라는 전제는 없다. 믿음으로만 구원받는다는 바울의 가르침과 달라도 너무 다르다. 그러다 보니 민중신학 또는 자유신학 등에서 사회 개혁과 관련해서 예수를 언급하는 경우는 많아도 바울이 거론되는 적은 거의 없다. 그러다 보니 바울과 예수 사이의 차이를 좁히려는 연구가 적지 않고, 세상일이 다 그렇지만 말을 만들다 보면 못 할 게 없다. 갖다 붙이기에 따라서, 놀부와 흥부, 콩쥐와 팥쥐가 바뀌고, 심청이가 천하의 불효자가 되는 것도 어려울 게 없다. '왜 바울과 예수의 가르침이 이렇게 다를까?' 하는 의문을 가지는 사람이라면 자연스럽게 다음 질문이 같이 떠올라야 한다.

"왜 바울은 예수의 삶과 가르침에 아무런 관심이 없을까?"
(이 질문과 관련해서 페이스북에 올린 글을 미주에서 참조하라.)[1]

물론 가장 자명한 이유는 이거다. "예수를 만난 적이 없었으니까." 당시에 무슨 녹음기가 있어서 예수의 말이 남아있을 리도 없고, 게다가 사도행전 속 각색과 달리 바울과 예수 제자들 사이의 심각한 갈등을 생각하면, 바울이 그들로부터 예수에 관한 이야기를 들었을 거 같지도 않다. 게다가 바울의 자존심상, 제자들에게 귀동냥한 내용을 썼을 리도 없다. 그의 눈에 예수의 제자들은 그냥 무식한 무지렁이 이상도 이하도 아니었을 테니까. 그리고 또 하나의 이유는 바울에게 예수는 그냥 십자가에서 죽었고 다시 살아났다… 는 이 명제만으로 충분한 존재였다. 그에 관한 더 이상의 내용은 거추장스럽기만 할 뿐, 그가 만든 복음을 전하는 데에 아무런 의미가 없었다.

십몇 년 전 비로소 성경을 진지하게 읽기 시작하면서 내게도 바울과 예수의 차이가 심각하게 다가왔다. 구약(히브리 성경)과 신약의 차이만큼이나 이 두 사람의 간극은 크게 느껴졌다. 더더욱 이해하기 어려웠던 것은 대부분 성경학자는 바울 서신서 훨씬 뒤에 쓰인 복음서가 바울 신학을 표방한다는 데에 동의한다는 점이다. 그러니까 복음서가 쓰이던 당시, 또는 복음서가 정경으로 채택되던 시점 기독교 내에서 '승리자'로 판명된 바울이 생각한 예수가 충실하게 반영된 게 복음서라는 것이다. 예수를 단지 인간이 아니라 신으로 그린 요한복음 하나만 생각하면, 조금도 이상할 게 없는 결론이다. 그런데 나머지 공관복음서(마태/마가/누가)를 보면 꼭 그렇지도 않다. 무엇보다 조금 전 사례를 든 말세 심판 장면 말이다. 바울 신학을 제대로 반영하려면 이렇게 되어야 하지 않나?

> 그 때에 임금은 자기 오른쪽에 있는 사람들에게 말하기를 '내 아버지께 복을 받은 사람들아, 와서, 창세 때로부터 너희를 위하여 준비한 이 나라를 차지하여라. 너희가 내 아들 예수를 구세주로 믿고 입으로 고백하였구나.'

그러다가 알게 되었다. 복음서 저자들에게는 바울 신학을 반영하는 것보다 훨씬 더 큰 목적이 있었다는 것을. 그들에게 바울은 중요하다. 왜냐하면 바울 때문에 십자가가 로마 반란군의 사형 도구에서 구원의 도구로 변신했고, 모세의 율법이 폐기 대상이 되었으며, 야훼가 선택한 건 유대인이 아닌 전 세계, 특히 로마 제국이 되었기 때문이다. 그리고 복음서 저자들은 거기에 더해서 또 하나 중요한 메시지를 심어야 했다. 도대체 무슨 메시지일까? 지금부터 복음서 저자들에게 바울 신학보다 더 중요했던 메시지, 그게 무엇인지 살펴보자. 그들의 의도가 특히 잘 드러나 있는 게 공관복음서에 빠짐없이 담긴 부자 청년 이야기이다. 부자 청년을 통해서 복음서 저자들은 말 그대로 일타쌍피의 효과를 노렸는데, 율법 폐기라는 바울 신학을 강조함과 동시에 지금부터 살펴볼 '더 중요한 목적'까지 효과적으로 달성했다. 가장 먼저 쓰인 마가복음으로 살펴보자.

예수께서 길을 떠나시는데, 한 사람이 달려와서, 그 앞에 무릎을 꿇고 그에게 물었다. "선하신 선생님, 내가 영원한 생명을 얻으려면, 무엇을 해야 합니까?" 예수께서 그에게 말씀하셨다. "어찌하여 너는 나를 선하다고 하느냐? 하나님 한 분 밖에는 선한 분이 없다. 너는 계명을 알고 있을 것이다. '살인하지 말아라, 간음하지 말아라, 도둑질하지 말아라, 거짓으로 증언하지 말아라, 속여서 빼앗지 말아라, 네 부모를 공경하여라' 하지 않았느냐?" 그가 예수께 말하였다. "선생님, 나는 이 모든 것을 어려서부터 다 지켰습니다." 예수께서 그를 눈여겨보시고, 사랑스럽게 여기셨다. 그리고 그에게 말씀하셨다. "너에게는 한 가지 부족한 것이 있다. 가서, 네가 가진 것을 다 팔아서, 가난한 사람들에게 주어라. 그리하면, 네가 하늘에서 보화를 차지하게 될 것이다. 그리고, 와서, 나를 따라라." 그러나 그는 이 말씀 때문에, 울상을 짓고, 근심하면서 떠나갔다. 그에게는 재산이 많았기 때문이다. 예수께서 둘러보시고, 제자들에게 말씀하셨다. "재산을 가진 사람은, 하나님의 나라에 들어가기가 참으로 어렵다." 제자들은 그의 말씀에 놀랐다. 예수께서 다시 그들에게 말씀하셨다. "이 사람들아, 하나님의 나라에 들어가기는 참으로 어렵다. 부자가 하나님의 나라에 들어가는 것보다 낙타가 바늘 귀로 지나가는 것이 더 쉽다." 막 10:17-25

현대 기독교인에게야 율법이 무슨 고장 난 대우전자 구닥다리 텔레비전과 별반 다르지 않을 테니까, 모세의 율법을 다 지켰다는 사람에게 부족한 게 있다는 예수의 말이 하나도 이상하지 않을 것이다. 거기에 덧붙여서, 히브리 성경이 전혀 언급하지도 않는 전 재산 사회 환원까지 요구하는 예수의 모습에서 감동까지 받을지 모르지만, 당시 상황을 조금이라고 고려하는 사람이라면, 예수의 모습은 황당하기 이를 데 없다. 이 이야기를 놓고 역사성이니 하는 단어 자체를 고민할 가치도 없다. 그럼 마가복음 저자는 왜 이런 이야기를 지어냈을까? 앞장에서도 언급했지만, 복음서 저자들에게 하나님은 로마 제국이고, 복음서를 통해 예수의 생애를 만들어낸 이유도 기독교가 로마에 결코 위협이 되지 않는다는 것을 알리기 위해서였다. 예루살렘 본토를 점령했던 무식한 과격파야 '메시아'가 민족을 구원하는 존재라는 식으로, 야훼의 예언을 잘못 해석해서 돌이킬 수 없는 끔찍한 전쟁까지 일으켰지만, 결과적으로 그들은 죗값을 제대로 받았고 진짜 메시아란 결코 로마에 위협이 되지 않는 평화주의자라는 것을 강조하기 위해 만들어진 것이 복음서이다.

 그럼, 이미 전쟁이 끝났는데도 왜 복음서가 꼭 쓰여야 했을까? 유대 민족이 지구상에서 완전히 사라지지 않는 한, 로마에게 가장 큰 위협은 여전히 메시아를 '민족 구원자'로 믿는 유대인이다. 달리 말하면, 토라(모세오경)의 율법을 있는 그대로 지키는 유대인은 여전히 로마에게 위협이 되기 때문이었다. 토라의 핵심 명령이 무엇인가? 다른 신을 섬기지 말고, 다른 신의 형상도 만들지 말라는 것, 율법을 한 단어로 요약하면, 사실상 '반로마'라고 해도 과언이 아니다. 그런 로마를 안심시키려면 율법을 지키는 게 별 의미가 없다는 메시지가 필요했다. 율법을 지키는 게 사실 다 쓸데없는 짓이라는 걸 알려줘야 했다. 로마에게 율법폐기를 주장한, 예수가 율법을 대체했다는 바울의 메시지는 말 그대로 '복음'이었다. 거기에 더불어 유대인에 더 이상 로마에 위협이 되지 않기 위해서는 또 하나가 필요했다. 율법을 예수로 대치한 유대인이 재산까지 이웃에게 나누는 착한 시민으로 사는 것이다. 자, 생각해보자. 입고 있던 옷까지 벗어 주면서 사이좋게 사는 사람들로 모인 사회, 누가 가장 좋아할까? 통치자, 특히 독재자이다. 악독한 독재자일수록 법이 정한 테두리 안에서 불평 없이 서로서로 돕는 사회, 무엇보다 억울한 이 땅의 모든 인과응보가 다 저세상에서 해결된다고 가르치는 종교를 사랑한다. 독재자라면 이 땅에서 이유를, 원인을 알려고 따지지 말라고, 저세상에 가면 다 알게 될 텐데 뭐가 그렇게 급해서 안달하느냐는 메시지를 갈구하기 마련이다.[124]

"아이고, 온 국민이 아무리 억울해도 저세상 가면 다 해결될 거라는 거 믿고 살면 얼마나 좋아? 왜 굳이 이 땅에서 사회정의니, 공정이니 하면서 고생하냐고? 힘들어도 그냥 여기서는 이빨 꾹 깨물고 참고 살아. 그리고 저세상 가서 네가 사랑하는 신을 만나서 맺힌 한 다 풀라고. 아무도 안 말려요."

부자 청년에게 하는 예수의 이야기가 무엇인가? 이 땅과 내세를 철저하게 구분하는, 바로 헬라식 이원론이다.

"가서, 네가 가진 것을 다 팔아서, 가난한 사람들에게 주어라.

---

124. "사랑하세요, 무조건 사랑하세요… 지금은 우리가 거울로 영상을 보듯이 희미하게 보지마는, 그 때에는(죽고 나면) 얼굴과 얼굴을 마주하여 볼 것입니다. 지금은 내가 부분밖에 알지 못하지마는, 그 때에는 하나님께서 나를 아신 것 같이, 내가 온전히 알게 될 것입니다." 고전 13:12

그리하면, 네가 하늘에서 보화를 차지하게 될 것이다."

히브리 성경에서는 찾으려야 찾을 수 없는 외계 법률 같은 주장이다. 그리고 마가복음 저자는 강조한다.

"이봐, 유대인들, 잘 들어. 너희들이 예수 말 안 듣고 율법 준수 강조하고 천국에 보화를 쌓지 않다가 결국 전쟁이란 사달을 일으키고 지금 아예 초토화, 아니 사라져버렸잖아? 그러니까 다시는 저 부자 청년이 범했던 치명적인 실수를 저지르지 않도록 조심하라고, 알았어?"

한번 상상해보자. 19세기가 끝자락에 다다랐을 때, 녹두장군 전봉준과 힘을 합친 대한제국 관군이 일본군을 상대로 전쟁을 벌였고, 얼마 후 완전히 조선 땅이 초토화되었다고. 그런데도 조선 땅에는 이곳저곳에서 녹두장군에 관한 이야기가 사라지지 않고 제2의, 제3의 녹두장군이 봉기할 기미가 모락모락 피어나고 있었다면? 그런데 놀랍게도 전봉준이 죽고 몇 년 지나지 않아 일본에서 일본말로 쓰인 전봉준 전기가 발간되었다. 주 독자층은 일본에서 일본말을 쓰면서 조용히 사는 일본거주 조선인들, 만주와 중국 전역에 흩어진 조선인들, 일본과의 교역으로 일상을 누리는 자들, 일본과 관계가 벌어지는 경우 막대한 피해를 볼 사람들, 그들이 읽을 전봉준 전기에는 과연 어떤 내용이 담겼을까?

한때 나는 '왜 예수랑 바울이 이렇게 다르지?'라고만, 그냥 그렇게만 고민했다. 그리고 예수야말로 가난한 자를 위한 복음을 설파했다고, 즉, 값싼 믿음이 될 위험 요소가 있는 바울의 복음과는 비교할 수 없는, 이웃에게 옷 한 벌 나눠주는 열매 맺는 구원의 길을 가르쳤다고, 그렇게 이해했다. 그런데 알고 보니, 예수가 뺨을 돌려대라는 대상이, 옷을 더 벗어주라는 대상이 다 로마가 아닌가?

"당연하지요. 원수까지 사랑하는 사람들이 로마를 상대로 전쟁을, 반역을 일으킬 필요가 없지 않겠어요?"

복음서 저자들은 예수를 통해서 이런 메시지를 전하고 싶었던 것이다. 사실 바울 입장에서 예수의 가르침을 왜곡할 게 없었다. 아는 게 없기도 했지만, 바울이 알았던 예수가 내가 생각하는 오리지널 예수였다면, 차마 그런 예수는 인용하려야 할 수도 없었을 테니까 말이다. 따라서 기독교 복음의 순서를 따진다면, 그 시작은 예수가 아니다. 오리지널은 바울이고, 바울의 복음을

복음서 저자들이 예수를 빌어 로마를 고려한 입장에서 진화시
킨 것이다. 바울의 가르침이 율법 폐기를 강조하는 신학에 치중
되었다면, 복음서 속 예수가 가르친 것은 현실에서 착한 로마 시
민으로 사는 모습이다. 아무리 큰 불만이 있더라도 내세를 바라

---

125. 바보가 아닌 이상, 복음서 속에서 선명한 친로마 메시지를 읽지 못하는 신학자
는 없다. 그런데 문제는 그 사실을 인정하는 대신 수준 낮은 변명으로 일관하
는 경우가 대부분이다. 왜 그럴까? 상식선에서 볼 때, 이방 국가인 로마를, 황
제를 신으로 섬기는 그런 나라를 예수가 옹호했다는 것을 선뜻 받아들이기 힘
들기 때문이다. 그 결과 항상 그렇듯이 예수를 위한 변명이 줄을 잇는다. 예수
가 사실은 겉으로는 로마를 옹호하는 것 같지만 속 내용은 그게 아니라는 식의
변명의 한 예를 워렌 카터,《신약세계를 형성한 7가지 사건》, 박삼종 옮김, (좋
은씨앗, 2017)에서도 찾을 수 있다. 예수가 왼뺨을 돌려대고, 채권자에게 외투
까지 벗어 건네주라고 한 건 다름 아니라, '힘없는 사람들을 모욕하고 착취하려
는 제국주의자의 끝없는 욕망을 드러내는 방편'이었기 때문이란다(185). 세상
에, 이렇게 순진한 사람이 있다니? 예수가 이렇게 순진하다고? 인간을 창조한
창조주가 인간을 이렇게 모른다고? 인간이 얼마나 뼛속까지 썩은 죄인이기에,
그 죄인을 구원할 길은 도무지 십자가 외에는 답이 없어서 성육신했다면서, 이
런 순진한 생각을 했다고? 신약성경은 처음부터 끝까지 로마를 향해 복종하라
는 메시지이다. 그것은 가장 먼저 쓰인 바울서신서부터 시작해서, (바울이 말
하는 '권세'는 로마 제국이다.) "사람은 누구나 위에 있는 권세에 복종해야 합
니다. 모든 권세는 하나님께로부터 온 것이며, 이미 있는 권세들도 하나님께서
세워주신 것입니다… 권세를 행사하는 사람은 여러분 각 사람에게 유익을 주
려고 일하는 하나님의 일꾼입니다. 그러나 그대가 나쁜 일을 저지를 때에는 두
려워해야 합니다. 그는 공연히 칼을 차고 있는 것이 아닙니다."(롬 13:1, 4), 복
음서를 지나 가장 후기에 쓰인 베드로전후서와 디모데전후서까지, 조금도 달라
지지 않았다. "여러분은 인간이 세운 모든 제도에 주님을 위하여 복종하십시오.
주권자인 왕에게나, 총독들에게나, 그렇게 하십시오. 총독들은 악을 행하는 사
람에게 벌을 주고 선을 행하는 사람에게 상을 주게 하려고 왕이 보낸 이들입니
다."(벧전 2:13-14) "왕들과 높은 지위에 있는 모든 사람을 위해서도 기도하십
시오."(딤전 2:2)

고 천국에 보화를 쌓는 충성된 종으로 사는 모습을 강조했다.[125] 여기서 잠깐, 왜 바울은 율법 폐기를 강조하는 신학에 치중했을까? 그 목적이 무엇일까? 목적을 알고 싶으면 먼저 정체를 알아야 한다. 과연 바울의 정체가 무엇인가? 여기에 제법 다양한 여러 가설이 있다. 이천 년 전 기독교가 만들어지고 오늘까지 서구를 중심으로 세계로 퍼져 사실상 인류의 사상을 지배하고 있는 현실, 그 근간에는 바울이라는 인물이 있다. 그렇기에 바울이 누구인가 하는 질문은 매우 중요하다. 나중에 따로, 본격적으로 다루어야 할 주제로 남겨두자. 자, 이제 조금 더 솔직하게 이야기해보자. 도발적인 질문을 하나 던지고 싶다.

"복음서 저자들이 만들어낸 예수, 인간으로 봐도 뭐가 그리 대단한가?"

원수를 사랑하라고 해서? 황금률을 가르쳐서? 겟세마네에서 죽음을 앞두고 살고 싶다고 기도한 예수가 뭐가 그리 대단한지, 고작해야 열두 명에 불과한 제자 중에서도 배신자가 나올 정도면, 리더쉽도 그저 그렇다고 보는 게 맞다. 솔직히 예수보다 몇 배나 훌륭한 사람들이 역사 속에는 널리고 널렸다. 예수가 그토록 두려워했던 '죽음', 그거 하나만 봐도 예수가 차마 명함도 내밀 수 없는 사람들이 부지기수다. 외국까지 갈 것도 없이 우리 역사만 봐도, 사육신의 죽음 앞에서는 말 그대로 고개가 숙여진다. 어떻게 저런 죽음을 맞이할 수 있었는지, 단지 자신을 넘어서 모든 가족까지 다 희생당한 끔찍한 죽음이었다. 그에 반해 예수는… 가족들도 아무 문제 없었고, 게다가 본인은 삼 일 후에 다시 살아났단다. 그걸 놓고 무슨 희생이니 말하는 것도 민망스럽다. 그러나 현실은 어떤가? 나처럼 말하는 사람은 아주 무식한 인간이 된다. 물론 종교적으로야 이단 내지 배교자라는 딱지가 붙겠지만, 일반 사회에서도 예수에 관해서 '그저 그렇다'라고 말하는 건 상식으로 인정받기 힘들다. 그 정도로 서구를 지배한 기독교는 미국을 중심으로 해서 여전히 온 세계에 영향력을 미친다.

이건 마치 백종원을 비롯해 유명한 요리 전문가가 다 최고의 음식이라고 인증한 요리를 먹고, "난 별로인데? 맛없어. 차라리 라면이 낫겠다."라고 말하면 무식하다는 소리를 듣는 것과 비슷하다. 세계 최고 와인, 와인 전문지로부터 수없는 추천을 받은 명품 와인을 마시고, "이거나 편의점 와인이나 별 차이가 없는데?"라고 말하는 순간, 무식하고 품위 없는 놈이 되는 것과 비슷하다. 그래서 대부분 맛이 없어도 맛없다고 말하지 못한다. 아무리 그래도 차마 입 밖으로 내지 못한다. 만일 아카데미상을 탄 〈미나리〉의 윤여정 연기를 보고 아무리 별로라고 느껴도 그렇게 말하기 쉽지 않은 거, 환경 내지 여론이 만든 위상이라는 건 쉽게 공격할 수 있는 대상이 아니기 때문이다. 내 눈에는 아무리 거품이라도 그 거품을 터뜨리려다가 정작 터져버린 거품 속에서 내가 질식할 수도 있으니까 말이다.

　오래전 신앙이 있을 때야 복음서 속 예수의 모습이 그저 그래도 내겐 별문제가 되지 않았다. 예수의 말을 도무지 이해하기 힘들어도 고민 대신 기도가 우선이라고 생각했다. 인간 예수보다 중요한 건, 예수의 말을 이해하는 것보다 중요한 건 예수가 인간이 된 하나님이고 나를 위해 죽은 구원자라는 교리였으니까. 그 믿음만으로도 그저 그런 예수의 실망스러운 모습조차도 얼마든지 상쇄할 수 있었지만, 지금은 전혀 그렇지 않다. 그렇기에 '기독교는 싫어도 예수는 사랑한다'는 사람을 만나면 그냥 웃긴다. 왜 그렇게들 말할까? 아니, 예수의 어떤 면을 보고? 로마에서 시작해 서구 이천 년을 다스린 종교, 지금은 미국의 종교… 그 아우라가 주는 거품 때문이 아닐까? 예수보다 훨씬 더 희생적이고 리더쉽도 뛰어나며 심지어 부모에게도 효도하는 사람들, 내 주변에도 많다. 그래선지 그런 사람을 만날 때면 조선의 사육신을, 녹두장군 전봉준을, 그리고 전태일 열사를 말하고 싶다.

"예수보다 훨씬 나아요."

방송작가 유선경은 책을 읽을 때 고려하는 점을 이렇게 말했다.
내가 책을 읽는 콘텍스트는 대략 이러하다. 왜 이 시점에 이 책
이 세상에 나왔는가. 대상과 사물을 어떤 관점으로 보고 있는
가, 관점을 일관되게 견지하고 있는가. 세련된 방식으로 설득력
있게 표현한 구절은 무엇인가.[126]

복음서를 읽을 때도 같은 질문을 던져야 한다. 복음서가 나온
시점을 고려해야 한다. 왜 그때 그런 책이 나와야 했는지 물어야
한다. 복음서가 대상으로 한 독자층이 누군지 물어야 한다. 그리
고 그들을 설득하기 위해서 복음서가 어떤 방법을 사용했는지…
그렇게 복음서를 바라보고 읽기 시작하면, 전혀 다른 세상이 보
일 것이다. 비로소 신학자들이 신앙이란 이름으로 만들어낸 교
리로 떡칠이 된 복음서가 아닌, 저자들이 의도한 메시지가 선명
하게 드러날 것이다. 비록 그 속에서 만나는 예수가 '진짜 예수'

---

126. 유선경, 《어른의 어휘력》(앤의서재. 2020), p.258

는 아니라고 해도, 최소한 저자가 의도한 예수는 만날 수 있을
것이다.

12장

영광의 숨바꼭질

내 영광을 보고 죽을지도 모른다는 생각에, 야훼는 모세가 걱정되었다. 야훼가 전지전능하지만 엄밀히 말해서 꼭 그런 건 아니다. 안 하는 건지 몰라도, 그냥 겉으로만 봐서는 못 하는 것도 적지 않으니까. 지금이 딱 그런 경우이다. 모세로 하여금 야훼의 영광을 '맘껏' 보게 하고도 그가 살도록 하는 것, 야훼에게는 불가능한 일이었다.[127] 그래서 야훼는 모세가 자신의 영광을 보고 화끈하게 생명을 버리도록 내버려 두는 대신, 영광을 가리더라도 그의 목숨을 살리는 방향으로 결정했다. 하지만 그런 결정을 혼자 내리기 전에 야훼가 모세와 의논을 했다면 어땠을까? 어쩌면 모세는 죽어도 좋으니까 영광 보길 원했을지도 모른다. 만약에 사후세계까지 확신했다면, 분명히 죽음을 택했을 거다. 영화

---

127. "야훼에게 자살이 가능할까?"도 비슷한 종류의 질문이다.

〈더 디스커버리〉를 보면, 사후세계가 증명되자 수많은 사람이 자살을 선택한다. 현실에서 고통을 느끼면서까지 죽자 살자 할 의미를 찾지 못한 것이다. 게다가 애석하게 먼저 어린 아들을 보낸 엄마는 죽으면 아들을 만날 수 있고, 지금보다 나을 걸 확신한다. 그렇다고 모세에게 이런 식의 현실 도피가 있었다는 건 아니지만, 인간에게는 종종 생명보다 더 소중한 가치가 존재하니까. 야훼의 영광… 그 어떤 인간에게도 주어진 적이 없는 기회, 그 정도의 가치라면 생명을 포기하는 한이 있어도 모세는 그 영광을 보려고 했을 것이다. 그러나 야훼의 생각은 달랐다.

> 나의 영광이 지나갈 때에, 내가 너를 바위 틈에 집어 넣고, 내가 다 지나갈 때까지 너를 나의 손바닥으로 가리워 주겠다. 출 33:22

성경을 다 뒤져도, 영광과 관련해서 하나님이 인간의 눈을 가려준다는 말은 있어도 인간이 감히 하나님의 영광을 가린다는 말은 없다. 당연하다. 성경 저자가 바보가 아닌 이상, 그런 구절이 있을 리가 없다. 인간에 의해서 얻어지는 영광이라면, '영광'이라는 단어가 어울리지 않는다. 또 인간에게 가려지는 영광을 가진 신이라면, 신이라는 단어도 어울리지 않는다. 오래전 자식의 이혼을 언급하면서 내게 이렇게 말한 목사가 있었다.

"내가 참 자네 보기도 민망해. 무엇보다 하나님의 영광을 가려서 하나님께 너무 죄송하고."

나는 삼성의 이재용이 이혼했다고 그의 아버지나 할아버지의 영광이 가려졌다는 이야기를 들은 적이 없다. 혹, 체면이 좀 구겨졌다면 모를까, 절대 영광 관련 비슷한 생각을 한 사람은 있을 리 없다는 게 내 생각이다. 그런데 하나님의 영광이라는 게 고작해야 이혼한 목사 아들 때문에 가려진다니, 가당키나 한가? 그 목사의 아들, 오죽 결혼 생활이 힘들었으면 유명 목사라는 아버지 상황을 뻔히 알면서도 이혼을 감행했을까? 그 목사가 고민했던 하나님의 영광이라는 거, 사랑하지도 않으면서 억지로 유지하는 결혼 생활로 드높여지는 그런 영광인가? 따지고 보면, 그 목사가 말한 '하나님의 영광'이라는 것도 사실은 목사 자신의 체면을 말한 게 아니었을까 싶다. 언젠가 남편 목사에게 당하는 상습적 구타를 견디지 못해 그 사실을 지인들에게 고백한 어느 여자 이야기를 들은 적이 있다. 그녀의 고민도 비슷했다.

"하나님의 영광을 가리면 안 되는데, 저 때문에, 이런 사실이 알려져서 우리 하나님 영광이 가려질까 봐 망설이고 망설이다가…"

아니, 그 하나님의 영광이라는 거, 목사라는 작자가 멀쩡한 얼굴로 설교하고 집에 가서 아내를 아무리 두들겨 패도, 비밀만 지켜지면 드높여지는 건가? 이처럼 '하나님의 영광' 운운하는 말은 결과적으로 하나님을 인간 수준으로 격하시킬 뿐인데도 불구하고 '하나님의 영광을 가린다'라는 말은 교회에서 차고 넘친다. '하나님께 영광을 돌린다'도 전혀 다르지 않다. 고작해야 인간 때문에 올라가는 영광이라니, 비루하기 그지없다. 따라서 인간 때문에 가려지지도 않는 영광이라면 인간 때문에 올라갈 리도 없다고 생각하는 게 이치에 맞다. 따라서 조금만 상식을 가지고 생각해도 '하나님께 영광을 돌리게 해 달라' 또는 '하나님의 영광을 가리지 말아야 한다.'는 식의 말은 교회에서 사라지는 게 맞지만, 그건 결코 쉽지 않을 것이다.[128]

---

128. 이건 기독교에만 해당하지 않는다. 유일신을 신봉하는 모든 종교에서 동일하게 찾을 수 있다. 크리스토퍼 히친스는 《신은 위대하지 않다》, 김승욱 옮김, (알마, 2008)에서 오래전 세계적으로 화제를 일으켰던 사건 하나를 소개한다. "1989년 2월 14일에 내 친구 살만 루시디가 사형과 종신형을 동시에 선고받았다. ('악마의 시'라는) 소설 한 권을 쓴 것이 그의 죄였다⋯ 바티칸, 캔터베리 대주교, 이스라엘의 세파디 최고 랍비는 고심 끝에 내놓은 발언에서 모두 (루시디를 암살하라는) 호메이니에게 공감한다는 입장을 취했다. 뉴욕의 추기경을 비롯해서 그보다 지위가 낮은 종교인들도 마찬가지였다. 그들은 대게 폭력을 개탄하는 말을 몇 마디 한 뒤, '악마의 시'의 출간이 야기한 가장 커다란 문제는 돈으로 고용된 사람들의 살인 시도가 아니라 신성모독이라고 선언했다."(51-52) 소설 한 권 때문에 모독을 당하는 신이라니, 비루하기 이를 데 없다.

첫 번째 이유는 '하나님의 영광'은 기독교인이 가진 '신관'을 그대로 드러낸다. 하나님을 경외한다고 하지만 사실상 하나님을 '내 수준'으로 만들고 내가 원하는, 내 구미에 맞는 신에게 예배하는 기독교 신앙의 본질을 그대로 드러내기 때문이다. 달리 말하면, 기독교 신앙의 핵심은 신이 아니라 '나 자신'이라는 것이다. 명목상은 하나님이 중심이지만 진짜는 내가 중심인 기독교 신앙을 잘 드러내는[129] 가스펠 중에 '얼마나 아프실까'라는 곡이 있다.

얼마나 아프실까,

하나님의 마음은

인간들을 위하여 아들을 제물로 삼으실 때,

얼마나 아프실까

주님의 몸과 마음

사람들을 위하여 십자가에 달려 제물 되실 때[130]

---

129. 사실 모든 가스펠 가사는 다 '나'를 찬양한다. 하나님을 전면에 내세우지만, 한 꺼풀만 벗겨내면 진짜로 찬양하는 건 '나'이다.
130. 가스펠 가사 대부분이 황당하기 이를 데 없는데, 욥기와 관련해서 황당한 가스펠 하나를 참고하라.

일단 이 가사는 매우 신성모독적인 메시지를 담고 있는데, 일단 하나님이 아플 거라고 함부로 단정한다. 누가 봐도 아파서 쩔쩔매는 하나님을 향한 인간의 동정과 연민이 담겨있다. 이게 신성모독이 아니면 뭐가 신성모독일까? 더불어, 도대체 무슨 근거로 전능한 신이 굳이 스스로에게 고통을 가하는 '짓'을 한다고 생각하는 걸까? 아니, 아들을 보내서 죽이는 것 외에 구원을 위한 다른 방법이 없었다고 단정하는 이유가 도대체 무엇일까? 왜 아무 조건 없이 화끈하게 인간의 모든 죄를 없애는 것도 얼마든지 가능하다는 생각을 못하는 걸까? 일개 인간에 불과한 대통령에게도 사면권이 있는데, 하나님에겐 그게 안 된다고? 아니, 왜? 흔히들 하나님의 공의가 어쩌고저쩌고 떠들지만, 웃긴 소리이다. 하나님을 인간이 만든 신학이라는 억지 테두리 안에 넣기 때문에 그런 소리를 하는 거다. 인류 구원을 위해 하나님이 생각한 방법이 정말로 예수의 십자가 죽음이었다면, 그 이유는 딱 하나이다. 하나님이 전지전능하다고 증거하는 성경의 주장에 근거해서 볼 때 너무도 명확한 이유는 바로,

"자기가 좋아서! 그 방법이 가장 마음에 들어서."

우리 인간이 이해하든 말든, 하나님한테는 그 방법이 맘에 들

었던 거다. 그 결과 믿지 않는 수많은 인간에게 지옥행이 예비되었지만, 그것도 하나님에게는 별 상관이 없기 때문이다.

"아니, 무슨 소리를 하는 겁니까? 하나님은 사랑의 하나님입니다. 단 한 사람도 지옥에 가는 걸 원치 않습니다."

문제는 하나님이 원치 않는데도 불구하고, 지금 이 순간에도 지구 어딘가에서는 누군가가 여전히 지옥에 가고 있다는 게 사실이라면, 결국 사랑의 하나님이라는 결론을 내릴 수 있는 근거는 이것뿐이다.

"그게 하나님이 인간을 사랑하는 방식이다."

하지만 기독교인은 이런 하나님을 원하지 않는다. 이성적으로는 납득이 안 되도, 최소한 동병상련 해주는 감성의 하나님을 원한다. 능력이 좀 부족하더라도 가슴이 아파서 구석에서 우는 하나님, '인간적'인 하나님 말이다. 나라는 한 사람에게 목을 매는 그런 하나님이어야 비로소 내가 소중해진다. 다시 말하지만, 기독교의 본질은 '하나님'이 아니라 '나'이다. 모든 것은 나로 시작해서 나로 끝난다. '얼마나 아프실까'를 부르면서 감동받는 이유도 따지고 보면 그 고통의 이유가 나이기 때문이다. 가사를 조금 바꿔보자.

얼마나 아프실까,
하나님의 마음은
나를 위하여 아들을 제물로 삼으실 때,
얼마나 아프실까
주님의 몸과 마음
나를 위하여 십자가에 달려 제물 되실 때

전지전능한 하나님도 그 전지전능함이 나를 위할 때만 의미가 있다. 그렇기에 그냥 깡그리 모든 인간을 다 용서하는 구원이 아니라, 예수가 죽어야 하는 구원이 필요하다. 예수의 죽음이 오로지 '나'를 위한 것이라고 믿고 싶기 때문이다.(그러나 이런 생각은 말 그대로 착각이다. 이점과 관련해서 페이스북에 올린 글을 미주에 싣는다.)[2] 십자가에 달린 예수가 하늘을 보면서 생각한 사람이 바로 나였다고 믿어야 비로소 구원이 구원다워진다.

1970년대와 80년대까지, 마라나타 싱어즈가 나오기 전까지 미국에서 엄청난 인기를 끌었던 헤리티지 싱어즈Heritage singers

가 있다. 그들 노래 중에 '나를 사랑해줘서 고마워요Thank you for loving me'가 있는데, 다음은 2절 가사이다.

주님, 난 주님에 관해서 자주 생각합니다.
특히 겟세마네 동산에서 혼자 기도하시던 그때를 말입니다.
주님, 주님은 굳이 십자가를 지지 않고 그냥 가실 수도 있었습니다.
하지만 그러시지 않았어요.
주님이, 그때 저를, 저를 생각하셨기 때문이지요.[131]

이처럼 겟세마네에서 기도하던 예수의 머리에 떠오른 것도 나라고 생각해야 구원의 감동이 더 크게 따라온다. 그런데 모든 사람을 다 용서한다고? 믿음이니 하는 조건 없이 그냥 다 용서한다고? 그럼 나의 가치는, 아니, 바닥으로 떨어질 천국의 가치는 어떡하고? 그렇기에 '얼마나 아프실까'라는, 가사가 하나님을 땅바닥으로 격하시켜도 내가 올라가는 한, 이런 노래는 감

---

131. Many times I think about you Lord.
     All alone in dark Gethsemane.
     You could have turned and walked away from it all Lord
     But you didn't because you thought of me.

동을 준다. '하나님의 영광' 운운하는 말이 사라질 수가 없는 게 바로 이런 이유 때문이다. 나 때문에 우는 하나님이나, 나 때문에 영광이 올라갔다 내려갔다 하는 하나님이나, 원리는 매일반이다. 내가 그만큼 소중하다는 말이다. 따라서 나의 자존감 내지 자아의식을 고취시키는 이런 용어가 교회에서 사라질 가능성이 거의 없다.

'하나님의 영광' 운운하는 말이 사라지기 힘든 두 번째 이유는 이 말이 사람들로부터 복종을 유도하기에 아주 유용하다는 점이다. 착한 아들에게 '집안 망신시키지 마라, 아버지 얼굴에 먹칠하지 마라' 처럼 강한 압박, 동기 부여도 없다. 착한 국민에게 '나라 이름에 욕 먹이지 말자'도 마찬가지이다. 물론 차이가 있다. 집안, 아버지 그리고 나라는 얼마든지 영광이 가려질 수 있다. 망신당하고 바닥으로 떨어질 수도 있다. 그리고 실제로 그 피해가 집안, 아버지 그리고 나라에까지 미칠 수 있다. 그러나 하나님은 다르다. 아무리 피조물이 영광을 가리려고 발버둥 쳐도 영광은 가려지지 않는다. 그럼에도, 여기까지 생각하는 사람은 거의 없다. 그렇기에 하나님의 영광 운운하는 말은 교회 안에서 사람들의 복종과 순종을 끌어내는 데에 여전히 효과적인 압박이다. 효과가 있는 한, 아무리 신학적으로 문제가 있는 말이라고 해도 사라지지 않는다.

　자, 나는 지금까지 결코 인간에 의해서 작은 흠집 하나 날 리가 없는 하나님의 영광을 주장했다. 그렇다면 하나님의 영광은 만고불변일까? 어떤 일이 생겨도 손상되지 않는다는 걸까? 그렇지 않다. 나는 인류 역사에서 하나님의 영광은 세 번 크게 손상되었다고 생각한다. 첫 번째는 하나님이 욥을 놓고 사탄과 내기를 벌였을 때이다.[132] 그 결과 하나님의 영광은 심각하게 손상되었고, 자존심에 상처를 입은 하나님은 더 이상 히브리 성경에 그 모습을 드러내지 않는다.

　마일스는 구약성경이 아닌 오리지널 히브리 성경에 나타난 야훼(하나님)의 특징을 행동–말씀–침묵이라는 과정으로 표현했다.[133] 욥기는 히브리 성경 마지막 부분인 케투빔에 포함된 지혜서 세 권 중 하나이다. 오리지널 히브리 성경의 순서에 따르면, 욥기에서 모습을 드러낸 이후 하나님은 더 이상 성경에서 보이

---

132. 옥성호,《너무도 가벼운 고통》(글의 온도, 2021)을 참고하라.
133. 그러나 구약성경에 오면 사정이 달라진다. 토라와 네빔 그리고 케투빔으로 이어지는 히브리 성경의 오리지널 순서를 구약성경은 마구 바꿔놓았고, 그 결과 욥기 이후에도 하나님은 수시로 나타난다. (옥성호,《너무도 가벼운 고통》, 2021, p.359)

지 않는다. 욥에게 망신을 당한 하나님이 차마 인간에게 더 이
상 모습을 드러낼 염치가 없어졌기 때문이라는 주장이다.[134]

두 번째는 스스로 선택한 민족을 말 그대로 방치하고 처참한
살육의 현장으로 내몬 것이다. 인류 역사에 유대민족처럼 이천
년이 넘는 세월 내내 지속적으로 핍박받은 민족은 없다. 그 결과
가 무엇인가? 하나님이 선택한 유대민족 중에서까지 오늘날 무
신론자가 꽤 많다는 것이다.[135] 그게 다가 아니다. 홀로코스트 이
후 '신의 죽음'이라는 새로운 신학까지 등장했다. 그리고 세 번
째가 최근에 발발한 코로나바이러스와 관련해서이다. 하나님은
예배드리겠다고 모인 신자들을 지키지 못했다. 하나님은 분명하
게 명령했다.

우리는 모이기를 그만하지 말고, 서로 격려하여 그 날이 가까워
오는 것을 볼수록, 더욱 힘써 모입시다. 히 10:25

앞에서 살펴본 댄 바커, 임박한 종말을 진심으로 믿었던 그

---

134. 옥성호, 《너무도 가벼운 고통》(글의 온도, 2021), p.15
135. 미국만 놓고 보자면, 유대인 중 22%가 무신론자 내지 불가지론자이다. https://
www.reuters.com/article/us-usa-religion-jews-idUSBRE99004O20131001

사람처럼 적지 않은 기독교인은 이 말씀을 있는 그대로 믿었다.

"하나님이 누구야? 전지전능하신 분이야. 코로나? 하나님이 당연히 처리하시겠지. 아니, 우리가 놀려고 모인 것도 아니고 예배드리려고. 그것도 말세에 모이기를 힘쓰라는 말씀에 순종해서 모였는데 코로나로부터 우리를 안 지켜주시겠어? 말도 안 되지. 찬양하고 기도하는데 코로나에 걸리게 한다고? 지금 장난쳐?"

그러나 이렇게 진짜로 하나님을 믿었던 사람들은 코로나에 걸리고 그중에는 아예 원하지 않게 천국으로 일찍 떠나 버린 이들도 적지 않다. 그럼 이 세 번째 하나님이 스스로 초래한 수치의 결과는 과연 무엇일까? 첫 번째의 굴욕, 욥에게 당한 패배를 통해서도 드러났듯이 하나님은 더 철저하게 자신을 감출 것이다. 자고로 사람도 부끄러울 때 숨는다. 우리는 아담을 통해서 그 모습을 오래전에 확인했다.

그 남자와 그 아내는, 날이 저물고 바람이 서늘할 때에, 주 하나님이 동산을 거니시는 소리를 들었다. 남자와 그 아내는 주 하나님의 낯을 피하여서, 동산 나무 사이에 숨었다. 창 3:8

그 아담이 누구를 닮아서 이렇게 도망갔던 걸까? 창조주 하나님이다. 이제 우리는 이 구절을 이렇게 바꿔야 한다.

하나님은 날이 저물고 바람이 서늘할 때에, 인간들이 힘든 세상에서 신음하는 소리를 들었다. 이제 하나님은 인간의 낯을 피하여서, 하늘 구름 사이에 숨었다.

아무리 코로나 상황이 종식되고 일상으로의 회복이 가능해진다고 해도, 하나님은 그 모습을 드러내지 않을 것이다. 더 꽁꽁 어디론가 숨을 것이다. 책임지고 싶지 않은 하나님은 차마 인간에게 모습을 보일 염치가 없다.

13장

나를 위한 초인

기독교인과 비기독교인 사이에, 암이 발병할 가능성에 차이가 있을까? 전혀 없다. 기독교인 부부와 비기독교인 부부 사이에, 장애인 아이가 태어날 가능성은 어떨까? 차이가 있을까? 전혀 없다. 그럼, 기독교인과 비기독교인 사이에 암 완치 가능성은? 그래도 기독교인은 병원 치료에 더해서 기도까지 하니까 좀 높지 않을까? 전혀 그렇지 않다. 그럼 자연스럽게 질문 하나가 따라온다.

"이상한데요? 전지전능한 하나님을 아버지라고 부르는 사람이 기독교인 아닙니까? 기독교인이 어떤 사람입니까? 하나님이 외아들 예수를 십자가에서 죽게까지 해서 구원했을 정도로 사랑한 사람들이에요. 그래서 하나님의 자녀라고 하지 않습니까? 그런데 세상 사람들과 하나도 다른 게 없다고요?"

이게 다가 아니다. 하나님이기도 한 예수는 이렇게 호언장담
했다.

> 너희 중에 누가 아들이 떡을 달라 하는데 돌을 주며 생선을 달
> 라 하는데 뱀을 줄 사람이 있겠느냐? 너희가 악한 자라도 좋은
> 것으로 자식에게 줄 줄 알거든 하물며 하늘에 계신 너희 아버지
> 께서 구하는 자에게 좋은 것으로 주시지 않겠느냐? 마 7:9-11

그런데 현실에서 비극은 하나님의 자녀라고 비켜 가지 않는
다. 비극은 대상을 가리지 않고 무작위로 덮친다. 정말 이해하기
힘든 현실이다. 이건 마치 재벌을 아버지로 둔 아들이 사채 에
허덕이는 것을 보는 거 같다. 하지만, 그 부분은 '자연의 질서'
정도로 생각하고 넘어가자. 상식적으로 볼 때야, 하나님의 자녀
에게는 비극이 덜 생기는 게 맞는 거 같지만, 엄밀히 말해서 예
수가 그런 약속은 하지 않았으니까. 하지만 이건 문제가 다르다.

기독교인이라고 해서 문제가 해결될 가능성이 더 높지 않다
는 것.

사람과 사람 사이에도 약속이 중요한데 하물며 문제 해결은

예수가 분명하게, 그것도 여러 번에 걸쳐서 한 약속이다. 이 경우 기독교인이 스스로를 합리화하는 몇 가지 방법이 있다. 기도가 충분하지 않아서, 믿음이 부족해서, 하나님의 숨은 뜻이 있어서 등등. 하지만 이것보다 훨씬 더 세련된, 수준 높은 대응 방법이 있는데, 이렇게 말하는 것이다.

"비극이 중요한 게 아닙니다. 중요한 건 우리의 반응입니다. 우리가 그 비극을 어떻게 받아들이는가? 거기서 무엇을 배우는가입니다."

1994년 한국을 휩쓸었던 《성공하는 사람들의 7가지 습관》(김영사, 1994)을 쓴 스티븐 코비의 말과 별반 다르지 않다. 그는 이렇게 말했다.

"자극과 반응 사이에는 공간이 있습니다. 바로 그 공간 안에 반응을 선택하는 우리의 힘이 숨어있습니다. 우리가 얼마나 성장하고 얼마나 자유를 누리는가는 자극을 받은 내가 어떻게 반응하는가에 달려있습니다."

코비가 말하는 자극은 다름 아닌 고통 또는 비극이다. 따라서 똑같은 말이다. 안 좋은 일이 생기는 건 막을 수 없지만, 어떻게 반응하는가에 따라서 주도적인 사람과 수동적인 사람으로 나뉜다는 의미인데, 이 개념에 인생의 눈을 뜬 사람이 적지 않다. 그런 사람은 하나님과 전혀 관계없이 180도로 인생이 바뀌었다. 문제는 따지고 보면 스티븐 코비와 하등 다를 바 없는 대답을, 하나님을 들먹이면서 신앙 차원에서 하는 것이다. 무엇보다 성경적이지 않기 때문이다. 복음서를 다 살펴보자. 예수는 단 한 번도 문제를 만난 사람, 비극을 만난 사람에게 이렇게 대답한 적이 없다.

"중요한 건 네가 문제에 어떻게 대응하는 가야. 너의 반응이 중요해."

아니, 예수는 언제나 원인을 해결했다. 예수가 만난 사람들이 가진 문제 대부분은 육체 또는 정신의 병이었다. 그리고 예수는 병을 고쳐줌으로 직접적인 문제의 원인을 제거했다. 병을 짊어지고 살면서 그 안에 숨은 하나님의 뜻을 찾으라고 말 한 적이 없다. 오늘날에도 우리에게 가장 심각한 문제는 병이다. 그래서 세상 대부분의 직업이 단명해 없어져도 의사는 무궁무진 번영할 가능성이 크다. 그럼 왜 우리는 아무리 기도해도 낫지 않는 걸까? 왜 원인은 그대로 놔두고 어떻게 반응하는가에 초점을 맞추라고 말하는 걸까?

내가 아는 사람 중에 장애인 자녀 때문에 미국으로 이민 간 사람이 있다. 한국과 미국의 장애인 대접은 말 그대로 하늘과 땅 차이인데, 장애인에 대한 시각 자체는 두 나라가 달라도 너무 다르다. 이건 묘지에 대한 시각 차이와 비슷한데, 미국에는 그냥 주택가 가운데에 공동묘지가 있다. 우리나라에서는 상상도 못할 일이다. 아무튼, 그 친구, 한국에 살았다면 IT 전문가로 꽤나 이름을 날렸을 사람인데, 영어가 젬병이라 그런지 미국에서 시작한 일은 세탁소였다. 자, 여기에 무슨 하나님의 뜻이 있을까? 독실한 기독교인인 그 사람은 딸의 장애를 고쳐 달라고 쉬지 않고 기도했다. 그 어떤 부모가 그러지 않겠는가? 하지만 아무리 기도해도 장애는 사라지지 않았고 결국 그 친구, 변하지 않는 현실을 받아들이고 그 안에서 의미를 찾는 것으로 정리했다.

"하나님이 한국에서 내가 너무 성공해서 하나님을 멀리할까 봐 이렇게 인도하신 거야. 여기 미국에 와서부터 솔직히 나 거의 일할 때 빼고는 성경하고 신앙 서적만 읽어. 한국에 있었다면 상상도 할 수 없는 일이지. 우리 하나님, 내가 온전히 하나님만 바라보도록 정말로 철저하게 준비하셨어. 내 마음을 독차지하고 싶으셨던 거지. 그런 거 보면, 우리 하나님, 참 욕심도 많으셔. 하하하."

대단한 신앙고백 같지만, 어이가 없는 이야기이다. 하나님이 사람의 사랑을 독차지하려고, 그 사람의 마음이 온통 하나님만 향하게 하려는 하나님의 방법이라는 게, 그래, 그 집에 장애아가 태어나게 한 거라고? 그런데 여기에는 더 큰 문제가 있다. 그럼 그 장애아는 뭔데? 자기 아버지가 오로지 하나님만 사랑하는 사람이 되게 하도록 사용된 일종의 부품이란 소리인가? 하나님이 언제 그 집 아이에게 이런 질문을 한 적이나 있나?

"내가 네 아빠의 사랑이 너무 필요하거든. 그래서 네 아빠가 오로지 나만 바라보게 하려고 너한테 장애를 줘야겠는데, 괜찮겠지?"

기독교가 얼마나 지독할 정도로 자기중심적인지는 널리 알려져 있다. 그 시작은 사실 정말 어이가 없다고 해도 과언이 아닌 작위적 히브리 성경(구약) 해석에서부터 시작한다. 기독교의 입장에서 유대민족은 군대 용어로 치면 일종의 교보재이다. 기독교인을 향한 하나님의 사랑을 보여주기 위해서 시범 케이스로 사용된 허수아비이다. 오래전 하나님이 메시아를 약속한 건 오로지 유대민족뿐이다. 그런데 수천 년이 지난 지금까지 예수가 메시아인지 못 알아보는 것도 유일하게 유대민족이다. 기독교의 설명은 간단하다. 유대민족이 눈이 멀어서 하나님이 자세하게 알려줬는데도 못 알아봤다는 것이다.

> 여보세요, 유대인들, 이 세상을 구원하시려는 하나님의 경륜 속에서 당신네는 불쏘시개에요⋯ (성경 속에는 예수가 메시아라는 예언이 차고 넘쳐요. 그런데) 이상하게 진짜 메시아 예언은 유대민족의 눈에는 보이지 않아요. 이거야말로 하나님의 놀라운 섭리가 아닐까요?[136]

하나님이 유대민족에게 준 것은 예수가 아니라 율법이다. 그런데 기독교는 예수가 율법을 대체했다고 한다. 율법은 어차피 지킬 수 없는 건데, 유대인은 지금도 그것을 지킬 수 있다며 고집을 부린다고 한다. 아니, 그럼 왜 하나님은 이 율법의 목적은 따로 있다고 얘기하지 않았을까? 왜 도리어 율법은 얼마든지 지킬 수 있다고 유대민족에게 거짓말을 한 걸까? 신명기 30장 11

---

136. 옥성호, 《신의 변명》(파람북, 2018), p.197

절과 14절을 보자.

내가 오늘 네게 명령한 이 명령은 네게 어려운 것도 아니요, 먼 것도 아니라… 오직 그 말씀이 네게 매우 가까워서 네 입에 있으며 네가 마음에 있은즉 네가 이를 행할 수 있느니라.[137]

정작 사랑하는 자식에겐 보물을 감춘 장소를 알려주지 않는 아버지가 길 가던 사람을 붙잡고는 그 비밀을 알려준다는 게 하나도 이상하지 않은 게 기독교이다.

병역 문제로 한국에 들어오지 못하는 가수 유승준은 독실한 기독교인으로 알려져 있는데, 그가 부른 〈나나나〉라는 노래의 제목은 이런 '나 중심'의 기독교인 심리를 잘 드러낸다. 모든 건

---

137. 그러니 이런 말이 나오는 것도 당연하다. 다음은 기독교 목사로 오랜 세월을 보낸 한 유대인이 전통 유대교로 돌아와서 한 말이다. "수천 년간 노예 생활에, 광야에, 유배 생활에 그 기간 내내 '내 계명을 잘 지켜라. 그럼 내가 너를 축복하겠다.' 그렇게 분명히 약속하셨던 하나님이 갑자기 예수를 보내면서 이렇게 말합니다. '하하하, 이제 알겠지? 너희는 안 되는 거 알겠지? 애초에 안 되게 되어 있었어. 그러니까 이제부터 내가 보낸 예수를 믿어. 어차피 내 계명은 너희들 수준으로는 죽었다고 깨어나도 못 지켜. 그러니까 좀 더 쉬운 길을 줄게. 그냥 믿어. 그럼 그걸로 다 지킨 것으로 해줄게. 괜찮지? 이제라도 이렇게 좋은 길을 줘서 고맙지?' 이렇게 말한다고요? 이런 분이 하나님이라고요? 아니, 이런 하나님을 나 보고 사랑하라고요?" 옥성호, 《신의 변명》(파람북, 2018), p.78

다 나를 위한 것이다. 자식의 장애조차도 내게 깨달음을 주려는 하나님의 뜻이다. 가족 중 누군가에게 생기는 비극도 나를 하나님께 돌아오게 하려는 수단일 뿐이다… 말 그대로, 〈나나나〉이다. 이런 식의 '나 중심'의 논리는 나의 신앙을 지키는 동시에 무력한 하나님을 변호하기 위한 것이지만, 정작 고통의 당사자에게는 어이가 없는 논리이다.

영화 "래빗홀Rabbit Hole"에서 니콜 키드만은 어린 아들을 불의로 교통사고로 잃고 치유모임에 다니는 어머니 역할로 나온다. 그녀는 모임 중에 죽은 자식이 하늘의 별이 되었다는 깨달음에 위안을 얻은 한 엄마에게 이렇게 묻는다.

"하늘에 널리고 널린 게 별인데, 전지전능한 하나님이 별 하나 더 만들겠다고, 꼭 댁의 아들을 죽여야만 하나요?"

사라지지 않는 고난 앞에서 기독교인이 진짜 물어야 할 질문은 이것이다.

"하나님, 왜 우리 애를 고쳐주지 않나요? 예수님은 모든 문제의 원인을 해결했는데, 왜 지금 내게는 문제를 그대로 놔두고,

그 문제로부터 교훈만 얻으라고 하나요?"

그러나 이런 질문을 하는 기독교인은 거의 없다. 하나같이 신통방통한 변명거리만 생각해낼 뿐이다. 그래서 나는 신앙 좋은 기독교인을 이렇게 정의하겠다. "하나님을 위한 변명을 다른 사람이 생각하지 못한 방식으로, 기가 막히게 독창적이고 세련되게 하는 사람…" 예를 하나 들어보자. 교회 입장에서 가장 중요한 것은 십일조이다. 말라기 3장 10절은 보기에 따라서 교회의 생사를 결정하는 중요한 구절이다.

> 만군의 여호와가 이르노라 너희의 온전한 십일조를 창고에 들여 나의 집에 양식이 있게 하고 그것으로 나를 시험하여 내가 하늘 문을 열고 너희에게 복을 쌓을 곳이 없도록 붓지 아니하나 보라.

록펠러를 비롯해 십일조를 열심히 해서 부자가 되었다는 간증은 교회 안에서 차고 넘친다. 그런데 현실은 평생 십 원도 빼지 않고 십일조를 했음에도 불구하고 여전히 가난한 기독교인이 더 많다는 것이다. 언젠가 이 문제를 가지고 믿음 좋은 한 기독교인과 이야기한 적이 있었는데, 그 사람의 대답은 이것이었다.

"십일조를 아무리 열심히 해도 나머지 9할의 물질을 사용할 때 청지기 정신으로 살지 않았으면 하나님이 복을 주지 않아요."

"어, 성경에 그런 말 없는데요? 말라기에 전혀 청지기 정신과 관련해서는…"

"성경은 전체를 보고 이해해야 합니다."

하나님을 위한 변명의 시조는, 기독교의 창시자인 바울이다. 뭔지 알 수는 없지만 그에게는 심각한 병이 있었다. 그리고 그 병은 간질이나 피부병처럼 겉으로 드러나는 병이었던 게 틀림없다. 그러다 보니까 분명 바울에게 이런 질문을 하는 사람이 있었던 거 같다.

"당신, 부활한 예수님도 만난 사람인데, 그거 좀 고쳐 달라고 하세요."

바울 입장에서 눈에 보이는 병을 달고 다니는 건 분명 위신에 손상을 주는 일이었을 것이다. 신유 은사를 가졌다는 사람이 날마다 감기에 걸려서 콜록거리면서 안수하고 다닐 수는 없는 거 아닌가? 바울 당시 분위기를 짐작할 때 바울도 나름 어떤 신통한 능력을 강조했을 가능성이 매우 크다. 자, 바울이 병을 고쳐 달라고 기도했는지는 알 수 없지만, 결과는 분명하다. 오늘날 우리 상황과 하나 다를 바 없이, 그의 병은 사라지지 않았다. 기도한다고 고쳐질 병이 아니었나 보다. 그러나 적지 않은 사람이 바울의 병과 그 병의 치유 여부에 관심을 가진 상황에서 바울이 그냥 침묵할 수만을 없었을 것이다. 그래서 서신서에 공개적으로 그 병과 관련해서 기록을 남겼다. 병이 낫지 않아도 사람들이 "와아~"할 수 있는 근사한 뭔가가 필요했다. 즉, 병이 주는 어떤 '의미'를 찾아야만 했고, 그건 요즘도 많은 사람이 가장 자주 써먹는 방법이다.

"하나님이 나한테 이렇게 직접 말씀하셨어요. 내가 음성을 들었어요."

이거야말로 하나님을 위한 변명이자 자신의 체면도 살리는 일석이조의 방법이었다.

(주님이) 나에게 이르시기를 내 은혜가 네게 족하도다. 이는 내 능력이 약한 데서 온전하여짐이라 하신지라. 고후 12:9

그러니까 병을 안 고쳐주겠다는 답을 들었다는 것이다. 왜?

병을 고치는 것보다 더 중요한 의미가 이 병 안에 담겨있기 때문이란다. 이처럼 바울은 독창적인 언변 능력을 십분 발휘해서 약점을 강점으로 바꾸었다. "내 능력이 약한 데서 온전하여짐이라." 나라면 이렇게 말했을 거 같다.

"가서 하나님한테 그러세요. 내 능력은 강한 데서는 더 온전할 거라고요."

이처럼 바울은 하나님을 위한 변명이라는 표준을 만들었다. 예수가 만든 선례가 고통의 원인 제거라면, 바울이 만든 건 사라지지 않는 고통에 대한 핑계 만들기이다.

프롤로그에서 말한 〈오징어게임〉 1회를 다시 상기하자. 이정재에게 사채업자가 이런 말을 한다고 가정해보자.

"많이 힘들지? 하지만 내 마음은 너와 같이 있어. 너를 무척 사랑해. 그래서 네가 도망 다닐 때 나도 아주 힘들어. 이런 내 마음이 네게 위로가 되었으면 좋겠다."

다른 사람도 아닌 사채업자 입에서 이런 말이 나오는 것도 황당한데, 그게 끝이 아니라면? 몇 대 맞고는, "알았어요. 한 주만 시간 줘요. 다음 주까지 다 갚을게요." 비틀거리면서 화장실을 나가는 이정재의 등을 향해 사채업자가 이렇게 외친다면?

"아무리 힘들어도 잊지 마. 이런 고통 속에서 네가 배워야 할 게 뭐가 있는지, 그것을 찾아내는 게 중요하다는 것을. 이런 고생이 헛되지 않도록 말이야."

하나도 틀린 말이 아니다. 하지만 문제는 이런 말을 사채업자가 한다는 것이다. 현실 속에 이런 사채업자는 존재하지 않는다. 하지만, 하나님을 향한 변명에 목을 매는 신앙 좋은 사람들은 결과적으로 하나님을 '사랑이 넘치는 사채업자'로 만들고 있다.

사랑은 넘치지만 무력하기 이를 데 없는 아버지가 제일 잘하는 게 뭘까? 그냥 같이 아파하면서 우는 거다. 그래도 명색이 아버지인데, 아무리 무력해도 가끔 술 한잔 걸칠 때면 용기를 내 충고랍시고 몇 마디 할 때도 있을 것이다. 고통과 눈물 속에 숨은 의미와 교훈을 찾으라고, 젊을 때 고생은 사서도 한다면서 말이다. 그런데 기독교가 말하는 하나님은 이런 아버지가 아니다. 사랑만 넘치는 무력한 아버지가 아니다. 무한한 사랑뿐 아니라 전지전능하기까지 하다. 그러니까 고통의 원인 제공자일 뿐 아니라 해결책도 갖고 있다. 그런데 고통을 주기만 하고 해결은 해주지 않는다? 그러면서 위로와 교훈만 이야기한다? 고통 속에서 의미만 찾으라고 한다? 게다가 원인 제공자가 하나님인데, 같이 슬퍼한다? 더 당황스러운 것은 얼마든지 원인을 제거할 수도 있으면서 그건 안 하고 같이 슬퍼만 한다? 정말 너무 황당하지 않은가? 고통을 보고 외면하는 건 해결할 능력이 없거나 악하기 때문이다. 하나님이 전지전능하고 동시에 선하다면 세상은 결코 지금처럼 돌아갈 수 없다. 전지전능하면서 동시에 선한 하나님은 있을 수 없다. 그런데도 여전히 하나님이 전지전능하면서 선하다는 말에 아무런 문제를 느끼지 못한다면, 그건 세뇌 또는 자기합리화가 가져다준 인지부조화를 의심해야 한다. 중요한 건 언제나 현실이다. 1997년 교통사고로 죽은 CCM 가수 리치 뮬린스는 한 콘서트에서 이런 말을 했다.

"대답보다 중요한 것이 삶이다. Life is more important than answers."[138]

이 말은 이렇게 바꿀 수 있다.

---

138. https://www.youtube.com/watch?v=e5rVQlvr4AQ

"인지부조화 극복보다 중요한 게 위로이다."

하나님을 위한 변명이 좋아서 하는 사람이 있을까? 앞에서 말한 친구, 세탁소에서 짬짬이 신앙 서적 읽으면서 "주님, 이렇게 주님만 생각하게 해주셔서 고맙습니다"라는 기도를 정말로 좋아서 할까? 대안이 없으니까. 그렇게라도 의미를 찾아야 살 수 있으니까. 사막 같은 인생에서 신기루라도 오아시스라고 믿고 붙잡아야 숨 쉴 수 있으니까. 그걸 욕할 순 없다. 그런데 인간의 이런 나약함을 증오했던 이가 있었다. 철학자 니체이다. 그런 그가 만든 '초인'의 개념 중 하나가 인간 본성에 내재한 나약함까지 극복하자는 것이다. 그런데 그 나약함은 다른 말로 하면 인간성이다. 초인은 그러니까 인간을 인간답게 만드는 본성마저도 극복한 존재이다. 그런데 정작 초인을 외친 니체가 정신병에 걸려 쓰러졌다는 사실은 많은 메시지를 던진다. 인간이 어떤 존재인가? 죽음이라는 숙명 아래에서, 자연의 무작위한 잔인함 속에서 전전긍긍하는 나약한 존재이다. 미래의 불확실함이 주는 무지막지한 공포 속에서도 발버둥 치며 진화해온 존재이다. 갈대같은 인간이 조금이라도 덜 흔들리고 싶어서 발전시킨 생존 본능이 '신'이라는 개념이다. 따라서 그 개념 속에 모순이 없다면, 그게 더 이상할 것이다. 따라서 신이라는 존재가 도무지 말이 안 되서 부정하겠다는 사람은 어떤 의미에서 인간성을, 또는 지푸라기라도 잡겠다는 생존 본능을 거부하겠다는 것과 별반 다르지 않다. 그렇기에 전지전능하다면서 슬퍼서 운다는, 도무지 앞뒤가 맞지 않는 신에게서조차 '위로'를 찾아내는 사람은 "나는 인간일 뿐입니다"라고 고백하는 것 이상도 이하도 아니다. 그런 사람에게 돌을 던질 수는 없다. 그렇다고 그런 소리에 감탄할 필요도 없다.

대답보다 중요한 것이 삶이다. 그리고 삶은 의미를 찾아가는 발버둥이다. 그리고 결코 많은 숫자는 아니지만, 이 세상에는 그 의미를 사탕발림 위로가 아닌 명확한 대답, 분명한 현실에서 찾는 이들도 있다. 인생의 의미를 현실에서 찾으려는 이에게, 대답이 위로가 되는 이에게 이 책은 하나의 시작이 될지도 모른다.

에필로그

십 년 전, 수면제 처방을 받기 위해 매주 신경정신과를 다닌 적이 있다. 한 주를 어떻게 지냈냐는 질문을 시작으로 의사와 이런저런 이야기를 나누다보니 자연스럽게 술 이야기가 나왔다. 잠을 위해서 술을 마신다는 내 말에 의사의 진단은 확고했다.

"옥성호 씨, 알코올 중독이에요."

태어나서 처음으로 그날 나는 내가 뭔가에 '중독'되었다는 말을 들었다.

'중독이라고? 내가?'

속에서부터 발끈했지만 참았다.

"중독 아니에요. 맘만 먹으면 끊을 수 있어요. 그런데 안 끊는 거예요. 못 끊는 게 아니라고요."

정중했지만 단호한 내 말에 의사는 더 이상 중독을 언급하지 않았지만, 그날의 대화를 내가 또렷이 기억하는 건, 그 정도로 '중독자'라는 진단이 충격이었기 때문이다.

알코올중독자 중에서 술을 끊는 사람은 천 명에 한 명이 안 된다고 한다. 그 천 명의 한 명이 되기 위해서 반드시 거쳐야 하는 첫 단계가 있다. 내가 중독이라는 사실을 인정하는 것이다. 모든 변화와 발전은 인정하기 싫은 사실을 인정하는 것에서부터 시작한다.

술을 끊은 지 다음 달이면 일 년이 된다. 아직 갈 길이 멀지만 이나마 내가 이만큼 온 것은 알코올 중독을 인정했기 때문이다.

알코올중독자가 자신을 중독자라고 인정하기 싫어하는, 사람 이라면 예외 없이 인정하기 싫은 게 또 있다.

내가 틀렸다는 사실이다.

알코올중독과 똑같다. 내가 틀릴 수 있다는 것을 인정할 때 사람은 변하고 발전할 수 있다. 그건 반드시 거쳐야 하는 첫 단계이다.

'다른 건 몰라도 이것만은 내가 틀릴 리가 없어…' 이런 '확신의 중독'에 빠지기 가장 쉬운 영역이 종교와 정치이다. 그렇기에 이 두 가지를 놓고 생각이 다른 사람이 대화를 나누면 십중팔구 결말이 싸움이다. 그래서 서로 상처 주지 않으려면 종교와 정치 이야기는 가급적 피하는 게 상책이다.

된장찌개와 김치찌개 중에 뭐가 더 맛있는지를 놓고 싸우다 원수가 된 경우는 거의 없지만, 지지하는 정치인을 놓고 싸우는 경우 평생 우정까지 깨어질 수 있다. 종교와 정치는 단지 '선호'의 문제를 뛰어넘어 내 존재의 가치와 관련한, 그래서 심각한 감정까지 수반한다. 그렇기에 내가 틀릴 리 없다는 확신은 사실상 팩트보다는 감정에 더 깊이 뿌리를 내린다. 사실 '확신'이 이성적 결론이 아닌 감정이다.

그럼 강한 감정을 수반하는 종교와 정치에 관한 확신이 100% 옳을까? 강력한 '확신'이라는 감정이 '옳음'을 보장할까?

아니다. 이 세상은 이혼 부부로 넘친다. 그들 중 결혼하면서 검은 머리가 파뿌리가 되어 죽을 때까지 해로할 것이라고 확신하지 않은 부부가 과연 얼마나 될까?

누구나 100% 가졌던 확신이 틀렸던 경험이 있다. 확신에 찬 결정이 어이없는 오판이었음을 뒤늦게 깨닫기도 한다.

지금의 확신이라고 다를까?

지금의 확신이 부정할 수 없는 객관적 팩트에 근거해서 내린 이성적인 결론이라고 생각하겠지만, 과연 그럴까?

내 말은 반드시 틀렸다는 게 아니다. 틀릴 수도 있다는 것이다. 누구나 틀릴 수 있고, 거기에는 예외가 없다.

지금까지 쓰다 보니《갑각류 크리스천 블랙편》(테리토스, 2013) 머리말에 쓴 내용과 별반 다르지 않다. 거기서 인용했던 성철 스님의 말에 한 번 더 귀를 기울이자.

"만약에 불교 이상의 진리가 있다는 것이 확실하면 지금 이 승복을 벗겠습니다. 나는 진리를 위해 불교를 택한 것이지, 불교를 위해 진리를 택한 것이 아닙니다."

이 책이 내가 틀릴 수도 있다는 '여지'를 주는 마중물이 되면 좋겠다. 그 여지야말로 바로 변화와 발전의 밑거름이니까 말이다.

그런 사람이 한 명이라도 있다면, 이 책은 이 세상에 나올 가치가 있다.

2022년 3월 옥성호

《심리학에 물든 부족한 기독교》의
초고 머리말[139]

이 책은 이 질문에서 시작되었다.

　"나는 왜 이럴까? What's wrong with me?"

　정말로 알 수가 없었다. 내가 기억하는 순간부터 나는 교회를 다녔고 학창 시절을 거치면서 발 도장을 찍은 수련회만도 수십 번에 달할 것이다. 숙소에 불이 났었던 국민학교 6학년 때의 첫 겨울 수련회부터 대학 졸업할 때까지 그리고 중간중간의 일일

─────

139. 2006년 중순에 쓴 글이다.

수련회들까지 포함하는 그 숫자는 결코 적은 숫자가 아니다. 그리고 수련회 때마다 나는 거의 어김없이 눈물을 쏟으면서 새로 다짐하고 하나님 뜻대로 살아보려고 했다. 그러나 나는 왜 이럴까? 그냥 교회만 다닌 게 아니라 소위 말하는 '성령이 충만해서' 체험하는 기적들이 무엇인지도 조금 아는데도 불구하고 왜 나는 아직도 이렇게 성경에서 하지 말라고 하는 것은 더 하고 싶고 겉은 말짱한지 몰라도 속은 나날이 나이를 먹어갈수록 더 세상적인 욕망으로 가득할까? 기독교가 사실은 진리가 아닌데 진리인 줄 알고 착각하고 사니까 그런 것인가? 아니면 내가 알고 있는 것이 진리는 맞는데 내게 무슨 근본적인 문제가 있어서 그런 것일까? 내가 내 스스로에게 얼마나 자주 던진 비참한 질문인가?

이 질문의 답에 대한 실마리를 찾아낸 것은 정말로 얼마 전이다. 내가 발견한 그 실마리는 내가 교회를 평생 다녔지만 사실상 "예수를 모른다, 그리고 예수를 만난 적이 없다"라는 것이었다. 내가 몇 번의 기적까지 체험하고 한창 소위 '뜨거워서' 성경을 들고 전도하지 않고는 버틸 수 없었고, 주변 사람들에게 간증한답시고 다니던 그때 조차도 내게 참으로 부담스러운 것은 신약의 사복음서에 나오는 예수의 말씀이 내게 너무도 다가오지 않았었다는 점이었다. 나는 분명 뭔가를 아는 것 같은 분위기에서 돌아다니는 중에도 예수는 내게 참으로 부담스러웠다. 하나님의 사랑을 얘기하는 것은 참 쉽고도 좋은데 그 와중에 예수를 끼우려고 하면 편하지가 않았다. 예수는 그냥 십자가 얘기만 하고 빨리 끝내야지, 예수의 구체적 가르침과 삶을 언급하는 것은 쉽지 않았다. 그때는 왜 그런지에 대해서 잘 몰랐는데 지금 되돌아보면 당연한 것이었다. 모르는 대상에 대해서 무슨 얘기를 할 수 있겠는가? 진짜 심각한 문제는 내가 잘 모르는 그 대상과 내가 아주 친한 척하면서 살아야 한다는 점이었다. 내가 잘 모르고 이해가 안 가는 그 대상이 나를 너무 사랑해서 나 대신 죽었다는 그 기독교 구원 공식이 여간 부담스러운 것이 아니었다. 하나님이 그냥 나를 사랑해서 구원하면 될 것을 문제는 그 중간에 누가 끼인 것이다.

그 유명하다는 산상수훈의 팔복은 내게 있어서 미스터리 중에 미스터리였다. 도대체 무슨 소리를 하는지, 완전히 뜬구름 잡는 소리 중에도 백미라고 일컬어 전혀 손색이 없는 말씀이라고 생각했다. 세상에 지금의 교회, 기독교 그리고 무엇보다 하나님을 믿는다는 나 자신을 비추어 볼 때 그 팔복의 말씀처럼 현실과 동떨어진 말씀도 없을 것이다. 바울 서신을 읽으면 참으로 깨달아지고 마음에 감동이 오는 경우가 많은데 사복음서 속의 예수님이 하신 말씀들은 내게 암호이자 오히려 내 믿음의 장애가 되었다. 왜 멀쩡한 나무를 저주해서 말려 죽이는가? 나는 세상에 나무에게 화풀이하는 사람은 성경에서 처음 보았다.

하지만 나는 그 예수와 친한 척하고 찬송 부르고 기도해야 했다. 말은 멀쩡하게 '나는 예수 믿고 구원받았다'라고 말하고 다른 사람에게는 "예수를 믿으라"라고 말하면서 정작 나는 예수를 모르고 있었다는 사실이다. 나에게는 예수라는 존재가 너무도 어렵고 힘든 존재였다.

그렇다고 이 글을 쓰는 지금까지도 내가 예수를 아주 잘 알고 있는 것은 아니다. 그러나 중요한 것은 과거에 내가 예수를 모를 뿐 아니라, 그 예수와 아무런 관계가 없는 상태에서 신앙 생활한 것이 내 모든 방황의 원인이었다는 내가 깨닫게 되었다는 점이다. 그리고 그 깨달음 이후 내게 항상 미스터리였던 예수에 대해서 조금씩 알게 되면서 내가 갈등하던 여러 문제를 예수가 조금씩 구체적으로 풀어주는 것을 체험하고 있다. 예수의 삶이 그리고 무엇보다 뜬구름 잡는 것과 같던 예수의 말씀이 생명으로 내게 조금씩 다가오기 시작한 것이다.

과거에는 단지 십자가 위에서 죽으신 예수에 대해서만 알고 입술로 '그렇다'라고 고백만 할 수 있으면 나의 구원은 완전히 보장된 확실한 것이라고 생각했다. 내가 나의 천국행과 직접적 연관이 있는 십자가에 대해서만 확실하면 예수의 다른 부분들에 대해서는 아예 눈을 감고 있어도 상관이 없을 것이라고 생각했던 것이다. 그러나 그 예수에 대한 내 생각이 얼마나 잘못되었는지를 알게 되었다. 예수의 십자가에서의 죽음과 동일하게 내게 중요한 것은 예수의 33년간의 완전한 순종의 삶이고 그 삶을 내가 만나지 못하는 한 나는 사실상 예수를 통한 복음과는 아무런 관계가 없는 사람이라는 사실을 깨달은 것이다.

하나님께서 인간이 되어서 세상에 오시고 길게도 말고 한 일주일 정도 아니면 길어야 한 보름 정도 계신 후 바로 십자가에서 돌아가시고 부활하셨으면 훨씬 더 간결할 수도 있었을 구속 사역을 왜 예수는 33년이라는 긴 시간을 통해서 이루어야 했는지를 조금씩 깨닫게 된 것이다. 따라서, 예수의 삶을 내가 더 깊이 체험하고 그 삶이 의미하는 실재 앞에 내가 무릎 꿇고 사는 것이 내가 예수의 십자가를 붙잡는 것과 동일하게 내 삶에 가장 중요한 사실이 되고 있으며 이는 내게 십자가 복음의 또 하나의 본질로 내게 다가오고 있다.

내가 나 자신에 대해서 갖고 있던 회의와 절망들에 대해서 조금씩 벗어나게 될수록 나는 점점 더 교회에 대하여 관심을 갖게 되었다. 내가 그 동안 교회에서 배운 것들에 대해서 한번 진지하게 성찰하게 된 것이다. 도대체 내게 있어서 교회라는 존재는 무엇이었던가? 그 수많았던 수양회, 수련회, 부흥회, 집회들은 내게 무엇이었던가? 사실 내가 한 서른 살이 되기 전까지는 나는 어떤 의미에서 정말로 아무 생각 없이 살았던 것 같다. 몸만 교회에 있지 정신은 딴 데에 있었으니 교회에서 아무리 바른 가르침이 선포되었더라고 하더라도 그 메시지들이 내게 들어왔을 리가 없다. 나와는 달리 내가 다녔던 교회에는 참으로 많은 사람이 나와는 본질적으로 다른 바른 삶을 사는 살고 있기 때문이다. 그러나, 내가 나름대로 '내가 왜 없지 않고 존재하는지에 대한 질문'에서 부터 시작한 나 자신에 대한 성찰과 기독교가 주장하는 진리에 대한 고민을 시작한 삼십 대 중반 이후부터는 나도 나름대로 열심히 교회의 가르침에 귀를 기울였지만 그럼에도 불구하고 교회의 가르침은 내게 아무런 도움을 주지 않았다. 무엇보다도 너무도 정형화되고 박제화된 가르침 속에 나 같은 사람이 들어설 여지는 애초에 없었기 때문이었다. 내게 있어서 사람들의 미소는 넘쳐나지만 정작 필요한 답은 없는 곳이 교회였다.

당연히 나는 나 스스로 내 살길을 찾아 헤맬 수밖에 없었고 그에 따른 나의 깨달음과 회복 역시 교회와는 아무런 관계가 없이 진행되었기 때문에 교회의 역할과 존재 가치에 대한 나의 비판적 관심은 점점 더 커졌다. 무엇보다도 교회 내에 있는 '건강한 의문과 질문'을 상실한 어쩌면 교회의 목사들보다도 더 박제된 신자들은 내게 기독교 자체에 대해서 사라져가는 회의를 다시 되살릴 정도로 내게는 큰 스트레스였다. 그러나 교회 내의 많은 사람이 잃어버린 '최소한의 상식 수준에서 생각하는 능력'의 실종이 그들 때문이 아니라는 것은 자명했다. 많은 경우 교회의 지도자가 교회의 문화가 그렇게 만들고 있는 것이다. 그 결과는 이것저것 주워들은 것은 많아 겉으로는 뭔가를 좀 아는 듯 보이지만 사실은 예수와는 아무런 구체적 관계가 없는 나와 같은 사람들만 늘게 만드는 것 이상도 이하도 아닌 것이다.

이런 나의 삶을 근거로 볼 때, 예수의 삶과 죽음이 빠진 기독교가 변질되는 것처럼 빠르게 그 악취를 풍기는 것이 없다는 것을 매일 매일 각종 뉴스를 접하며 확인하게 된다. 예수가 빠진 개인의 삶이 썩는 것이나 예수가 빠진 교회가 썩는 것이나 그 부패 속도나 그 부패 정도에서 별 차이가 없다는 것을 너무도 자주 확인하게 된다. 이러한 현실들에 대해서 실망하는 동시에 또 한편으로는 나 자신과 관련해서는 대단히 희망적인 영적 전환의 시점을 통과하고 있던 즈음에 책 한 권을 선물 받았다.

아! 조엘 오스틴의 《긍정의 힘》

책 제목에서부터 왠지 범상찮은 힘이 느껴졌다. 제목뿐 아니라 표지 전체를 장식하라고 해도 할 수 있을 것 같은 저자의 그

긴 얼굴은 약 20년 전 어느 날 한국을 전격 습격해 한국인 전체, 특히 나와 같은 당시 중학생들의 정신 상태를 '휘어지는 숟가락'으로 송두리째 사로잡은 초능력자 유리 겔라를 연상시키는 그런 뭔가가 느껴졌다. 미국에서도 엄청난 베스트셀러이니 한국에서도 당연히 베스트셀러라는 것은 이미 알고 있었지만 과거 TV를 통해서 우연히 조엘 오스틴의 설교를 몇 번 들었던 나로서는 솔직히 결코 내 돈 내고 사고 싶은 생각은 결코 나지 않을 그런 책 중의 하나였다. 나의 그런 선입관의 이유는 내가 과거에 들은 저자의 설교의 '뻔함' 외에도 책 제목이 주는 '뻔함'이 책 전체의 내용을 함축한다고 생각하고 있었기 때문이었다. (물론 영어 제목은 '긍정의 힘'이 아니다.) 한 며칠 침대 옆에 던져두었다가 그래도 공짜로 생긴 책이고 또 이 책을 읽은 사람들하고 제대로 대화를 나누려면 조금은 읽어 봐야겠다는 생각에 책을 들었다.

책을 펼친 후 내 눈에 가장 먼저 띈 것은 평소에 내가 존경하던 한 목사님의 추천사였다. 그리고 내가 잘은 모르지만 유명하신 또 한 목사님이 쓰신 추천사 중 "《긍정의 힘》은 성경 66권을 농축한 것 같다"는 부분이었다. 한 마디로 아주 황당했다. 내가 몇 번 들었던 설교를 봐서는 조엘 오스틴이 결코 성경을 관통할 만한 그런 책을 쓸 수 있는 위인이 못 된다고 확신하고 있었기 때문이었다. 나름대로 내 자신의 교만한 판단력에 대해서만은 자신이 있던 나로서는 천상 책을 다 읽어볼 수밖에 없었다. 내가 맞는지 틀리는지를 최소한 확인을 해야 할 터였다.

책을 읽으면서 내가 주의 깊게 본 점은 단 하나였다. 과연 이 책에 예수가 몇 번이나 그리고 어떤 맥락에서 등장하는가 하는 점이었다. 내 애초의 예상은 결코 예수는 이 책에 거의 나오지 않을 것이라는 것이었다. 나름대로 마인드 콘트롤과 관련한 '자기 계발' 분야에 대해서는 직업 관계상 꽤 공부한 나의 지식에 비추어 볼 때 긍정적 사고와 예수는 정말로 별 관계가 없기 때문이었다. 그러나 한편으로 내 애초의 예상과는 달리 어쩌면 내가 결코 다 안다고 할 수 없는 예수에 대해서 그분의 말씀과 삶을 긍정적 사고와 연결해 내가 꿈도 꾸지 못했을 새로운 시각을 열어주는 책이 될지도 모른다는 조금의 기대도 아주 조금은 갖고 책을 읽었다.

내가 표시하고 읽은 결과에 따르면 예수에 대한 언급은 책 전체에서 다섯 번 나왔다. (《긍정의 힘》 86, 91, 96, 172, 190 페이지) 숫자가 전부를 말하고 반드시 본질을 내포하는 것은 아니지만 나는 예수가 다섯 번 등장하는 책이 성경을 꿰뚫는 책은 결코 될 수 없다고 생각한다. 여기서 96페이지에 등장하는 예수와 관련한 내용을 살펴보자. 길지 않기 때문에 자판을 치는데도 무리가 없다.

"매일 아침 우리에게 유리한 상황이 펼쳐지리라 기대하는 마음으로 눈을 뜨라. 하나님의 선하심과 복을 기대하라. 예수님은 우리가 믿으면 "모든 것이 가능하다"고 말씀하셨다."

내가 아는 한 성경은 예수로 시작해서 예수로 끝나는 책이다. 더욱이 이 책이 내게 심각한 문제로 다가온 가장 큰 이유는 예수는 거의 나오지 않음에도 불구하고 너무도 자주 책 속에 등장하는 '은혜'라는 단어 때문이었다. 이 책에서 가장 많이 나오는 단어들을 꼽으라면 아마도 다음 네 단어일 것이다.

하나님
믿음
축복
은혜

다 양보해서 믿음, 축복은 그렇다 치더라도 예수가 빠진 은혜가 도대체 무엇인가? 나는 이 책을 읽지 않을 조엘 오스틴의 책에 대한 비판을 목적으로 쓴 것이 아니다. 그렇기에 꼭 필요한 경우가 아니면 《긍정의 힘》의 책 내용을 거의 인용하지 않았다. 사실은 인용하려면 끝이 없기 때문에 인용할 수가 없었다는 것이 더 정확하다. 어쨌든 나의 목적은 한국의 크리스천이지 조엘 오스틴의 계몽에 있지 않다. 그가 한국어를 결코 배우지도 않을 것이며 또한 이 책이 영어로 번역될 리도 없다는 현실적 나의 판단을 신뢰하기 때문에 더더욱 그렇다.

이 글을 쓰는 목적은 두 가지이다

하나는 교회가 아니 교회에서 사람들을 가르치는 목사들이나 같은 사람, 즉 교회는 다니지만 예수와는 관계가 없고 따라서 복음에 대해서 말은 하지만 정작 복음은 모르는 사람들을 만들지 않기를 바라는 바람에서이다. 유명한 목사나 신학자가 쓴 글도 아니고 단지 회사의 평범한 한 직장인이 쓴 이 글을 읽고 조금이나마 자극받는 목사들이 있기를 바라는 마음에서다. 교회는 다니고 비록 예수에 대한 지식은 있지만 사실상 예수를 전혀 모르고 따라서 은혜가 무엇인지 전혀 모르고 사는 사람들만 교회 내에 늘어난다면 그에 대해서 교회가 책임져야지 교회 외에 그 누가 책임지겠는가? 그렇게 교회만 다니는 사람이 우리나라에 4천만이 된다 한들 무슨 소용이 있겠는가? 위에서 내가 말한 '긍정의 힘'에 추천사를 쓰신 목사님들이 소위 말하는 복음적인 목사님들로 알려진 분들이 전혀 아니었다고 한다면 내가 지금 여기 이렇게 앉아서 컴퓨터 자판을 치고 있지 않을지도 모르겠다. 과연 그분들은 조엘 오스틴이 어떤 신학을 가지고 있는 사람인지 추천사를 쓰기 전에 조금이라도 관심을 가지고 알아보셨는가? 그분들의 추천사에 따라 실로 많은 사람이 예수 없는 은혜를 은혜인지 알고 빠져서 평생을 살지도 모른다는 생각을 잠깐이라도 해 보셨을까?

바울은 두렵고 떨리는 마음으로 복음을 이루어간다고 했다. 나는 목사들이 복음에 대해서 자신이 알고 있는 그 수준에서 그쳐서는 안 된다고 생각한다. 자기 혼자 알고 끝나는 대부분의 사람과는 달리 목사는 복음을 공개적으로 선포하는 사람들이기 때문이다. 복음을 복음으로 선포할 수도 있지만 거짓을 복음이라고 선포할 수도 있기 때문이다. 복음에 대해서 항상 두렵고 떨리는 마음을 가져야 한다고 생각한다. 나는 이 책이 한국에 있는 목사들이 다시 한번 예수 그리스도의 복음 앞에 진지해지고 그 복음을 전하는 사명의 엄중함 앞에 떨게 하는 조그마한 자극이 되었으면 한다. 교인들을 예수의 복음이 아닌 '긍정의 힘'이라는 전신 갑주로 입혀서 사회 속에서 더 큰 성공을 향해 돌진하게 하려는 목사들 때문에 이 글을 쓴다.

또 하나는 교회를 다니는 사람들이 예수의 복음이 무엇인지에 대해서 조금이라도 더 진지한 관심을 가지도록 하는 데 도움이 되었으면 하는 마음에서 쓰는 것이다. 내가 지금 알고 있는 예수에 대해서 결코 만족하지 말고 다른 것은 몰라도 예수에 대해서만은 사라지지 않는 갈증과 목마름을 가지고 사는 것이 크리스천이라는 사실에 대해서 생각해 보도록 하는 데에 도움이 되면 좋겠다. 내가 교회 다니면서 항상 느끼던 생각, "분명 이게 다는 아닐 텐데, 예수를 믿는다는 것이 이게 다는 아닐 텐데. 진리라는 것이 이게 다는 아닐 텐데"라는 질문을 던지는 분이 있다면 그 질문에 조금이라도 답을 주는 책이길 바란다.

예수의 옷자락, 생명의 옷자락

무리 가운데 열두 해 동안 혈루증으로 앓는 여자가 있었는데 (의사에게 재산을 모두 다 탕진했지만) 아무도 이 여자를 고쳐주지 못하였다. 이 여자가 뒤에서 다가와서는 예수의 옷술에 손을 대니, 곧 출혈이 그쳤다. 예수께서 물으셨다. "내게 손을 댄 사람이 누구냐?" 사람들이 모두 부인하는데, 베드로가 말하였다. "선생님, 무리가 선생님을 에워싸서 밀치고 있습니다." 그러자 예수께서 말씀하셨다. "누군가가 내게 손을 댔다. 나는 내게서 능력이 빠져나간 것을 알고 있다." 그 여자는 더 이상 숨길 수 없음을 알고서, 떨면서 나아와 예수께 엎드려서, 그에게 손을 댄 이유와 또 곧 낫게 된 경위를 모든 백성 앞에 알렸다. 그러자 예수께서 그 여자에게 말씀하셨다. "딸아, 네 믿음이 너를 구원하였다. 평안히 가거라."

예수가 빠진 복음에 대해서는 아무리 많이 알아도 생명이 없지만, 예수만으로 이루어진 복음은 그 일부만을 알아도 그 속에 생명이 있다고 생각한다. 누가복음 8장에는 십이 년 동안 혈루증을 앓고 있던 한 여인의 이야기가 나온다. 예수의 옷자락을 붙잡아 자신의 병을 고친 그 여인은 자기가 잡은 그 옷자락이 예수가 입은 옷의 일부였기 때문에 병을 고칠 수 있었다. 만약 그 여인이 예수의 옷자락 대신 예수 근처에 있는 사람 중 한 명을 예수인 줄 알고 옷자락 정도가 아니라 아예 그 사람을 온통 껴안았다고 했어도 그 여인의 병이 나았을까? 결코 아닐 것이다. 왜냐하면 그 여인이 꽉 붙잡은 그 사람이 예수가 아니기 때문이다. 예수가 빠진 것은 아무리 좋은 것이라도, 아무리 그것을 많이 그리고 깊이 안다고 해도 결코 그것은 결코 생명을 주는 복음이 될 수 없다.

긍정적 사고, 얼마나 좋은 것인가? 만사에 부정적인 사람과 온종일 같이 여행한다고 해 보자. 얼마나 짜증 나겠는가? 미국의 유명한 동기부여 스피커인 지그 지글러는 부정적인 사람을 '생명을 걸고 피해야 할 전염병'으로 규정했다. 긍정적이고 적극적인 것 아주 좋은 것이다. 그러나, 긍정적 사고가 복음은 아니다. 긍정적 사고가 예수를 대체할 수는 없다. 그 깊고 풍부한 예수 그리스도를 통한 복음의 옷자락만큼이라도 이 책을 읽는 사람들이 만질 수 있다면 지금 잠 안 자고 지금 출장 와서 후진 호텔 방 한구석에서 끄적이고 있는 내가 참으로 행복하겠다.

부록 2

'목사 장세현'에서 발췌[140]

(장세현 목사가 격려차 중고등부 수련회에 들렀을 때 있었던 이야기이다.)

저녁 집회는 예상대로 요란한 찬양으로 막을 열었다. 차 전도사가 직접 기타를 매고 찬양 인도를 했다. 그의 주변으로 5명의 아이가 찬양팀이라는 명목으로 각각 마이크를 든 채 그를 보조하고 있었다. 그 외 피아노와 드럼, 그리고 전자 기타를 치는 아이가 세 명 더 찬양의 흥을 돋우고 있었다. 악기는 그렇다 치더라도 마이크는 들었지만 거의 목소리는 들리지도 않는 백뮤직하

―――

140. 2008년 12월에 쓴 글이다.

는 아이들은 왜 필요한 걸까? 흔히 가요 프로에서 보는 백뮤직 하는 사람들, 가수 뒤에서 보통 짧은 치마를 입고 웃고 있는 아가씨들과 쟤네들이 뭐가 다른가? 언젠가 중고등부에서 찬양 인도를 전문적으로 하던 어떤 목사로부터 들은 말이 생각났다.

"혼자 마이크 들고 3, 40분 찬양 인도하려면 보통 힘든 게 아니에요. 있는 둥 없는 둥 해도 내 양쪽으로 몇 명이 붙어줘야 힘이 나거든요. 게다가 요즘 아이들은 앞에 나서는 걸 워낙 좋아하잖아요? 그러니까 최대한 많은 아이가 앞에서 찬양할 수 있게 해야 애들이 교회에 빠지지 않아요."

"그런데 앞에서 찬양을 리드하는 아이들의 신앙은 어떻게 점검하시나요? 보통 앞에 나서는 걸 좋아하는 아이들일수록 좀… 그런 애들이 많지 않습니까?"
나의 중고등부 교사 경험에 비추어서 내가 물었었다.
"뭐. 그럴 수도 있지만요. 찬양하다 보면 애들이 믿게 되는 경우가 많습니다. 물론 앞에서 인도하는 아이 중에 신앙적으로 확신이 아직 없는 아이들도 종종 있지만 또 그런 아이들은 그런 아이들대로 하나님께서 쓰시더군요."
더 이상 묻지 않았었다. 그 친구처럼 귀에 걸면 귀걸이, 코에 걸면 코걸이인 사람과 무슨 얘기를 더 하랴? 찬양 인도 하는 아이 중에 유독 눈에 띄는 예쁜 여자애가 있었다. 멀리서도 눈에 확 띄는 몸매와 얼굴이다.

'주로 남자애들이 쟤만 보고 있겠구먼…'

그 여자애는 자신의 미모가 사람의 눈길을 끈다는 것을 본능적으로 의식하고 있는 것이 분명했다. 별로 미소를 지을 필요가 없는 부분, 별로 감정을 얼굴에 싣지 않아도 되는 부분에서조차 과도한 '은혜받는 표정' 연출에 열중하는 듯했다. 30분이 좀 넘는 '준비' 찬양 시간이 끝나고 차 전도사의 설교가 이어졌다. 설교 내용은 한마디로 하면 다음과 같이 요약할 수 있었다.

"하나님의 쓰임을 받는 사람이 되어라, 그리고 하나님의 쓰임을 받기 위해서는 오늘 밤 이곳에서 예수님을 개인적으로 만나야 한다."

모태신앙으로 자란 아이들이 많은 만큼 차 전도사는 부모님의 예수님이 아닌 자신의 예수님을 만나야 한다고 강조하고 또 강조했다. 설교가 끝난 후 합심 기도회가 진행되었다. 참석한 선생님들이 돌아다니며 아이들 한 명 한 명을 잡고 그들이 예수님을 만날 수 있도록 기도했다. 앞에서 마이크를 잡고 큰 소리로 10분 이상 기도를 하던 차 전도사도 마이크를 놓고 아이들 사이를 다니며 손에 잡히는 아이들을 위해서 기도했다. 그 가운데 부드러운 발라드풍 가스펠송은 계속 울려 퍼졌다. 피아노와 전자 기타의 선율에 맞추어 백뮤직을 하던 아이들 두 명은 마이크를 잡고 조용히 가스펠송을 부르며 기도의 흥을 돋우고 있었다.

'저 아이들은 다른 친구들이 기도하는 시간에 자신들은 기도하지 못하기 때문에 안타까워할까, 아니면 그 반대일까?'

이곳저곳에서 흐느끼는 아이들이 생기기 시작하면서 기도회는 절정을 향해 가는듯했다. 그리고 얼마나 흘렀을까? 그 흐느낌이 조금씩 잦아지며 화장실을 오가는 아이들이 하나둘씩 늘어날 때쯤 차 전도사는 다시 기타를 매고 찬양을 인도하기 시작했다.

"여러분, 오늘 주신 은혜를 잊지 않고 영혼 깊이 간직하기를 바랍니다. 밤도 늦었으니 함께 마무리 찬양을 하고 오늘 집회를 마치겠습니다. 그 전에 여러분, 사실 이 자리에 담임 목사님께서 여러분을 축복해주시기 위해서 함께 자리하셨습니다. 우리 목사님께 할렐루야를 외치면서 박수로 환영하겠습니다."

아이들의 '할렐루야'를 들으며 자리에서 일어설 수밖에 없었다. 그래도 아까 차 전도사한테 미리 일러두기를 잘했다. 앞에 나가서 아이들한테 격려사니 그런 것은 생략하고 조용히 참관만 하겠다고 말해두었던 것이다.

"여러분 함께 마무리 찬양하겠습니다. 다 함께 자리에서 일어나겠습니다."

주님 말씀하시면 내가 나아가리다~~

주님 뜻이 아니면 내가 멈춰서리다~

나의 가고 서는 길 주님 뜻에 있으니~

오, 주님 나를 인도하소서~

아마도 내가 오늘 밤에 오지 않았더라면 아마도 이 마무리 찬
양 시간은 한 시간이 넘는 화끈한 뒤풀이의 시간이 되었으리라.
내가 미리 얘기하지는 않았지만 평소 나의 생각을 조금은 눈치
챘을 차 전도사가 알아서 마무리를 최대한 '전통적인 방법'으로
간단하게 진행하는 듯했다. 마지막 밤인 만큼 집회 후 조별로 선
생님과 함께 모여 못다 한 얘기들을 나누고 차 전도사와 교사들
은 밤 11시 30분에 모여 기도회 겸 최종 평가회를 하기로 되어
있었다. 어차피 집회가 끝날 때까지 있은 몸… 그 평가회까지 참
석하기로 마음을 먹었다.

'내일 새벽 기도까지 김 목사에게 맡겨야겠군.'

그럼, 너무 늦기 전에 김 목사에게 전화해야 한다.

"전도사님 수고하셨어요. 아까 말씀 너무 좋았어요."

교사들의 앞다툰 칭찬에 차 전도사는 금세 얼굴이 밝아졌다.

"무슨 말씀을요. 다 선생님들께서 수고해 주신 덕분이지요.

물론… 담임 목사님께서 계시니까 좀 부담스럽기는 했지만 그래도 아이들이 말씀과 찬양에 집중해서 힘이 났습니다."

"미안해요. 차 전도사님. 내가 부담을 주었다면 말이에요. 저도 애초에 집회 내내 있을 생각이 아니었는데, 찬양도 너무 좋고 전도사님 말씀도 너무 좋아서 그냥 끝까지 있게 되었네요. 아니 그래서 그런지 아예 이렇게 평가회까지 참석하게 되었잖아요? 무엇보다 우리 수고하신 선생님들께 감사하는 말씀도 드리고 싶고요."

차 전도사의 얼굴이 더 밝아졌다.

"목사님, 사실 지난 몇 년 사이에 담임 목사님께서 이렇게 중고등부 수련회에 참석해서 격려해 주시는 건 처음입니다. 저와 선생님들에게 얼마나 힘이 되는지 몰라요. 아이들은 말할 것도 없고요."

참석한 교사들도 다 동감이라는 듯이 차 전도사의 말에 고개를 끄덕였다. 이제 피차간의 단단한 얼음은 어느 정도 깼으니 내가 알아서 대충 빠질 순서다.

"예, 다들 정말로 감사합니다. 밤도 늦었고 다들 주무셔야 하니까 저 신경 쓰지 마시고 평가회 시작하시지요. 제가 오늘 보고 느낀 감동은 교회에 돌아가서 당회 장로님들께도 그대로 전하겠습니다. 그리고 무엇보다 선생님들께서 아이들 교육에 필요한 좋은 건의들을 제게 언제나 편하게 말씀해 주세요. 자, 자, 자…
저 신경 쓰지 마시고 평가회 시작하도록 하세요."

내 옆에 마치 수행비서처럼 앉아있는 윤 목사는 이미 한참 전
부터 졸음과 치열한 전투 중이었다. 나도 조금씩 졸음이 몰려오
는 것을 느낄 때쯤이었다.

'이거 아무래도, 양해를 구하고 먼저 일어나는 게 낫겠다. 좀
있다 기도회 시간이 되면 바로 잠이 들 것 같은데… 기도하다가
자는 게 들키면 그게 무슨 망신이람. 일어나야겠다.'

막 의자에서 일어나려고 하는 순간, 머리가 벗겨지고 50대 중
반으로 보이는 한 교사가 무겁게 입을 열었다. 아마도 참석한 교
사 중 가장 연장자인듯 했다.

"전도사님, 그런데 질문이 하나 있습니다."

"하 선생님, 말씀하시지요."

"사실, 이건 제 질문이 아니고 조금 전 우리 조별 모임 할 때
나온 질문인데요. 그런데… 솔직히 말씀드려 저의 질문이기도
합니다. 우리 반에 하선희라고 있잖아요? 11학년 여자애. 기러
기 가족이고 엄마랑 살면서 화장도 엄청 진하게 하고 옷도 야하
게 입고 교회 오는 애… 걔가 물은 건데요."

잠시 머뭇거리다가 하 선생은 말을 이었다.

'저 질문만 끝나면 일어나서 가야겠다…'

"선희가 오늘 기도회 시간 내내 한 가지만 기도했데요. 예수님 만나고 싶다고요. 그런데 아무리 기도해도 예수님이 나타나지 않더라는 거에요. 전도사님이 오늘 설교에서 그러시지 않았습니까? 예수님을 만나야 한다고. 예수님을 만나야 하나님께 쓰임 받는다고요. 그래서 개는 기도회 내내 예수님 지금 앞에서 오셔서 만나달라고 기도했데요. 그런데 예수님이 안 오시더래요. 예수님이 오늘 자기 안 만났으니까 자기는 앞으로 하나님께 쓰임 받지 못할 것 같은데 어떻게 해야 하냐고 묻더라고요. 예수님 만날 때까지 계속 기도해야 하냐고… 몇 분을 더 기도해야 예수님이 나타나서 자기를 만나주실 거냐고요."

순간 차 전도사의 얼굴에 당황한 빛이 스쳐 지나갔다. 하 선생이 말을 이었다.

"그런데 전도사님, 솔직히 제가 대답을 못했습니다. 예수님이 눈앞에 살아서 오시는 것은 아니라고 얘기했지만 그 애에게 제대로 대답해주지를 못했어요. 예수님이 눈앞에 나타나서 만나는 게 아니면 도대체 예수님을 만나는 게 뭐냐는 그 애의 뒤따르는 질문에 제대로 대답을 못했습니다."

교사 중 한 명이 뭘 그렇게 쉬운 걸 제대로 처리하지 못했냐는 투로 중간에 끼어들었다.

"예수님을 만나는 건 말씀을 통해서 만나는 거지요. 오늘날 예수님은 말씀을 통해서 우리와 교제하시니까 말입니다."

하 선생의 얼굴에 희미한 미소가 번졌다.

"선생님, 말씀을 통해서 예수님을 만난다는 건 그럼 뭐지요? 말씀을 깨닫는 것을 말하는가요? 말씀을 깨닫는 것이 예수님을 만나는 것이면 우리는 말씀을 얼마만큼 깨달을 때 예수님을 만났다고 할 수 있는 겁니까? 내가 이해 못하는 말씀이 많으면 예수님을 아직 못 만난 건가요?"

'이거 내가 끼어들어야 하나? 차 전도사는 뭐 하는 거야? 수습을 해야 할 것 아니야?'

갑작스럽게 긴장되는 분위기에 나는 말할 것도 없고 혼수상태에 막 진입하려던 윤 목사까지도 완전히 잠이 깬 듯했다. 사람들의 시선은 예수님을 만나라고 입에 침을 튀기며 설교한 차 전도사에게 자연스럽게 향했다.

"저, 제 말은 말입니다. 어~~ 그러니까 예수님을 만나야 한다는 제 말은 우리는 예수님을 제대로 만나야지 깨어진다는 말인데요. 어~~ 그러니까 예수님께서 우리를 만나주셔야 우리가 헌신할 수 있고 또 그러려면 우리는 예수님께로 나아가야 하니까 말입니다. 어~~ 그런데 예수님께서는 나는 포도나무라고 하셨고 우리는 가지니까 우리가 말씀 위에서만 예수님을 만날 수 있으니까 우리는 말씀으로 예수님을 찾아야 하고요 어~~

그런데 요즘 아이들이 예수님을 잘 모르니까 우리는 예수님을 바로 가르쳐야 하거든요… 어~~그래서…"

'누가 이 인간을 뽑은 거야? 최소한 지가 무슨 소리를 하는지는 알고 설교를 해야 할 것 아니야???'

슬그머니 속에서 불이 올라왔다. 이런 기본적인 기독교의 진리도 제대로 설명을 못하면서 앞으로 목사를 하겠다고 덤비는 이런 인간들이 넘치니까 교회가 이 모양이란 생각이 들었다. 이건 아니다. 이건 도를 넘어도 지나치게 넘었다. 이런 애가 진짜 신학교를 다니는 전도사란 말인가? 교회에 돌아가는 대로 무슨 조치를 해야 할 것 같다. 지금은 차 전도사 체면을 봐주고 있을 때가 아니다.

"제 생각에 차 전도사님께서 설교에서 의도하신 바는 다음과 같다고 봅니다. 무엇보다 예수님을 만난다는 것은 예수님을 단순한 한 사람이 아닌 그리스도로 고백하는 것을 말합니다. 예를 들어서… 베드로가 예수님을 여러 번 개인적으로 만났지만 사실상 그가 비로소 예수님을 진짜 만난 것은 누가복음 5장에 나오는 '만선의 고백' 때가 아닙니까? 그가 자신의 죄인 됨을 깨닫고 예수님 앞에 죄인으로서 무릎 꿇은 그때 비로소 그는 예수님을 만난 것이지요. 다른 말로 하면 예수님을 '그리스도, 나의 주'로서 고백하게 되는 것이 바로 예수님을 만나는 것입니다. 그러니까 차 전도사님의 설교는 아직 예수님을 구주로 믿지 못하는 아이들이 자신의 죄를 먼저 깨닫고 예수님을 구주로 영접하라는 의미입니다. 물론… 그러기 위해서 우리의 죄인 됨에 대한 가르침이 먼저 아이들에게 전해졌어야 하겠지요."

차 전도사는 고개를 푹 숙인 채 듣고만 있다.

'멍청한 놈…'

"그런데 예수님을 만난다는 것은 회개와 구원만을 의미하지는 않습니다. 또 한 가지 측면으로 예수님을 만난다는 말의 의미를 구체화할 수 있습니다. 이것은 보통 이미 예수님을 통해 구원받은 우리와 같은 사람들에게 해당하는 의미입니다. 바로 예수님의 말씀을 우리가 지금 눈앞에서 듣는 것처럼 생생하게 듣고 깨닫는 것을 말합니다. 조금 전에 선생님께서 지적하신 바로 그 점입니다. 성경 중에서도 특히 복음서에 등장하는 예수님께서 직접 당신의 입을 열어 하신 말씀들을 우리가 2천 년 전 그 자리에 있듯이 감격 속에서 듣고 깨닫는다면 그것은 또 다른 의미로 예수님을 만나는 것이 됩니다. 여러분도 잘 아시는 존 파이퍼 목사님은 그러셨지요. 복음서에서 증거하는 예수님의 행적 하나하나가 자신에게는 마치 파노라마와 같이 느껴지고 예수님께서 입을 열어 하신 말씀 하나하나가 자신에게는 마치 천둥과 같이 느껴진다고요. 그래서 예수님의 말씀이 육성처럼 자신의 영혼에 울려 퍼질 때 자기도 모르게 무릎 꿇고 예수님을 경배하게 된다고요… 그게 바로 예수님을 만나는 것이지요. 물론 요즘 환상 중에 예수님과 바둑을 둔다는 사람들도 많지만 그런 정상이 아닌 분들의 말에 귀를 기울일 사람들은 여기에 아무도 없겠지요."

조용히 주위를 둘러봤다. 역시 담임 목사는 다르군… 하는 표정들이 사람들의 얼굴에 역력하다.

'이제야 여기 수련회에 참석한 보람이 있군. 멍청한 전도사 하나 때문에 내 가치를 사람들이 더 알게 되었으니… 차 전도사 같은 애도 없는 것보다는 있는 게 낫나?'

나도 모르게 흐뭇한 미소가 배어져 나오는 것을 참느라 살짝 입술을 깨물었다. 자기도 무슨 소리인지를 모르는 말들을 얼마나 아는 듯이 당연히 입에 달고 살고 있는 사람들을 깨우치라고 하나님께서 나를 이 교회에 보내셨다는 갑작스런 소명까지 느껴진다.

'기… 분… 째진다.'

"저~~ 목사님…"

나만이 아는 단 몇 초간의 그 황홀경을 깬 사람은 20대 후반으로 보이는 한 청년 교사였다.

"저~~ 목사님, 목사님 말씀은 알겠는데요. 질문이 하나 있습니다. 여쭤봐도 괜찮을까요?"

웬만하면 오늘 밤은 이 분위기에서 마무리하는 것이 좋겠다는 생각이 들었다. 이미 자정도 훨씬 지나고 사람들도 다 피곤한 것 같다. 아니다~~ 이 질문 하나만 받고 정리하자. 더 확실한 마무리가 될지도 모르니까 말이야.

"예, 선생님, 말씀하시지요. 다른 선생님들 어떠세요? 너무 피곤하지 않으신가요?"

형식적으로 물은 내 말은 아랑곳하지 않고 그 청년 교사는 입을 열었다.

"예수님이 하신 말씀이 천둥과 같이 울려 퍼지고 깨달아진다는 그 존 파이퍼라는 목사님이 저는 너무도 부럽네요. 솔직히 저는 전혀 그렇지 않거든요. 정말로 애들을 가르치는 선생의 한 사람으로 다른 선생님들 앞에서 이런 얘기를 한다는 게 좀 부담스럽기는 하지만…"

그는 잠시 생각하다가 다시 말을 이어갔다.

"그래도 이렇게 담임 목사님과 솔직하게 내어놓고 얘기를 할 수 있는 기회가 얼마나 될까 싶어서 용기를 내겠습니다. 목사님, 저는 솔직히 말씀드려서 예수님이 하시는 말씀은 무슨 소리인지 도통 모르겠어요. 저는 차라리 바울 서신서는 무슨 말인지 알겠는데 예수님의 말씀은 정말로 어려워요. 거의 제게 예수님의 말씀은 무슨 암호 내지 퍼즐 같아요. 좀 더 솔직히 말씀드려서…

이렇게 재미없고 어려운 말씀을 하시는 예수님이 당시에 어떻게 인기가 있었을지 그게 의문스러울 정도예요. 선생님들(그는 도움을 청하듯이 주변의 선생들을 둘러보았다.) 솔직히 말해보세요. 선생님들은 예수님 말씀이 이해되세요? 예수님이 말을 어렵게 하는 것은 예수님께서 아예 어릴 때부터 그랬던 것 같아요. 누가복음 한번 보세요. 예루살렘에 갔다가 예수를 잃어버린 줄 알고 찾는 부모한테 예수님이 뭐라고 그랬어요? '내가 아버지 집에 있지 어디 딴 데에 있겠어요?' 도대체 그게 무슨 소리예요? 애가 부모님하고 있어야지 왜 딴 데 가서 있어요? 성전이 자기 집이면 그럼 예수님이 12살 때까지는 있어서는 안 될 곳에 있었다는 건가요? 솔직히 이런 게 한두 개가 아니에요. 거의 다 그런 식이에요. 아버지 장사도 치르지 말고 나를 따르라고 하시지를 않나, 누구한테는 뜬금없이 가진 재산을 깡그리 다 팔고 따르라고 하시지를 않나… 천국은 침노하는 자의 것이라는 둥… 왜 천국이 침노하는 자의 것입니까? 믿는 사람의 것이지요… 안 그래요?(그는 다시 선생님들을 쳐다보며 동의를 구했다.) 솔직히 예수님 말씀은 종잡을 수가 없어요. 존 파이퍼라는 그 목사님… 정말로 부럽네요. 어떻게 그 분한테는 예수님의 말씀이 그럴 수 있는지 말이에요."

'이거… 완전 생각지도 못한 암초네.'

그런데 이 친구는 거기가 끝이 아니었다. 이거야 원, 완전히 봇물이 터진 뭐… 같았다.

"목사님, 생각난 김에 하나만 더 여쭤도 될까요? 요한복음의 말씀인데요. 정말로 이해가 안 돼서요… 요한복음 11장에 보면 예수님께서 나사로를 살리시는 장면이 나오는데요. 거기서 예수님께서 마르다에게 이렇게 말씀하시잖아요? 예수께서 이르시되 나는 부활이요 생명이니 나를 믿는 자는 죽어도 살겠고 무릇 살아서 나를 믿는 자는 영원히 죽지 아니하리니 요 11:25-26. 그런데 저는 도대체 이게 무슨 말인지 모르겠어요. 어떨 때는 아는 것 같기도 하다가도 모르겠어요."

미안한지, 아니면 민망해서 그런지, 나를 보는 대신 다른 교사들의 의견을 먼저 구했다. 그들이 알고 있다고 생각해서는 절대 아닐 테고 아마도 그들 중에서도 자기와 같은 사람이 한 명이라도 있기를 바라는 마음에서였을 것이다.

'그런데… 그런데…'

"자, 다른 선생님들 생각은 어떻습니까? 박 선생님처럼 다른 선생님들도 예수님의 말씀이 그렇게 어렵습니까?"

아무렇지도 않은 듯 선생님들을 향해 여유 있게 웃으면서 물었지만 사실 나는 뒤통수를 크게 한 방 맞은 기분이다. 이거야말로 정말 완전히 허가 찔린 게 아니고 무엇이랴? 이 말씀은 나 역시도 오랜 세월에 걸쳐 가끔씩 수면 위로 떠 올라 나를 괴롭히던 바로 그 구절이 아닌가? 그 구절을 여기서 이렇게 만날 줄이야… 나는 침착하고 여유 있는 표정을 유지하고자 애써야만 했다.

'그래, 이거 보통 사람들이 그냥 그러려니… 하고 넘어가는 구절이야. 여기서도 그냥 쉽게 수습될 거야. 별문제 아니야.'

아니나 다를까, 교사 중 한 사람이 어이없다는 듯이 대답했다.

"아니, 박 선생. 무슨 소리 하는 거야? 이건 예수님 믿으면 다 부활하고 영원히 산다는 말씀이잖아? 뭐가 어렵다는 거야?"

'그래… 바로 이거야. 이 정도에서 끝나고 넘어가 주면 좋겠다.'

그러나 박 선생이라는 친구, 그렇게 어리숙한 사람이 아니었다.

"아니에요. 선생님, 이 말씀은 그렇게 단순한 게 아니에요. 말씀을 한번 잘 보세요. 앞부분에서 예수님은 자신을 믿으면 죽은 자도 다시 살 것이라고 말하고 있어요. 그러니까 여기서는 아마도 이미 죽은 나사로를 가리키고 있을 것에요. 그리고 좀 더 확대해서 보면 이미 과거에 죽어서 묻힌 수많은 사람, 그러나 결국은 나중에 부활할 사람들까지 포함한다고 봐도 이상하지 않지요. 그런데 문제는 다음 구절이에요. 예수님은 나사로를 비롯해 이미 죽은 사람들과 이 구절을 확연하게 대조하고 있어요. '이미 죽은 사람들'과 '지금 살아 있는 사람들'로 말이에요. 예수님은 여기서 지금 살아있으면서 또 예수님을 믿는 사람들은 아예 죽지 않는다고 말씀하고 있거든요. 저는 이게 이해가 안 간다는 거예요. 즉, 지금 살아 있는 사람이라면 바로 예수님 앞에서 이 말을 듣고 있는 마르다도 그중의 하나가 아니겠어요? 예수님은 마르다는 죽지 않을 것이라고 말하고 있는 거예요. 그런데 말이에요… 마르다가 안 죽었어요? 죽었잖아요."

"이 봐, 박 선생. 그래 그런데… 아무튼 마르다도 나중에 부활할 거 아니야? 뭐가 문제인데? 마르다 부활할 거라고 말씀 아니야?"

박 선생은 답답하다는 듯이 표정이 일그러졌다.

"그럼 마르다 역시 '나를 믿는 자는 죽어도 살겠고'라는 첫 구절에 해당하는 사람이잖아요? 나사로와 마찬가지로 말이에요. 어차피 다 죽는 것은 마찬가지니까 말이에요. 그런데 왜 예수님은 굳이 지금 살아서 믿는 자는 아예 죽지 않는다는 말을 했냐는 거에요."

요한복음 3장 16절이 항상 가슴을 적시는 김 선생이 끼어들었다.

"박 선생님, 살아서 믿으면 죽지 않는다는 것은 말이에요. 바로 영적인 의미에요. 우리의 영혼을 말하는 것이에요. 마르다는 물론 죽었지요. 그러나 죽은 것은 마르다의 육체일 뿐이에요. 마르다의 영혼은 예수님을 믿기 때문에 죽지 않았어요. 그래요, 마르다는 죽지 않아요. 영적인 의미로 볼 때 말이에요."

김 선생은 의기양양하게 주위를 둘러보았다.

'불쌍한 여자… 이 여자야, 저 친구 말은 그게 아니야. 모르면 중간이라도 하지.'

박 선생은 미간에 더 깊은 주름을 잡으며 대답했다.

"선생님, 그건 더 말이 안 돼요. 그럼 지금 죽어있는 나사로는 뭐에요? 그런 식으로 보면 나사로 역시 육체는 죽었지만 그의 영혼은 안 죽은 거 맞지요? 그럼 나사로 역시 살아서 믿는 자는 영원히 죽지 않는 자에 해당하는 거에요. 그런데 예수님은 분명 곧 다시 살릴 나사로는 이미 죽었지만 다시 살아날 사람에 포함하고 있어요. 즉… 제가 볼 때 예수님이 지금 말하는 죽음과 생명은 철저히 육체적인 것을 가리키고 있어요. 그러니까 이미 죽은 나사로는 그의 믿음 때문에 (곧) 다시 살게 될 것이고 지금 죽지 않은 상태에서 믿음을 가진 마르다는 아예 죽지 않을 것이라고 말씀하고 있는 것이지요… 제 말이 이해가 가세요? 왜 제가 이 말씀이 이해가 안 가는지 이해가 가세요? 왜냐하면 마르다는 죽었으니까 말이에요. 마르다도 죽었단 말이에요… 나사로처럼 죽었단 말이에요. 영원히 살지 않고 죽었단 말이에요. 제 생각에 이 말씀을 직접 들은 마르다 역시도 이해가 안 갔을 거예요. 그러니까 그다음 구절에서 마르다가 동문서답을 하는 게 당연하지요."

잠시 침묵이 흘렀다. 두 가지 대응 방안이 순간처럼 내 머리를 스쳐 지나갔다. '물타기'를 할 것인가 아니면 '무시하기' 방법을 쓸 것인가? '무시하기' 방법의 가장 전형적인 형태는 인자하지만 동시에 아직 그것도 모르냐는 식의 답답한 표정을 얼굴에 담고 다음과 같이 말하는 것이다.

'형제님, 다 때가 되면 알게 됩니다. 하나님께서 다 깨닫게 하십니다. 그러니까 조급해하지 말고 믿음으로 기다리세요.'

그러면 십중팔구 상대는 '이것도 모르는 한심한 자신'에 대해 스스로 주눅이 들어 물러나기 마련이다. 영적 권위를 가진 목사가 이렇게 나오면 대부분 신도는 그냥 꼬리를 내리는 게 정상이다. 그런데… 이 박 선생은 그렇게 호락호락하고 멍청한 친구가 아니다. 저런 의문을 가지고 있다는 사실 하나만 가지고 봐도 그렇다. '무시하기'는 나중에 도리어 더 큰 후환이 되어 나를 칠지도 모른다. 이 상황에서는 '물타기'가 효과적일 듯하다. 게다가… 다행히 밤이 이미 많이 깊었다.

"박 선생님, 참 좋은 질문입니다. 아주 중요한 부분을 지적하셨습니다. 예수님 말씀이 결코 쉽지 않습니다. 그렇기 때문에 우리는 성경 공부도 하고 무엇보다 오늘과 같은 수련회도 오고 그러는 것 아니겠습니까? 박 선생님 말씀을 듣고 있자니 제가 아이디어가 하나 떠오르네요. 여러분, 제가 조만간 교사 특강을 한 번 하도록 하겠습니다. 우리 가르치는 사람들이 말씀의 능력에 확신을 가지는 것처럼 중요한 것이 없으니까요. 지금 우리 선생님… (박 선생의 이름을 알기 위해 차 전도사를 쳐다보았다.) 아, 예, 박정식 선생님께서 제기하신 중요한 문제들을 포함해서 지금 선생님들께는 말씀의 능력을 실질적으로 체험하고 그 능력으로 덧입는 것이 가장 중요합니다. 그래야 아이들도 변할 수 있습니다. 우리가 말씀의 능력을 모르는데 어떻게 아이들을 변화시킬 수 있겠습니까? 오늘 정말로 좋은 시간이 되었습니다. 여러 좋은 의견들을 듣고 여러 선생님과 깊은 교제를 할 수 있게 되어서 얼마나 감사한지 모르겠습니다. 이미 시간이 많이 늦었으니 제가 여기서 마무리 기도를 하겠습니다."

고개를 숙이고 기도하는 것 같지만 사실은 내게 외치고 있는 박 선생의 목소리가 들리는 듯했다. 비록 그가 소리를 내어 말하지는 않았지만 그가 정말 하고 싶었던 그 말을 나는 분명히 들을 수 있었다. 그랬다… 나는 알고 있었다. 박 선생이 궁극적으로 하고 싶었던 말을…

"목사님, 예수님이 틀렸잖아요…"

그 목소리를 듣는 순간 꼭 옛날의 나를 보는 것 같다는 생각이 스쳤다. 그리고… 바로 그 순간 누군가가 내게 속삭였다.

'옛날의 너와 지금의 네가 뭐가 다른데? 너는 달라졌니? 설마 지금 과거에 가졌던 그 모든 회의와 의문들에 대해서 답을 얻었다고 착각하고 있는 건 아니겠지? 너 지금 네가 목사가 되었다고 네가 완전히 새로운 사람이 되었다고 설마 착각하고 있는 것은 아니겠지?'

하지만 난 할 말이 있었다.

'무슨 소리야? 그래도 난 예수님이 틀렸다고, 아니 예수님이 틀릴 수 있다고는 단 한 순간도 생각한 적이 없단 말이야!'

이 예상치 못한 작은 사건이 내 인생에 어떤 변화를 가져다줄지, 그때만 해도 난 조금도 깨닫지 못하고 있었다.

미주

1. "나, 1980년 광주에서 중학교 다니고 있었어." 이 한 문장은 그 사람에 관해 적지 않은 사실을 알려준다. 그러나 한국인이 아닌 이상 이 문장에서 숨겨진 의미를 찾아내는 건 쉽지 않다. 아무리 훌륭한 역자가 번역했다 해도 번역서가 저자의 의도를 100% 담기 어려운 이유이다. 신약성경에도 비슷한 사례를 찾을 수 있다. "예수는 갈릴리 나사렛 출신이다." 예수의 출생지는 당시 1세기를 살던 디아스포라 유대인에게도, 또 로마인에게도 의미심장했다. 그러나 지금은? 갈릴리에서 태어났다는 게 어떤 의미인지… 목사, 심지어 신학자라는 사람들조차 상당수가 제대로 모른다. 비슷한 차원에서 "바울은 다소 출신이다."도 매우 의미심장하다. 지중해를 접한 현 터키 남단, 로마 제국 당시 시칠리령의 수도였던 다소, 그곳은 어떤 곳인가? 기독교와 거의 비슷한 시기에 로마 제국에서 태동한 미트라교의 발원지이다. 미트라교, 로마 제국 안에서 한 때 기독교를 위협했던, 말 그대로 기독교의 라이벌 중 라이벌이었다. 태양의 신뿐 아니라 전쟁의 신이기도 했던 미트라는 주로 로마 군인의 신봉을 받았는데, 그러다 보니 미트라교는 자연스럽게 로마군의 이동에 따라 전파되었고, 3세기에 이르러 로마의 종교라고 해도 과언이 아닐 정도로 전성기를 맞기도 했다. 로마 제국 속 미트라교의 실체는 20세기 초 벨기에 학자 Franz Cumont에 의해 거의 확립되었는데, 그는 로마의 미트라를 고대 페르시아 미트라교의 연장선상에서 해석했고, 오랜 시간 그의 이론이 정설로 받아들여졌다. 그러나 1970년대 들어 페르시아의 미트라와 전혀 다른, 독창적인 로마 미트라교의 실체가 조금씩 밝혀지면서 쿠몽의 주장은 사실상 폐기되다시피 한 상황이다. 그럼에도 한국에 몇 권 되지 않는 미트라 관련 서적은 여전히 1세기 전, 쿠몽의 주장을 답습하고 있는 안타까운 현실이다. 아무튼, 중요한 건 바울이 태어났다는 다소가 로마 미트라교의 핵심이었다는 점이다. 그리고 더 중요한 사실은 미트라교에서 가장 중요한 의식 중 하나가 '성찬식'이라는 것. 성찬식… 유대교에서는 전혀 찾아볼 수 없는, 기독교만의 특징인데, 이 성찬식에 관한 최초의 신약 성경 구절은 바울이 쓴 고린도전서 11장에 나온다. "아니, 무슨 소리예요? 마태복음이랑 다 보면 예수님이 제자들하고 성찬식 하는 장면 나오잖

아요?" 복음서는 고린도전서가 쓰이고 최소 수십 년이 흐른 후에 쓰였다. 그러니까 성찬식 하는 예수의 모습은 당시 어느 정도 주류로 자리 잡아 가던 바울 신학의 정통성을 강화하기 위해 복음서 저자가 만들어낸 장면인데, 1세기 초 미트라 사제들이나 하던 성찬식을 예수가 유대 땅에서 했다고… (사실 기독교의 역사와는 비교도 안 되는, 미트라교의 유서 깊은 성찬식은 초창기 기독교 교부들에게도 여간 골치 아픈 문제가 아니었다.) 바울 서신서를 그나마 면밀하게 읽은 기독교인이라면 한 가지를 주목하게 된다. "예수가 생전에 어떤 삶을 살았고 어떤 말을 했는지, 바울은 전혀 관심이 없다는 것!!" 그에게 예수는 그냥 십자가와 부활, 이거 두 가지만 있으면 충분한 존재인 것처럼 보일 정도다. 그런 바울이 유일하게 생전 "예수의 말"을 인용한 장면이 있는데, 그게 바로 고린도전서 11장, 성만찬 장면이다. 다소 출신 바울, 미트라의 중심 도시 다소, 미트라의 중요 의식 성찬식, 예수의 삶과 말에 도통 무관심한 바울, 바울이 유일하게 인용한 예수의 말, 유대 땅에서는 상상도 할 수 없는 이교도 의식, 성찬식… 등등. 이방 종교 미트라의 의식을 기독교에 접목하고 싶었던 바울, 그의 전략은 무조건 예수를 팔고 보는 것이었다. 똑똑한 놈이었다. 옛날이나 지금이나, 죽은 이는 말이 없으니까.

2.   2013년에 개봉한 미국 영화 〈그녀Her〉라고 있다. 대필 작가로 아내와 별거 중인 테오도르(호아킨 피닉스)는 어느 날 스스로 생각하고 느끼는 인공 지능 운영체제인 '사만다'(스칼렛 요한슨 목소리)를 만나게 된다. 자신의 말에 귀 기울이고 전적으로 공감을 표하는 '사만다'로 인해 조금씩 인생에 활기를 찾던 테오도르는 자기도 모르게 그녀에게 사랑을 느끼는데… 어느 날 그는 충격적인 사실을 접하게 된다. 사만다가 테오도르를 비롯해 동시에 8,316명의 다른 사람들과 대화하고 있을 뿐 아니라, 그중에서 테오도르를 포함해서 641명에게는 사랑을 느끼고 있다는 게 아닌가? 그런데 더 결작은 충격에 몸을 가누지 못하는 테오도르에게 들려온 사만다의 대답이다.

"테오도르, 오해하지 마, 사랑하는 사람들이 늘어갈수록 당신에 대한 내 사랑은 더 커져만 가니까."

나는 이 영화를 보고 두 가지에서 놀랐다.

첫 번째가 스토리의 다양함과 깊이였다. 특히 천편일률적인 우리나라 영화 스토리를 생각하면… 이 영화는 그해 아카데미 각본상을 받았다.

두 번째가 호아킨 피닉스의 연기력이었다. 리버 피닉스의 동생으로만 알던 내 시각을 180도 교정시켰다.

하지만 정작 이 영화가 내게 가져다준 건 오래전 한참 동안 내 맘에서 떠나지 않았던 질문이었다.

기독교에 빠져 정신을 못 차리고 밤이고 낮이고 교회에 들락거리던 중학교 시절 어느 날, 번쩍 한 가지 생각이 들었다.

"예수님이 나를 위해서 죽으셨다고? 근데 나만 위해서 죽으신 건 아니잖아? 나를 사랑하신다고? 근데 나만 사랑하시는 건 아니잖아? 우리 중고등부만 해도 엄청 많잖아?"

주님의 뜨거운 사랑에 감격하던 어린 가슴에 예상치 못한 스크래치를 일으킨 질문이었다. 며칠을 고민하던 나는 당시 신앙이 나보다 훨씬 깊은 게 분명한, 아파트 같은 동에 살던 또래 자매에게 내 고민을 털어놓았다. 잠시 고민하던 그 자매, 이렇게 대답했다.

"하나님이 나만 사랑하면 난 너무 부담스러워서 못 살 거 같은데?"

더 사랑한다는 사만다의 말에도 불구하고 테오도르는 '그녀'를 떠난다. 사만다를 떠나고서야 그는 비로소 인간에게 시선을 돌리고, 인공지능이 아닌 '실체가 있는' 인간을 사랑하게 된다. 흔히들 이 영화를 SF 멜로라고 장르를 구분하지만, 나는 이 영화의 각본을 쓰고 제작과 감독까지 맡은 스파이크 존스가 하고 싶었던 말은 사실 따로 있었던 게 아닌가 하는 생각을 한다.

"이거 혹시 기독교인들, 신앙을 성찰하라고 만든 영화 아니야? 사만다가 하나님을 상징한다는 걸 은연중에 드러내는 거 아니야? 그리고 우리가 진짜 눈을 돌려야 할 대상은 실체가 없는 신이 아니라 우리 앞에서 숨 쉬는 인간이어야 한다는 걸 말하고 싶은 거 아니야?"

테오도르는 겨우 수천 명에 불과한 사람들과 동시에 대화한다는 사만다의 말에 상처를 입었다. 그런데 우리 하나님은 수천 명이 아니라 지금도 수억 명과 대화 중이다. 오래전 수련회에 갈 때면 이런 생각에 눈물을 흘렸다.

"아, 십자가에 달린 예수님이 나를, 나를 생각하고 계셨구나."

사만다는 그랬던 내게 지금 이렇게 말한다.

"아니, 예수님이 너도 생각했지만, 너 말고 앞으로 태어날 인간들까지 최소한 수백억 명을 생각했어. 하지만, 속상해하지 마, 구원할 인간들이 늘어날수록 너를 향한 사랑은 더 커지니까~"

갑각류 크리스천 화이트

초판 1쇄 발행 | 2022년 5월 20일

지은이 | 옥성호

펴낸이 | 김윤정
편집 | 오아영
마케팅 | 김지수

펴낸곳 | 글의온도
출판등록 | 2021년 1월 26일(제2021-000050호)
주소 | 서울시 종로구 삼봉로 81, 442호
전화 | 02-739-8950
팩스 | 02-739-8951
메일 | ondopubl@naver.com
인스타그램 | @ondopubl